KB176690

戰의 문화사:
전쟁의 일상화와 일상의 전장화

이 저서는 2018년 대한민국 교육부와 한국연구재단의 지원을 받아 수행된 연구임
(NRF-2018S1A6A3A02043693)

경성대학교 한국한자연구소 학술총서 ❸

戰의 문화사

전쟁의 일상화와 일상의 전장화

전국조 지음

역락

머리말

이 작업, 『戰의 문화사: 전쟁의 일상화와 일상의 전장화』는 제목과 차례에서 뚜렷이 보이는 것처럼 '자(字) → 어(語) → 휘(彙)'의 확장적 구성을 가장 중요한 특징으로 한다. 字는 戰, 語는 그 자를 포함하거나 직간접적으로 관련이 있는 단어(單語), 彙는 각 장의 맥락에 대한 戰 관련 단어의 의존성(context-dependency)과 각 장의 상호맥락성(inter-contextuality)에 따른 배치를 가리킨다. 주요 목적은 '형식이 내용을 얘기하게끔 한다.'는 원칙을 세우고 가급적 그것을 충실히 따르려는 데 있다.

말하자면 이런 식이다. 시작은 영화 〈기생충〉의 한 장면이다.

시험이라는 게 뭐야?

치고 나가는 거야.

그 흐름, 그 리듬을 놓치면 완전 꽝이야.

24번 문제, 나한테는 관심 없어.

나는 오로지 다혜가 이 시험 전체를 어떻게 치고 나가는가!

장악하는가!

그것만 관심 있다?

실전은, 기세야 기세.

기우(최우식 분) 말이 옳다. '시험'을 '삶'으로 바꿔 봐도 옳다. 아니, 오히려 더 옳다. 그렇다. 삶은, 그 자체로 실전(實戰)이다. 모의전(模擬戰) 따위 없다. 그렇기에 삶은 또 기세(氣勢)다. 이미 기호지세(騎虎之勢)인 것이다.

잉태의 순간 또는 그 이전부터 삶은 전쟁(戰爭)에 돌입한다. 태어나는 순간엔 개전(開戰), 출전(出戰), 참전(參戰)이 동시에 이뤄진다. 자기 자신의 의지와는 무관하다. 전사(戰士)가 죽는다. 대개 이 또한 자신의 의지와는 무관하다. 전사(戰死)의 순간은 무언의 종전선언(終戰宣言)이다. 아니면 마지막 긴 날숨으로 조인(調印)하는 휴전(休戰)일지도 모르겠다. 역사는 단 한 순간도 멈추지 않는, 그야말로 속전(續戰)이니까.

사는 동안 펼쳐지는 일상은 격전장(激戰場)이다. 그렇다고 전면전(全面戰)은 웬만해선 잘 일어나지 않는다. 그것을 선호하는 이나 집단, 이를테면 주전론자(主戰論者)나 주전파(主戰派)는 도리어 기피의 대상이다. 따라서 주로 일어나는 건 화친의 가면을 쓴 물밑 전쟁이다. 형태는 다양하다. 신경전(神經戰)은 기본, 척후전(斥候戰)·첩보전(諜報戰)·정보전(情報戰)·탐색전(探索戰)에 이어, 필요한 경우엔 공방전(攻防戰)·편전(便戰)·협공전(挾攻戰)·폭로전(暴露戰)도 서슴지 않는다. 아무도 피를 흘리진 않는다. 실지로는 피가 철철 흐르는데도 다만 눈에 보이지 않을 뿐이다. 무혈전(無血戰)이다. 그래서 난전(難戰)이다. 전력(戰力) 탐색, 전세(戰勢) 판단, 전황(戰況)

분석, 전도(戰圖) 제작이 늘 수반되기에 더 힘들다.

전과(戰果)와 전공(戰功)을 내세우기에도 주저함이 없다. 심지어는 부풀리기도 하고 없는 것을 만들어내기까지 한다. 전술(戰術)은 전세의 유불리에 따라 채택될 뿐이다. 양심 따위 고려되지 않는다. '인정'의 쟁탈전(爭奪戰)에서 득의만만 승전고(勝戰鼓)를 울리고, 의기양양 승전가(勝戰歌)를 부르고, 득의양양 승전무(勝戰舞)를 추기만 하면 그뿐, 그래서 '생존'이란 전략(戰略)만 달성하면 그뿐, 또 그것에 수반되는 이런저런 전리품(戰利品)만 챙기면 그뿐이다. 남는 건 승전비(勝戰碑)요 전공탑(戰功塔)이다. 그리고 그 밑엔 승자의 눈엔 결코 띄지 않을 타자의 선혈이 홍건히 고여 있을 테고, 그 주변은 관전자(觀戰者)의 전율(戰慄)이 감싸고 있을 테다. 한마디로 삶은 전쟁(戰爭)이자 전장(戰場), 삶의 기록은 전기(戰記)다. 또한 지금껏 작성한 이 관전기(觀戰記) 및 참전기(參戰記)는 신자유주의가 단단히 자리를 잡은 현시대 일상의 모습이기도 하다. 가히 전쟁의 일상화요 일상의 전장화라 할 만하지 않은가?[1]

책은 총 3부로 이뤄진다. 각각의 제목은 모의전, 실전, 휴전이다. 제1

---

[1] 지금껏 나온 전(戰) 관련 어휘의 뜻은 부록에 있다. 부록의 출처는 다음과 같다. 〈디지털 한자사전 e-hanja〉 사전편집부 편. 2020. www.e-hanja.kr. 끝머리에 더 구체적인 감사의 인사를 하겠지만 우선 여기서 자료 사용을 흔쾌히 허락해 준 (주)오픈마인드인포테인먼트 측에 깊은 사의를 표한다.

부 '모의전'에선 실제 전쟁을 다룬다. 실전이 모의전인 것이다. 이렇듯 일반적 예상과 다르게 펼쳐보는 까닭은 말 그대로의 전쟁이란 것이 현시대의 일상에선 마치 딴 세상의 것처럼 여겨질 공산이 클 수도 있기 때문이다. 하지만 그렇다고 해서 그것이 중요치 않단 말은 결코 아니다. 현시대에 편재해 있는 전쟁의 일상화와 일상의 전장화 과정이 실제 전쟁에서 비롯했을 가능성 또한 낮진 않을 테니까 말이다. 제2부는 제1부와 같기도 하지만 다르기도 하다. 제1부 '모의전'에서 모의전이 아닌 실제 전쟁을 다뤘던 것과 같이 제2부 '실전'에서도 실제 전쟁이 아닌 다른 전쟁을 다루니까 같으면서도 다르게 되는 것이다. 여기서 주로 얘기할 건 문화전쟁이다. 실제 전쟁보단 오히려 광고, 일상생활, 도시 공간, 이 모두와 관련한 이론, 또 때론 그 이론 간의 투쟁사 따위를 논의하면서 이른바 '전쟁의 일상화와 일상의 전장화로서 문화전쟁'을 실전으로 간주, 그 전쟁의 다양한 양상을 분석·설명하는 데 주력한다. 제3부는 '휴전'이다. 축제와 스포츠를 다룬다. 끝에 가선 다음 작업, 『爭의 문화사: 투쟁에서 화쟁으로』(가제)를 염두에 둔 논의도 등장한다. 부록엔 ㈜오픈마인드 인포테인먼트의 디지털 한자사전에서 제공하는 戰 관련 어휘 800개(단어 770개, 고사성어 및 숙어 30개)가 실려 있다. 글이 하나씩 시작할 땐 제목에 쓰인 '핵심 어휘'를, 끝날 땐 글에 쓰인 '관련 어휘'를 정리한다. 끝으로 스타일은 느슨하게 시작해서 바짝 조였다가 다시 조금씩 풀리는 쪽으로 구성한다. 책 얘긴 이쯤하고, 戰 얘길 좀 해 봐야겠다.

戰, 單(홑 단)하고 戈(창 과)로 이뤄져 있는 글자다. 먼저 『설문해자』(說文解字)를 보면, "싸운다는 뜻이다. 뜻은 戈를, 소리는 單을 따른다."(鬪也。从戈單聲。)고 돼 있다. 『한자어원사전』에선 戰을 이렇게 푼다.

> 형성. 戈(창 과)가 의미부이고, 單(홑 단)이 소리부로 무기(戈)를 동원한 '전쟁'을 말하는데, 單이 사냥 도구의 일종임을 고려하면 싸움이라는 것이 戰爭(전쟁)과 사냥에서 출발하였음을 보여준다. 이후 다투다, 싸우다의 뜻이, 다시 戰慄(전율)에서처럼 두려워하다의 뜻도 나왔다. 간화자에서는 單을 占(차지할 점)으로 간단하게 줄인 战으로 쓴다. ☞ 單(홑 단)[2]

☞를 따라 單으로 가 보면,

> 상형. 옛날의 사냥 도구를 그렸는데, 윗부분은 남아메리카 인디언들의 유용한 수렵 도구인 '볼라스(bolas)'와 같은 것을, 아랫부분은 커다란 뜰채를 그렸다는 설이 유력하다. 볼라스는 줄의 양끝에 쇠구슬을 매달고 이를 던져 짐승의 뿔이나 발을 걸어 포획하는 데 쓰는 도구를 말하는데, 고대 중국에서는 쇠 대신 돌 구슬이 많이 사

---

2   하영삼, 『한자어원사전』(개정판), 도서출판3, 2018, 687~688면.

용되었다. 單은 이러한 사냥 도구는 물론 그러한 사냥 조직을 말했으며, 여기서 單位(단위)라는 말이 나왔다. 또 그러한 조직은 사냥을 위한 것이었지만 유사시에는 전쟁을 치르는 군사조직으로 전환되었다. 그래서 商(상)나라 때는 씨족으로 구성된 사회의 기층단위를 單이라 불렀다. 單이라는 조직은 單一(단일) 혈연으로 구성되었으며, 독립적으로 운용 가능한 기초 조직이었기에 '單獨(단독)'이라는 뜻이 생겼을 것이다. 간화자에서는 윗부분을 줄인 单으로 쓴다.[3]

더 흥미로운 것은 單을 의미소로 갖는 일군의 글자[族字]와 그것의 네 가지 의미지향이다.[4]

---

3   위의 책, 175면.

4   河永三, 「'單'字의 字形과 '單'族字의 意味指向」, 『中國學』第22輯, 대한중국학회, 2004, 65~67면.〈표 1〉은 이를 재구성한 것이다.

⟨표 1⟩ '單'族字의 의미지향 및 예시

구분 의미지향	글자	의미 구성	의미 지향	의미(음)
사냥도구	彈	활+사냥 도구	활에 돌을 끼워 쏘다	탄환(탄)
사냥	墠	흙+사냥	사냥 성공을 기원하는 제단	제사 터(선)
전쟁	戰	창+전쟁	전쟁	전쟁(전)
전쟁의 속성	憚	마음+전쟁	전쟁에 대한 두려움	꺼리다(탄)

여기에 單의 부수자인 口를 의미소로 갖는 몇 글자의 의미지향을 덧붙여 보면 한층 더 흥미로워진다. 이를테면 咸(다 함)이 "무기[戌]를 들고 입으로 소리를 지르는 '함성'을 뜻"하고, "명(命)이나 군(君)에서 보이는 것처럼 입에서 나온 말은 명령과 권위의 상징이기도" 하다는 것을 볼 때,[5] 결국 '口 → 單 + 戈 → 戰'의 글자 및 의미의 확장 과정 속에서도 '전쟁'이란 의미지향적 특질은 존속한다는 점이 분명하게 드러난다. 그럼 서구는 어떤가?

일반적으로 '전쟁'을 뜻하는 war의 어원을 보면, '대규모 군사 충돌'을 뜻하는 후기 고대영어의 *wyrre, were*에서 비롯한 것으로, 이것들은 고대 북부 프랑스어 *were*, 곧 '전쟁'에서 온 것이다. 고대 프랑스어로는

---

5   하영삼, 『한자와 에크리튀르』, 아카넷, 2011, 63면.

'어려움, 분쟁; 적대감; 싸움, 전투, 전쟁'을 뜻하는 *guerre*로서 현대 프랑스어도 *guerre*로 같다. war는 인도유럽조어(祖語), *wers-, '혼란스럽게 만들다, 혼합하다'에서 비롯하는 것으로 파악된다. 원래 뜻은 '혼란에 빠뜨리다'다. 라틴어에서 '전쟁'을 뜻하는 *bellum*이 살아남지 못한 까닭은 그것의 형태가 '아름답다'를 뜻하는 *bello*-와 동화되는 경향을 띠었기 때문이다. 그렇다고 해서 *bellum*이 완전히 사멸한 것은 아니다. 이를테면 bellicose(호전적인) 같은 단어엔 여전히 그 꼴과 뜻이 남아 있다. 고대 영어에서 *bellum*은 주로 *gewin*으로 번역됐다. 그 뜻은 '투쟁, 갈등'이며, 현재 영어의 to win(이기다)과 관련이 있다.'[6]

　　戰과 war를 비교해 볼 때 가장 두드러지는 것은 역시 한자의 표형성(表形性)이다. 하지만 그것은 동시에 이형성(裏形性)이기도 하다. 겉의 추상이 곧 안의 구체와 맞물려 있기 때문, 다시 말해서 밖으로 향하는 추상화의 변위가 안으로 향하는 구체화의 변위와 맞물려 있기 때문이다. 결국 한자의 물질성과 관념성이 변증법적으로 형성하는 장은 그 두 변위가 만들어 내는 벡터에 다름없다. 이는 세계의 형상(形象)이 문자에 접혀 들어가 있다는 것뿐 아니라 그 형상을 인간이 형상(形像)한 과정과 흔적도 마찬가지로 접혀 들어가 있다는 것, 그리고 그 형상은 물론 형상의 과정과 흔적 또한 문자를 통해 펼쳐져 나온다는 것까지 동시에 함의한다.

6　'war', *Online Etymology Dictionary*, https://www.etymonline.com/search?q=war.

이것이야말로 한자를 만끽할 수 있는 한 방법이 아닐까 생각해 본다.
이렇게 길게 적을 생각이 아니었는데… 망쳤다.

Para Bellum![7]

2021년 1월
전 국 조

---

7   2019년에 개봉한 영화 〈존 윅3: 파라벨룸〉(*John Wick: Chapter 3 — Parabellum*)의 부제이자
     실지로 영화에 나오는 말이기도 하다. 원래는 *Si vis pacem, para bellum* (If you want peace,
     prepare for war)로 '평화를 원한다면 전쟁을 준비하라'는 말이다.

차례

머리말   5

·제1부· **모의전**

세계대전, 총력전, 내전, 대리전, 냉전
– 전쟁과 한반도: 20세기부터 지금까지   23

1. 두 한국(The Two Koreas)   25

2. 총력전   26

3. 권업회, 『권업신문』, 신채호   29

4. 내전, 대리전, 냉전   35

전격전의 원형(原形), 섬멸전
– 1920년대~30년대 일본의 군국주의와
'갖지 못한 나라'의 파시즘   47

1. 1930년대의 일본과 동아시아   48

2. '갖지 못한 나라'의 파시즘   49

    2.1. 대전 후의 일본(1919~1920): 베르사유 조약과 그 의의   49

2.2. 대전 중의 일본(1914~1918): 칭다오 전투와 경제성장   50

2.3. '갖지 못한 나라' 일본의 불가피한 군사작전 모델 (1920년대):

    타넨베르크 전투의 적극적 수용   54

2.4. '갖지 못한 나라'에 대해 상반하는 입장 두 가지(1920년대):

    황도파와 통제파   58

2.5. '갖지 못한 나라'의 군국주의(1930년대):

    만주사변과 만주국 건설, 5·15 및 2·26 사건과 중일전쟁   62

3. 전격전의 원형으로서 섬멸전의 현시대적 함의   66

·제 2 부· **실전**

| **상전, 광고전, 선전전, 심리전**
– 30초의 전쟁, 광고, 그리고 그것과 교전하기   77

Prologue   78

1. 지구전: 속전에 대한 교전의 한 방식   79

    1.1. 어느 대중문화 텍스트를 갖고   82

    1.2. 어떤 이론적 얼개에서   86

1.3. 무엇에 중점을 두고   87

1.4. 어떻게 써 갈 것인가?   87

2. 30초의 전쟁, 광고, 그리고 그것과 교전하기   89

2.1. 멀티미디어 (1) 텍스트의 물질성: 배치, 폰트, 색   89

2.2. 멀티미디어 (2) 재매개, 스펙터클, 초과실재:

이데올로기   99

2.3. 포스트콜로니얼리즘 (1) 경관   112

2.4. 포스트콜로니얼리즘 (2) 자기 오리엔탈리즘   117

2.5. 그 밖의 얘기   122

3. 내치(內治; police)의 문제   123

Epilogue   124

설욕전, 탈환전, 연전연패

– 잃어버린 일상을 회복하기 위한 고군분투   129

1. 연전연패: 일상생활에서 역사가 사라졌다   132

2. 영국 문화연구   136

2.1. 대량문화에서 대중문화로:

일상의 발견(1950~80년대)   136

2.2. 일상과 대중문화:

저항, 즐거움, 맑스주의 폐기(1980년대)   140

2.3. 신수정주의 비판: 포스트모던,

그리고 맑스주의의 역사적 모순(1990년대~현시대)   154

3. 맑스와 문화산업론   167

   3.1. 일상생활, 역사, 계급투쟁:
     생산관계와 생산력들의 변증법   167

   3.2. 일상생활과 문화산업:
     부정 변증법과 계몽의 변증법   174

4. 연패 탈출을 위하여: 일상생활 비판과 도시공간   182

설전, 필전, 논전
– 공간으로 풀어 본 구조-주체의 문제와 그 현시대적 함의   189

1. 전투기, 관전평, 참전기   190

2. 공간적 전회   191

3. 헤게모니 장치, 이데올로기적 국가장치, 도시혁명   198

   3.1. 헤게모니 장치: 구조와 주체의 모순   198

   3.2. 이데올로기적 국가 장치: 구조, 디스토피아적 국가,
     호명된 주체로서 국민   215

   3.3. 도시혁명: 주체, 유토피아적 도시 공간,
     해방될 주체로서 도시 노동자   229

4. 수렴, 분기, 총체성, 참전기   242

·제3부· 휴전

| 지역전으로서 문화전쟁 |
| – 현시대 축제와 부산: 가상 세계와 현실 세계 | 253 |

1. 부전(赴戰)과 부전(不戰)   253

2. 얘기 셋   254

3. 가상 세계: 주체화의 가상적 장으로서 이소토피아   258

    3.1. 소외: 분리의 기술로서 스펙터클   258

    3.2. 축제: 의사소통의 황홀경

       – 사회적 질서의 시뮬라시옹   265

4. 현실 세계: 탈주체화의 현실적 장으로서 축제   275

    4.1. 도시사회: 축제를 통한 혁명 주체 생성의 가능성   275

    4.2. 도시축제 : 소외의 극복, 그리고 실질적 차이와 평등 및

       그것들의 확인을 위한 투쟁   285

5. 헤테로토피아와 통약불가능성 간의 모순   289

| 백전노장의 전사, 무산된 고별전 |
| – 한국 프로야구, 자이언츠, 그리고 화쟁의 화신 최동원 | 295 |

1. 1984 한국시리즈   296

2. 1988 한국프로야구선수협의회와 트레이드   299

3. 스포츠를 향한 세 가지 시선:

기능주의, 갈등이론, 문화연구   309

4. 투쟁(鬪爭) → 경쟁(競爭) → 화쟁(和爭)   317

5. 2021 최동원, 화쟁의 화신   321

6. 못다 한 고별전   323

꼬리말   328

부록   329

제1부

모의전

세계대전, 총력전, 내전, 대리전, 냉전

- 전쟁과 한반도: 20세기부터 지금까지

핵심 어휘

세계 대전
世界大戰
world war

1. [역사] 세계 여러 나라가 관여하는 큰 규모의 전쟁.
2. [역사] 독일·오스트리아·이탈리아의 삼국 동맹과 영국·프랑스·제정 러시아의 삼국 협상이 대립하여 일어난 세계적 규모의 전쟁. 1914년 7월에 사라예보 사건을 도화선으로 하여 오스트리아가 세르비아에 선전 포고를 하고, 오스트리아를 후원하는 독일이 세르비아를 후원하는 제정 러시아·프랑스·영국과 개전하여 시작되었다. 일본·루마니아·그리스·이탈리아가 삼국 협상 쪽에, 오스만 제국·불가리아가 삼국 동맹 쪽에 참전하여 세계 전쟁으로 확대되었는데, 1918년에 독일이 항복하고 이듬해 베르사유 조약이 체결됨으로써 끝났다.
3. [역사] 세계 경제 공황 후, 파시즘 체제에 있던 독일·이탈리아·일본 등의 군국주의 나라와 미국·영국·프랑스 등의 연합국 사이에 일어난 세계적 규모의 전쟁. 1939년에 독일이 폴란드를 침공하자 영국과 프랑스가 독일에 선전 포고를 함으로써 시작되어 독일과 소련의 전쟁, 태평양 전쟁으로 확대되었다. 1943년 9월에 이탈리아, 1945년 5월에 독일, 1945년 8월에 일본이 항복하면서 끝났다.

총력전 總力戰 total war; all-out war	1. 전체의 모든 힘을 기울여서 하는 전쟁. 또는 그런 경쟁.
내전 內戰 civil war	1. 한 나라 안에서 일어나는 싸움.
대리전쟁 代理戰爭 proxy war	1. 강대국들이 자신들의 이익을 위하여 다른 두 나라 사이의 싸움에 개입하여, 전쟁을 하는 나라들이 마치 강대국을 대신하여 전쟁하는 것처럼 보이는 상황을 이르는 말.
냉전 冷戰 1. cold war 2. conflict; 　opposition	1. 정치 직접적으로 무력을 사용하지 않고, 경제·외교·정보 따위를 수단으로 하는 국제적 대립. 특히 제이 차 세계 대전 이후 미국과 소련을 중심으로 한 자본주의와 공산주의의 대립을 뜻하며, 1990년 소련의 해체와 사회주의권의 몰락으로 양 진영 사이의 냉전 상태는 사실상 종결되었다. 2. 두 대상의 대립이나 갈등 구조를 비유적으로 이르는 말.

* 〈핵심어휘〉와 〈관련어휘〉의 뜻은 우선 『표준국어대사전』의 것을 따르되 그것에 표제어로 등재돼 있지 않은 단어의 뜻은 『우리말샘』, 『고려대한국어대사전』, 『디지털 한자사전 e-hanja』를 참조해서 옮기고 그 끝에 『우리』, 『고려』, 『오픈』으로 표기한다. 영어 대역어의 경우 기본적으론 『한국어-영어 학습사전』을 활용하고, 표제어가 부재할 땐 그 밖의 여러 사전을 참조한다.

1. 두 한국(The Two Koreas)

제목만 보고도 대번에 알아차릴 만하다. 첫 번째 얘기는 역시 '역사'와 엮여 있다. 그것의 지리적 규모를 세계로 잡든, 한반도로 잡든, 별 상관은 없다. 둘 다 어떻게든 불가분의 관계를 맺고 있으니까. 이 관계라는 것, 우선은 몸소 겪은 얘기로 풀어보는 게 어떨까 싶다.

되돌아보니 20년도 더 됐다. 호주에 간 지 얼마 안 됐을 때다. 우체국에 갈 일이 생겼다. 한국에 소포를 하나 부치려고 했던 것 같다. 지금도 서툴기만 한 영어, 그때는 더했겠지. 이리저리 사전을 뒤져본다. 문장도 만들어본다. 그러면서 맘의 준비까지 함께. 그래도 긴장하긴 매한가지다. 전장(戰場)에 끌려가는 졸병의 마음이 그랬을까? 어쨌든 준비한 대로 떠듬떠듬 말을 건네 본다. "한국(Korea)에 이 소포 좀 보냈음 싶은데예."[1] 되돌아온 말이 뜻밖이다. '예스'나 '노' 같은 대답이 아니다. 오히려 되묻는다. "어느 쪽? 북? 아니면 남?(Which one? North? Or South?)"

그러고 나서 한참이 지난다. 띄엄띄엄 신문도 볼 수 있게 됐을 때 알

---

[1] "영어로 했을 거면서 뜬금없이 무슨 사투리냐?" 하고 되물을 이가 있지 싶어 한 마디만 덧붙인다. 서툴기 그지없는 영어에 부산 토박이의 사투리 억양이 하나도 안 튀어나왔다면 그게 훨씬 더 비현실적일 것 같다. 마침 당시에 서울에서 온 한 동학한테서 들은 말도 있으니, 옮겨보면 이렇다. "국조야, 넌 영어할 때도 부산 사투리로 하는 것 같애." 대답은 짧다. "글나? 우짜겠노."

게 된다. '두 한국(The Two Koreas)'. 거기서 바라보고 있던 한반도다. 그때
도, 지금도, 여전히 냉전 체제에 속박돼 있는 곳. 충격은 의외로 컸던 것
같다. 뒤늦게 공부를 시작하면서 20세기 역사만 두 학기에 걸쳐 들었던
걸 보면. 그리고 그때 봤던 책을 눈앞에 또 펼쳐 놓고 있다.[2]

2. 총력전

총력전, 지난 세기의 모습이긴 하지만 그 전엔 많이 달랐다.
허허벌판 위에 가상의 선을 그어놓는다. 전선(戰線)이다. 그걸 사이에 두
고 대치를 시작한다. 총부리를 겨눈다. 사거리 이내(射距離 以內)다. 근전
(近戰)이다. 당시 총포(제작)술로 봐선 그럴 수밖에 없었을 듯하다. 대치
완료! 쌍방의 확인, 무언의 확인이 끝난다. 누가 먼저랄 것도 없이 한 발
씩 쏜다. 교전(交戰)이다. 맨 앞줄의 발포자 몇이 픽픽 쓰러진다. 그러곤
붙는다. 돌격전(突擊戰), 육박전(肉薄戰), 백병전(白兵戰), 단병전(短兵戰)이
다. 무지막지하다. 맹전(猛戰), 난전(亂戰)이다. 눈앞에 펼쳐지는 건 끔찍한
수라도(修羅道)다. 심지어 전율(戰慄)마저 인다. 당시의 전상(戰狀)이다. 적

---

2   E. 홉스봄, 이용우 역, 『극단의 시대: 20세기 역사』 (상)·(하), 까치, 1997.

어도 18세기까지는 그랬다. '콜래트럴 데미지(collateral damage)'[3] 같은 건 아예 있지도 않았다. 전쟁은 오롯이 군인의 몫이었다.

그랬던 전쟁이 확 바뀐다. 산업화와 도시화 덕택이다. 도시도, 그곳의 일상도 전장으로 바뀐다. 시가전(市街戰)이 중요해진다. (산업)도시 기반의 국가도 훨씬 더 강력해진다. 전쟁은 더 이상 군인의 몫이 아니다. 국민 전체가 전시체제(戰時體制)로 돌입한다. 국가는 전장으로 바뀐다.[4] 전쟁이 현실태든 잠재태든 그것도 크게 상관은 없다. 상시동원체제에 기반한 국가의 전쟁기계화(戰爭機械化)! 이것이 바로 총력전의 요체다.

지난 세기, 두 번의 세계대전이 일어났다. 총력전은 지난 세기를 얘기하는 홉스봄(Eric Hobsbawm, 1917~2012)한텐 가장 중요한 말인 듯 보인다. 그는 그래서 그때를 '극단의 시대(Age of Extremes)'로 불렀다. 1914년 사라예보에서 울린 한 발의 총성, 제1차 세계대전의 서막이 오른다. 지난

3　"부가적 피해(군사 행동에 따른 민간인의 인적·물적 피해)"를 뜻한다. *Online Etymology Dictionary*(『온라인 영어어원 사전』)에 따르면 법적 소송의 맥락에선 1873년쯤 등장한다. 현대적 용법에선 '민간인의 우연한 살해'에 대한 완곡 표현으로 간주된다. 1968년쯤의 미국영어, 곧 처음엔 대개 핵무기와 관련을 맺던 의미에서 확장된 것이다. https://www.etymonline.com/search?q=collateral+damage.

4　귀국 직후 운전면허를 따고 간신히 첫 차를 손에 넣었다. 수동 사륜구동이었다. 첫 번째 자동차세 고지서가 왔다. 세금이 의외로 적다. '와 이렇노?' 하면서 알아봤더니 전쟁이 터지면 징발될 거라서, 국가 소유가 될 거라서 그 전까진 세금을 깎아준단 얘기였다. 적잖이 놀랐다. '와! 총력전이 따로 없네! 내 일상이 총력전이네!' 했다.

세기를 온통 전장으로 만들 총력전의 선전포고(宣戰布告)와 함께.

1915년 4월 독일은 영국군에게 최초로 독가스를 사용했다. 화학전(化學戰)의 시작이었다. 영국은 1916년 6월 솜(Somme) 전투에서 18대의 전차(戰車)를 등장시켰다. 비행기와 잠수함이 등장한 것도 이 전쟁이었다. 전쟁은 막대한 물량을 쏟아 붓는 물량전(物量戰), 전국민과 경제력을 동원하는 총동원전(總動員戰)이 되었다. 개전(開戰) 초 1주일 간의 마른(Marne) 전투(戰鬪)에선 탄약 1백만 발이, 약 5개월에 걸친 솜 전투에선 2천만 발이 소모되었다. 독일은 전쟁 기간 동안 6000만 인구 중 1100만 명이 동원되었고, 이 중 177만 명이 사망했고, 422만 명이 부상당했다.[5]

장차 1억 8천만 명의 목숨을 앗아갈 한 세기의 총력전은 그렇게 서전(緖戰)을 장식했다. 혈전(血戰)으로 말이다.[6] "요컨대 1914년은 학살의 시

5   이정은, 「[이정은 박사의 역사얘기] 제1차 세계대전의 발발과 한국 독립운동」, 『천지일보』, 2018, http://www.newscj.com/news/articleView.html?idxno=540146 — 부분 수정 및 한자 글쓴이.

6   김재명, 「전쟁국가 미국, 21세기만 미군 7000명, 민간 25만명 사망: [김재명의 월드 포커스] 민간인 25만 명 희생됐지만 … 끝 모를 '테러 전쟁'」, 『프레시안』, 2018, https://m.pressian.com/m/pages/articles/217074#0DKW.

대"를 열었던 것이다.[7] 그 고통은 한반도와 그 이웃 모두를, 한 세기가 넘도록, 두고두고, 괴롭힐 터였다. 그리고 그 한 세기는 그야말로 고전(苦戰)의 시기요, 악전고투(惡戰苦鬪)의 시기가 될 터이기도 했다.

3. 권업회, 『권업신문』, 신채호

대전쟁(大戰爭, the Great War, 제1차 세계대전)이 당시 한반도에 끼친 영향은 어땠을까? 그다지 크진 않으리라 생각할 수도 있다. 윌슨[8]의 '민족자결주의'와 '3·1운동' 정도가 그나마 잘 알려진 것일 테니까. 하지만 잘 알려진 얘기가 있으면 그렇지 않은 것도 있는 법이다.

1914년, 러일전쟁 발발 이후 딱 10년이 지난 뒤다. 1904년 당시 러시아는 세계 최대의 육군력을 자랑하고 있었다. 오죽하면 다윗과 골리앗의 싸움처럼 묘사됐을까.[9] 하지만 그런 러시아가 패전국(敗戰國)이 돼 버

---

7   홉스봄, 이용우 역, 앞의 책 (상), 41면.

8   우드로 윌슨(Woodrow Wilson, 1856~1924), 미국 제28대 대통령(1913~1921).

9   『르 프티 파리지앵』(1904년 4월 3일자)의 그림을 볼 것. 'File: Le Petit Parisien, 1904. png', *Wikimedia Commons*, https://commons.wikimedia.org/wiki/File:Le_Petit_ Parisien,_1904.png.

렸다.[10] 러시아로선 당연히 설욕전(雪辱戰)을 계획하고 있었을 터. 아마 와
신상담(臥薪嘗膽)이 따로 없었을 것이다. 러시아의 반일정서는 강력했다.
한인의 그것도 만만찮기는 마찬가지였다.[11]

　제1차 세계대전 발발 이전만 해도 연해주에선 독립운동이 활발히 전
개된다. 말마따나 결사항전(決死抗戰)의 태세를 가다듬고 있었던 것이다.

10　"두 나라의 군사력 격차는 당연했다. 약 110만 명의 정규 육군을 가진 러시아는 당시 세
　　계 최대 육군 보유국이었다. 일본 육군은 정규군 18만 명에 예비군 85만 명을 더해야 러
　　시아군에 근접했다. 물론 러시아는 맘만 먹으면 예비군 동원을 통해 육군 병력을 380만
　　명까지 늘릴 수 있었다. 해군력 차이도 확연했다. 전함 수에서 일본은 7척인 반면, 발트
　　해, 흑해, 극동의 3개 함대를 보유한 러시아는 22척을 가졌다." 권오상, 「[또 다른 시선,
　　위코노미] '거인' 러시아 쓰러뜨리고 '빚더미'에 앉은 일본」, 『한국일보』, 2019, https://
　　www.hankookilbo.com/News/Read/20190 5022191077327. 참고로 러일전쟁 및 그것
　　의 종전에 결정적 역할을 했던 대마해전과 관련해선 전국조, 「속도와 리듬의 변증법적
　　관계에 기초한 새로운 도시사회 및 그 주체의 가능성: 식민적 질주권 부산의 사회적 생산
　　과 탈식민화의 가능성을 중심으로」, 박사학위논문, 경성대학교 문화기획·행정·이론학
　　과, 2017, 99~111면을 볼 것.

11　익히 알려진 얘기지만 러일전쟁이 끝날 무렵인 1905년 7월 29일에 체결된 미일 간 비밀
　　협약, '카츠라(桂太郎)-테프트(W. Taft) 밀약'은 미국의 필리핀 지배와 일본의 대한제국
　　지배에 대한 상호용인을 비밀리에 공식화한 것이었다. 일본은 여세를 몰아 같은 해 8월
　　제2차 영일동맹을 맺으면서 영국의 인도 지배를 묵과하는 조건으로 한반도에 대한 식민
　　지배를 한 차례 더 보장받았고, 이는 곧바로 같은 해 11월의 을사늑약으로 이어진다. 이
　　는 당시 러시아와 연해주 이주 한인 간의 공통된 반일정서가 아주 근거 없는 것은 아니
　　라는 점을 잘 보여준다. 조재곤, 「1904~5년 러일전쟁과 국내 정치동향」, 『國史館論叢』
　　107, 국사편찬위원회, 2005, 154면. 하지만 그 공통감은 결코 오래 가지 않는다. 역시 자
　　국의 이익을 최우선시하는 현실적 국제정치의 무대에서 '오늘의 친구는 내일의 적이 되
　　고, 오늘의 적은 내일의 친구가 된다.'

1914년, '노령[12] 이주 50주년 기념의 해'와 함께 대한광복군정부가 선포된다. 전개는 조직적이면서도 대규모로 이뤄진다.

〈표 1〉 제1차 세계대전 발발 이전의 연해주 독립운동 준비 상황[13]

지역	군구	세부 사항
노령(연해주)	제1군구	29,365명
북간도(동간도)	제2군구	왕청(汪淸)현, 19,507명의 독립군 조직
서간도	제3군구	무송(撫松)현(백두산 북쪽), 5,300명(포수 및 일부 해산군인으로 구성)
		집안·통화·회인(集安·通化·懷仁)현, 390,000여명 동원 준비(25세 이상~30세 미만)

준비는 착착 진행되고 있었다. 그런데 제1차 세계대전이 터지면서 문제가 생긴다. 러시아가 친일로 돌아서게 된 것이다. '합작시기'로 불릴 만큼 둘 사이가 가까워진다. 일본이 러시아한테 요청한다. '귀국에서 독립운동을 펼치고 있는 선인(鮮人)을 쫓아내 달라!' 받아들일 수밖에 없는 러시아. 시선은 연해주에 집중된다. 대한광복군정부의 해체, 지도인사

---

12   '노령(露領)'은 크게는 러시아 영토, 작게는 시베리아를 일컫는다.

13   이정은, 앞의 글.

의 투옥 및 추방, 권업회 해산, 기관지 『권업신문』 폐간 … [14] '권업회(勸業
會, 1911~1917)'와 『권업신문』(1912.05~1914.08)의 활약은 대단했다.

먼저 권업회라는 명칭을 보면, 한 마디로 '일을 권하는 모임'이다. "실
업과 교육의 권장·장려를 표방한 것"이다. 러시아로선 일본과 마찰을
일으킬 만한 게 아무것도 없어야 했다. 권업회는 그런 러시아의 입장을
"충실히 따르겠다는 의지의 표현"이었다. 그뿐만 아니다. 향후 "일본의
간섭을 배제하기 위한 정치적 고려의 결과"이기도 했다. 이 같은 여러
고심 끝에 권업회는 "연해주 지역 한인사회의 자치적 조직"으로선 '최
초로 러시아의 공식 설립인가를 획득'하기에 이른다.[15]

『권업신문』은 권업회의 기관지다. 이전에 "구개척리"[16]에 근거를 두고

---

14 위의 글; 박성순, 「1914년도 신흥무관학교의 독립운동과 인적 연계망」, 『백산학보』 112,
   백산학회, 2018, 52면. 하지만 이게 끝은 아니었다. 주지하는 바와 같이 "1917년 10월 러
   시아 볼셰비키혁명으로 친일적 정국에 변화가 생기면서, 러시아 한인의 정치활동과 항
   일민족운동이 재개"되기 때문이다. 윤병석, 『1910년대 국외항일운동 I ─ 만주 러시아』,
   독립기념관, 2009, 265면; 박성순, 위의 글, 52면, 각주 9에서 재인용. 참고로 '동아시아
   와 한국의 비유로서 한자에 대한 비판적 검토와 그 대안'이란 맥락에서 논의된 '권업회'
   및 『권업신문』 관련 내용은 전국조, 「자기반영성의 수사와 그에 대한 문화연구적 탐구로
   서 수사학 ─ 동아시아와 한국의 비유로서 한자에 대한 비판적 검토」, 『수사학』 제37집,
   한국수사학회, 2020, 177~180면을 볼 것.

15 반병률, 「단재 신채호의 러시아 연해주 독립운동」, 『한국학논총』 46, 국민대학교 한국학
   연구소, 2016, 381면.

16 "러시아 블라디보스토크에 있었던 초기 한인 마을"을 뜻한다. "'카레이스카야 슬라보드
   카'를 가리키는 명칭인 '개체기(Gechegi)'"로 불리기도 했는데, 이 말엔 "군항의 개척과

발간됐던 『해조신문』, 『대동공보』, 『대동신보』, 『대양보』를 계승"한 것
이었다. 꾸준했기에 그 효과 또한 대단했다. "1914년 8월 제1차 세계대
전의 발발로 정간될 때까지 주 1회씩 한 회도 거르지 않고 2년 동안 126
호를 발간하면서 한인사회의 교육계몽과 통합에 크게 기여"한 것이다.
이로써 당시 해외 한인사회에선 가장 유력한 언론 중 하나가 된다.[17]

함께 마을이 이루어졌다는 뜻"이 담겨 있다. "1910년을 전후하여 항일민족운동가들이
망명길에 올랐을 때에 개척리는 이미 연해주 일대의 독립운동 기지로 주목을 받았다. 신
채호(申采浩, 1880~1936), 홍범도(洪範圖, 1868~1943), 유인석(柳麟錫, 1842~1915) 등이 개척
리로 모였고, 계동학교(啓東學校)를 비롯한 여러 한인 학교가 자리하였으며, 해조신문(海
朝新聞), 대동공보(大東共報) 등의 한인 언론기관도 있었다. 하지만 1911년 5월에 러시아
당국은 블라디보스토크에 유행한 콜레라를 근절시킨다고 하면서, 개척리를 강제로 철거
한 뒤 러시아 기병대의 주둔지로 만들었다. 개척리에 살던 한인들에게는 블라디보스토
크시의 서북쪽에 자리한 새 이주지로 이주하도록 명령하였다. 개척리 북쪽 언덕 너머에
는 200여 호가 거주하는 새로운 한인촌이 만들어졌고, 그것은 구개척리와 구분되어 '노
바야 카레이스카야 슬라보드카'인 신개척리(新開拓里)로 불렸다. 그 뒤 신개척리는 신한
촌(新韓村)으로 바뀌어 불리면서 한인 사회의 새로운 중심지로 기능하였다." 방일권, 「개
척리(開拓里)」, 『한국민족문화대백과사전』, 한국학중앙연구원, 2014, http:// encykorea.
aks.ac.kr/Contents/Item/E0072255.

17   반병률, 앞의 글, 382면. 〈표 2〉의 내용 또한 같은 곳을 정리한 것이다.

〈표 2〉『권업신문』의 위상

배포 부수의 증가 추이	930부(1912) → 1,400부(1914년 정간 당시)
배포 지역의 확장	러시아 각지는 물론 국내, 만주, 중국 관내, 일본, 미주 및 하와이까지 → 미주의 『신한민보』 『신한국보』(이후 『국민보』로 개칭)와 더불어 3대 항일민족 언론지의 위상 획득
독자층 확장	러시아의 경우 금광, 어장 같은 곳의 노동자 사이에서도 상당히 높은 구독열 형성

신채호는 바로 이 『권업신문』의 주필이었다.[18] 대표적 논설은 「이날 是日」, 경술국치가 있은 지 딱 2년째 되던 '그날'에 쓴 것이다.

이날은 어떠한 날이오 사천년 력사가 끊어진 날이오 삼천리 강토가 없어진 날이오 이천만 동포가 노예된 날이오 오백년 종사가 멸망한 날이오 세계만국에 절교(絶交)된 날이오 천지일월이 무광한 날이오 산천초목이 슬퍼한 날이오 금수어별이 눈물 흘린 날이오 충신렬사의 피흘린 날이오 애국지사가 통곡한 날이오 우리의 신성한 민속이 망한 날이오 우리의 생명이 끊어진 날이오 우리의 재산을 잃은 날이오 우리의 자유를 빼앗긴 날이오 우리의 신체가 죽은 날이오

---

18 주필이라고는 하지만 "『권업신문』의 기사 「권업회의 연혁」에 소개된바 신채호의 정확한 정식 직책은 서적부장으로 기술할 필요가 있다." 위의 글, 381면.

우리의 명예가 없난 날이오 우리는 입이 있어도 말 못할 날이오 귀
가 있어도 듣지 못할 날이오 손이 있어도 쓰지 못할 날이오 발이 있
어도 가지 못할 날이오 우리의 조상은 땅속에서도 눈을 감지 못할
날이오 우리가 이 세상에 살아도 희망 없는 날이오 우리는 살고저
하야도 살 곳이 없는 날이오 우리가 죽고자한들 묻을 땅이 없는 날
이오 슬프다 우리 사랑하는 동포여 이날 이날을 기억할 날이오[19]

'이날'을 잊지 않았던 탓일까? 한반도는 해방을 맞이한다.

4. 내전, 대리전, 냉전

하지만 그 기쁨도 잠시, 이내 둘로 나뉘더니 급기야 동족상
잔(同族相殘)의 비극을 쓰고야 만다. 그것 역시 총력전이었음엔 틀림없다.
홉스봄은 이렇게 말한다. '미국의 전문가 집단이 1816~1965년 사이의
국제전(國際戰) 74차례를 두고 순위를 매긴 일이 있다. 기준은 사망자 수
다. 양차 세계대전, 중일전쟁(1938~1939), 한국전쟁이 1위부터 4위까지
차지했다. 주목할 점은 두 가지다. 첫째, 그 모두는 20세기에 일어났다.

---

19 "1912년 8월 29일자로 발간한 '병합기념호'"에 실렸다. 위의 글, 383면.

둘째, 사망자 수는 100만 명 이상이다. 비교할 만한 것은 보불전쟁(普佛戰爭, 1870~1871)이다. 19세기, 특별히 나폴레옹 이후를 보면 기록상 최대의 국제전으로, 사망자 수는 대략 15만 명 정도로 추산된다.'[20]

한국전쟁은 냉전기의 첫 번째 대리전, 한반도는 그 전장이다. 냉전은 열전(熱戰, hot war)의 반대말이다. 시작은 보통 미국에 이어 구소련이 핵무기를 보유하게 된 1948년으로 본다. 미국은 이미 일본을 상대로 핵폭탄 두 발을 떨어뜨린 적이 있었다.[21] 그 위력의 가시화는 중대한 모순을 불러일으킨다. '반드시 가져야 한다!'와 '절대로, 두 번 다시는 그것을 써선 안 된다!' 이 이상한, 말도 안 되는 논리는 향후 40년이 넘도록 이른바 '국제질서'라는 것을 지배할 터였다.[22] 정작 두 핵심 당사자인 미·소 간엔 총부리 한 번 뜨거워진 적이 없는 전쟁이었다. 준비하는 데만 열을 올

---

20 그는 '미국의 전문가 집단'이 "이러한 종류의 일을 좋아"한다고 한다. 홉스봄, 이용우 역, 앞의 책 (상), 41면. 한국전쟁의 사망자 수 및 전반적인 인명 피해 통계는 다음을 볼 것. '피해 현황 통계', 국가기록원, https://theme.archives.go.kr/next/ 625/damageStatistic.do .

21 일본이 인류사를 통틀어 유일한 피폭국이란 점을 잊어선 곤란할 것이다. 하지만 또 하나 기억해야 할 것은 제2차 세계대전 후의 일본은 한국전쟁을 계기로, 한국전쟁 이후의 남한은 두 번째 대리전인 베트남전을 계기로 다시 일어선다는 것이다. 아이러니도 이런 아이러니가 없지 싶다.

22 국제관계연구의 측면에서 보면 '고전적 현실주의(classical realism)'에 입각해 있는 것이기도 하다. 대표 사상가엔 한스 모겐소(Hans Morgenthau, 1904~1980)가 있다.

렸을 뿐 전쟁 그 자체는 싸늘하기 그지없었다.[23]

그 차디찬 전쟁에서 아직도 자유롭지 못한 곳, 한반도가 유일하다. 그래서 이런 얘기도 나오는 게 아닌가 싶다.

> 한반도에서의 미래전(未來戰)은 북한을 주적으로 하면서 북방 3개국과 남방 3개국이 개입하는 '블록화된 국제전'의 형태가 될 것이다. 또 한반도의 전장 환경, 즉 지형과 기상, 북한의 군사전략과 군사력을 고려했을 때 한반도 미래전은 수도권을 중심으로 한 '국지적 범위의 단기 총력전'이 될 것이다. 한반도의 산악지형과 점차 확대되는 도시지역, 그리고 북한의 열세한 전쟁지속능력으로 인해 장기전(長期戰)보다는 단기전(短期戰)이 될 가능성이 높다.[24]

우리는 여전히 미래의 내전을 상상해야만 하는 세상에서 살고 있다. 그리고 그 골자는 국제전, 국지전(局地戰), 단기전, 총력전이다. 그리고 이 전시상황에 크나큰 기여를 한 것은 다름이 아니라 바로 인접한 한 나라의 군국주의와 파시즘이다. 그것은 동아시아 전체를 전시체제로 몰고 간다.

---

23 미국의 상호확증파괴전략(相互確證破壞戰略), MAD(Mutually Assured Destruction)를 예로 들 수 있다. 핵심논리는 '보복(報復, retaliation)'이다. 간단히 말하면 이렇다. '쏘기만 해 봐라! 내 죽고 니 죽고 다 죽는다!' 제 정신이 아닌 것(MAD)이다.

24 지효근, 「한반도 미래전쟁에 대한 연구」, 『군사연구』 141, 2016, 304면 — 한자 글쓴이.

관련 어휘

전장 戰場
battlefield

1. 싸움을 치르는 장소. = 전지 戰地, 전쟁터, 싸움터

전선 戰線
front;
battlefront

1. 군사 전쟁에서 직접 전투가 벌어지는 지역이나 그런 지역을 가상적으로 연결한 선.
2. 정치 운동이나 사회 운동 따위에서, 직접 투쟁하는 일. 또는 그런 투쟁 형태. = 최전선 最前線

근전 近戰
head-to-head battle

1. 적군에 접근하여 싸움. = 근접전 近接戰

교전 交戰
battle;
engagement

1. 서로 병력을 가지고 전쟁을 함.
2. 십팔기의 하나. 두 사람이 각기 왜검(倭劍)을 가지고 맞서서 검술을 익히는 무예이다.
   = 교병 交兵, 교봉 交鋒, 교극 交戟, 교화 交火

돌격전 突擊戰
charge

1. 돌격하여 벌이는 전투.

육박전 肉薄戰
hand-to-hand fight

1. [군사] 적과 직접 맞붙어서 총검으로 치고받는 싸움.

백병전 白兵戰 close combat	1. 칼이나 창, 총검 따위와 같은 무기를 가지고 적과 직접 몸으로 맞붙어서 싸우는 전투.
단병전 短兵戰 fighting with swords and bayonets	1. 칼이나 창 따위의 단병으로 적과 직접 맞부딪쳐 싸움. 또는 그런 전투. = 단병접전 短兵接戰
맹전 猛戰 fierce battle	1. 세차게 싸움. 또는 세찬 싸움. = 격전 激戰
난전 亂戰 tussle; melee; scuffle	1. 전투나 운동 경기 따위에서, 두 편이 마구 뒤섞여 어지럽게 싸움. 또는 그런 싸움. = 혼전 混戰
전율 戰慄 1. shudder; shiver 2. thrill	1. 몹시 무섭거나 두려워 몸이 벌벌 떨림. 2. 몸이 떨릴 정도로 감격스러움을 비유적으로 이르는 말. = 계율 悸慄, 곡속 觳觫, 공률 恐慄, 능긍 凌兢, 순율 恂慄, 전구 戰懼, 전송 戰悚, 전전율률 戰戰慄慄, 전계 悸, 진율 震慄·振慄
전상 戰狀 war situation	1. 전쟁의 실제 상황. = 전황 戰況

시가전 市街戰 street battle	1. 시가지에서 벌이는 전투.
전시체제 戰時體制 war basis [footing]	1. [사회 일반] 모든 사회적 기구나 조직을 전쟁 수행에 알맞도록 편성한 체제.
전쟁기계화 戰爭機械化 becoming a war machine	* 기계화 機械化 1. 사람이나 동물이 하는 노동을 기계가 대신함. 또는 그렇게 함. 2. 탱크, 자동차 따위의 기계를 도입하여 군대의 기동력 이 향상됨. 또는 그렇게 함. 3. 사람의 언행이 자주성, 창조성을 잃고 기계적으로 됨. 또는 그렇게 함.
선전포고 宣戰布告 declaration of war	1. [정치] 한 나라가 다른 나라에 대하여 전쟁을 시작한 다는 것을 공식적으로 알리는 일.
화학전 化學戰 chemical warfare	1. [군사] 화학 무기를 써서 적을 공격하거나, 적의 화학 무기를 무력하게 만드는 장비를 써서 방어하는 전쟁. = 화학전쟁 化學戰爭

전차 戰車 tank; chariot	1. 전쟁할 때에 쓰는 수레. 2. [군사] 무한궤도를 갖추고, 두꺼운 철판으로 장갑(裝甲)하고, 포와 기관총 따위로 무장한 차량. = 병거 兵車, 탱크
물량전 物量戰 material war	* 물량공세 物量攻勢 1. 의도한 바를 이루기 위하여 막대한 인력을 동원하거나 많은 양의 물품이나 자본 따위를 쓰는 일.
총동원전 總動員戰 fully mobilized war	* 총동원 總動員 1. 사람, 물자 따위의 모든 역량을 집중시킴.
개전 開戰 outbreak of war	1. 전쟁을 시작함. 2. [기독교] 구세군에서, 전도와 사업을 시작함. = 개장 開仗 ↔ 종전 終戰
전투 戰鬪 battle; combat; fight	1. 두 편의 군대가 조직적으로 무장하여 싸움. = 투전 鬪戰
서전 緖戰 the beginning of a war	1. 전쟁이나 시합의 첫 번째 싸움.

혈전 血戰 bloody battle; desperate fight	1. 생사를 가리지 아니하고 맹렬하게 싸움. 또는 그런 전투. ＝ 혈투 血鬪, 혈쟁 血爭
고전 苦戰 1. tough game; 　fighting hard 2. desperate struggle	1. 전쟁이나 운동 경기 따위에서, 몹시 힘들고 어렵게 싸움. 또는 그 싸움. ＝ 난전 難戰, 고투 苦鬪 ↔ 낙전 樂戰
악전고투 惡戰苦鬪 desperate fight; hard battle; close game	1. 매우 어려운 조건을 무릅쓰고 힘을 다하여 고생스럽게 싸움. ＝ 고전악투 苦戰惡鬪
패전국 敗戰國 defeated country; vanquished nation	1. 싸움에 진 나라. ＝ 전패국 戰敗國 ↔ 승전국 勝戰國

설욕전 雪辱戰 war of revenge; revenge; return match [game]	1. 경기나 오락 따위에서, 앞서 진 것을 만회하기 위하여 겨루는 일. = 복수전 復讐戰
결사항전 決死抗戰 desperate resistance	1. 죽을 각오로 맞서 싸움.『우리』
국제전 國際戰 international war	1. 여러 나라가 가담한 전쟁.『우리』
보불전쟁 普佛戰爭 the Franco-Prussian War	1. [역사] 프로이센과 프랑스가 에스파냐 국왕의 선출 문제를 둘러싸고 벌인 전쟁(1870~1871). 프로이센이 크게 이겨서 독일 통일이 이루어졌다. = 프로이센프랑스전쟁 Preussen-France戰爭
열전, 熱戰 hot war	1. 무력을 사용하는 전쟁. 2. 운동 경기 따위에서의 맹렬한 싸움. ↔ 냉전 冷戰

상호확증파괴전략 相互確證破壞戰略 MAD Mutually Assured Destruction	* 상호확증파괴 1. [군사] 미국 핵전략 이론에서, 적대 관계에 있는 쌍방이 서로를 확실하게 파괴할 수 있는 전략을 세워 서로에게 손해를 줄 수 있는 상태. 핵 억제의 이론적 개념이다.
미래전 未來戰 future war	1. [군사] 미래에 일어날 전쟁. 『우리』
장기전 長期戰 1. prolonged war; long battle 2. marathon	1. 오랜 기간에 걸쳐 싸우는 전쟁. 2. 해결하는 데 시간이 오래 걸리는 일을 비유적으로 이르는 말. ↔ 단기전 短期戰
단기전 短期戰 short-term competition; short- term battle	1. 짧은 기간 동안의 싸움이나 경기. ↔ 장기전 長期戰
국지전 局地戰 regional war	1. [군사] 전투가 한정된 지역에서만 이루어지는 제한전쟁(制限戰爭)의 한 형태. = 국지전쟁 局地戰爭 ↔ 전면전 全面戰

전시상황 戰時狀況   * 전시
wartime situation   1. 전쟁이 벌어진 때.

* 본문에 나온 순서대로, 필요에 따라선 동의어·유의어나 반의어도 함께 정리한
  다. 기호는 전자는 편의상 =, 후자는 ↔로 표기한다. 표제어가 사전에 등재돼
  있지 않은 경우엔 가장 밀접한 관련을 맺는 단어를 정리하여 그 뜻을 충분히
  유추할 수 있도록 한다.

참고문헌

박성순, 「1914년도 신흥무관학교의 독립운동과 인적 연계망」, 『백산학보』 112, 백산학회, 2018, 52.

반병률, 「단재 신채호의 러시아 연해주 독립운동」, 『한국학논총』 46, 국민대학교 한국학연구소, 2016.

조재곤, 「1904~5년 러일전쟁과 국내 정치동향」, 『國史館論叢』 107집, 국사편찬위원회, 2005.

지효근, 「한반도 미래전쟁에 대한 연구」, 『군사연구』 141, 2016.

E. 홉스봄, 이용우 역, 『극단의 시대: 20세기 역사』 (상)·(하), 까치, 1997.

Geoffrey Brooks, *Hitler's Nuclear Weapons: The Development and Attempted Deployment of Radiological Armaments by Nazi Germany*, Lee Cooper, 1992.

권오상, 「[또 다른 시선, 워코노미] '거인' 러시아 쓰러뜨리고 '빚더미'에 앉은 일본」, 『한국일보』, 2019, https://www.hankookilbo.com/News/Read/201905022191077327.

김재명, 「전쟁국가 미국, 21세기만 미군 7000명, 민간 25만명 사망: [김재명의 월드 포커스] 민간인 25만 명 희생됐지만 … 끝 모를 '테러 전쟁'」, 『프레시안』, 2018, https://m.pressian.com/m/pages/articles/217074#0DKW.

방일권, 「개척리(開拓里)」, 『한국민족문화대백과사전』, 한국학중앙연구원, 2014, http://encykorea.aks.ac.kr/Contents/Item/E0072255.

이정은, 「[이정은 박사의 역사얘기] 제1차 세계대전의 발발과 한국 독립운동」, 『천지일보』, 2018, http://www.newscj.com/news/articleView.html?idxno=540146.

Online Etymology Dictionary, https://www.etymonline.com/.

전격전의 원형(原形), 섬멸전[1]

- 1920년대~30년대 일본의 군국주의와 '갖지 못한 나라'의 파시즘

핵심 어휘

전격전
電擊戰
blitzkrieg;
a lightning
war; coup de
main

1. [군사] 적의 저항을 급속히 분쇄함으로써 전쟁을 빨리 끝내기 위하여 기동과 기습을 최대한 활용하는 싸움. 흔히 기계화 부대와 공군력에 의한 급격한 진공 작전을 가리키는 것으로, 제이 차 세계 대전 초기 독일군의 작전에서 유래하였다. = 전격작전 電擊作戰

---

1   이 글은 전국조, 「속도와 리듬의 변증법적 관계에 기초한 새로운 도시사회 및 그 주체의 가능성 ─ 식민적 질주권 부산의 사회적 생산과 탈식민화의 가능성을 중심으로」, 경성대학교 대학원(학과 간 통합과정) 문화기획·행정·이론학과, 박사학위논문, 2017의 121~124면에 실렸던 것을 대폭 수정·확장한 것이다. 더 구체적으론 상기 논문의 'Ⅲ. 분석-역진적 접근: 식민적 질주권 부산의 사회적 생산, 2. 조국 근대화와 가시적 물류공간의 생산, (1) 식민적 질주권의 연속: 개발독재에 드리운 일제 군국주의의 그림자'와 '(2) 산업 전격전과 그 효과: 내부식민화와 수도중심주의' 사이에 있다.

섬멸전 殲滅戰 annihilation war	1. 적을 남김없이 무찔러 없애는 싸움.

1. 1930년대의 일본과 동아시아

이 작업의 가장 기본이 되는 문제의식은 '모던 동아시아
의 전시체제는 과연 어떻게 해서 시작했나?' 하는 것이다. 나름의 해답
을 찾기 위해 이 작업은 먼저 '1920년대~30년대의 일본을 폴라니(Karl
Polanyi)의 「보수적인 1920년대 혁명적인 1930년대」로 설명할 수 있을
까?' 하는 의문에서 출발한다. 이어서 제1차 세계대전(이하 대전) 기간
(1914~1918)부터 그 직후(1918~1920), 또 그때부터 1930년대에 이르기까
지 일본 군국주의의 전개 상황을 당시의 일본의 정치·경제 상황을 함께
고려하면서 검토한다. 끝으로 모던 동아시아 역사에서 전쟁 및 그것을
뒷받침하는 이데올로기의 위상과 그것들의 현시대적 함의를 논의한다.

2. '갖지 못한 나라'의 파시즘

2.1. 대전 후의 일본(1919~1920): 베르사유 조약과 그 의의

먼저 폴라니의 입장을 간단히 정리해 봄으로써 시작해 보자. 그가 보기에 베르사유 조약은 19세기를 지탱해 왔던 '세력 균형 체제'를 무너뜨리는 데 결정적 계기로 작용했다. 패전국에 대한 "영구적 무장 해제"를 강제했기 때문이다.[2] 이 세력 균형 체제는 기본적으론 그것을 이루는 각 국가의 힘이 비등비등해서 한쪽이 다른 한쪽을 함부로 어찌할 수 없는 균형 상태를 일컫는 것이었다. 하지만 패전국의 무장 해제로 더 이상은 그 현상을 유지하기가 힘들어진다. 하지만 딱히 그렇게 볼 수만은 없는 상황이 생기게 되는데, 바로 일본 때문이다.[3]

대전 후 일본의 등장은 대전의 패전국(敗戰國) 중 하나인 독일의 전후(戰後) 처리와 구체적으로 맞물려 있다. 왜냐하면 베르사유 조약의 가장 중요한 목적 하나가 "독일을 영원히 약화된 상태에 머물게" 하는 데 있었기 때문이다. 그 효과 가운데 특별히 중요한 것은 "독일의 모든 전(前)

---

2   K. 폴라니, 홍기빈 역, 『거대한 전환: 우리 시대의 정치·경제적 기원』, 길, 2009, 136~138면.

3   이는 폴라니의 시각이 유럽과 미국에 머물러 있다는 비판의 근거가 될 수도 있겠으나 그가 『거대한 전환』을 쓴 해가 1944년임을 헤아린다면 딱히 이해하지 못할 일도 아닌 듯하다.

해외식민지들을 박탈함으로써 그 성취가 보장될 수 있었다(그 식민지들
은 영국인들과 영연방 자치령들 프랑스인들과 보다 적게는 일본인들에게 재분배되었
지만)"는 점이다.[4] 여기서 승전국(勝戰國) 일본이 독일의 전 식민지 일부,
곧 "칭다오와 산둥성, 남양군도"를 얻게 되었다는 점은 주목할 만하다.[5]
이 주안점을 바탕으로, 지금부턴 「보수적인 1920년대와 혁명적인 1930
년대」라는 폴라니의 테제가 당시의 일본에 적용될 수 있을지, 아니면 좀
더 다른 논의가 이뤄져야 할지를 살펴본다.

2.2. 대전 중의 일본(1914~1918): 칭다오 전투와 경제성장

먼저 일본이 연합군의 일원으로 참전하여 전공(戰功)을 인정
받은 칭다오 전투[靑島戰鬪]를 살펴봐야 할 것 같다. 칭다오 전투는 아주
중요하다. 1920년대에서 30년대에 이르는 일본 군국주의의 전개 과정
에서 총력전(總力戰)을 실감하고 그것을 구현한 일본 최초의 전투이기 때
문이다. 1914년 8월 말부터 같은 해 11월 초까지, 전부 다 해서 약 40일
안팎의 시간이 걸린, 하지만 정작 전투 그 자체는 10월 31일부터 11월 7

---

4   E. 홉스봄, 이용우 역, 『극단의 시대』(상), 까치, 1997, 54면.

5   가타야마 모리히데[片山杜秀], 김석근 역, 『미완의 파시즘: 근대 일본의 군국주의 전쟁 철
     학은 어떻게 만들어졌는가』, 가람기획, 2013, 27면.

일까지,[6] 채 열흘이 안 걸린 이 전투에서 눈여겨볼 만한 것은 역시 "1914
년부터 줄곧, 전쟁은 여지없이 대량전(大量戰)"이었다는 점이다.[7] 10년 전
러일전쟁[露日戰爭] 당시의 일본군은 총력전의 엄청난 위력을 실감했
다. 당시 전투에 참가한 이세 히노스케[伊勢喜之助] 포병 중령(육군 기술
심사부 소속)[8]의 보고서 「칭다오 공위전(攻圍戰)에서 적과 아군의 병기 상태
및 탄환 효력 조사」는 승리 원인을 이렇게 정리하고 있다.

> 그 주요 원인은 다름 아니라, 우선 포병 사격술의 진전과 러
> 일전쟁 당시부터 화포의 정밀도가 지극히 양호하고, 탄환의 소유가
> 크게 풍부한 데에 의거한 것이다. 다시 말해서 이번 요새 공위전에
> 서, 성을 공격하는 포병이 발사한 포탄의 총철량(總鐵量)은 1,601톤
> 236으로 뤼순을 공격할 때 전투에서 소비한 포탄 총량의 약 2.5분의
> 1이다.[9]

여기서 '뤼순 공격 당시'는 칭다오 전투 약 10년 전에 있었던 "러일전

---

6   위의 책, 52, 58~59면.
7   홉스봄, 이용우 역, 앞의 책, 69면.
8   가타야마, 김석근 역, 앞의 책, 63면.
9   위의 책, 75면.

쟁의 약 6개월에 이르는" 뤼순 공성전(攻城戰)을 일컫는다. 상기 인용의 '2.5분의 1'을 조금 더 설명하면, 2.5분의 1은 곧 40%, 뤼순 공성전에서 "일본군이 쏜 포탄은『(군사기밀) 메이지 37, 38년 전투 통계』에 의하면 총계 221만 511발"인 데 반해 "이세 중령의 보고서에도 게재된「칭다오 공성전에서의 각 목표에 대한 발사탄수」의 총계는 4만3,019발"이다. 숫자만 갖고 보면 20% 정도밖에 안 되지만 그 수치에는 "구경이 큰 포탄" 도 많이 포함돼 있기 때문에 "포탄의 무게, 철의 총철량으로 계산하면 뤼순 공성전의 4,000톤에 비해 4할이 된다는 것"이다.[10]

한 마디로 '새로운 전쟁'의 전격적(電擊的) 등장이었다. 턱없이 모자란 총탄과 포탄에다 육탄까지 더해 "일본의 강인한 정신주의적 전투법"을 구현한, "몸을 아끼지 않는 정신주의, 혼(魂)의 돌격, 육탄(肉彈)", 곧 "철 (鐵)이 충분하지 않으면 몸을 탄환으로 삼는 수밖에" 없음을 보여준 러일 전쟁과는 판이하게 다른 전쟁이었던 것이다. 이에 대한 일본 육군의 자체적 평가는 흥미롭다.『세계대전의 전술적 관찰』(1926, 〈구주전쟁총서〉제 5권)은 "요약하자면 행인지 불행인지 일본군의 육탄주의는 러일전쟁"에서 "거대한 화기 위력에 대항"해 "육탄으로 싸우려는 보병의 낡은 전술 (戰術)"이 "불합리하며 근대전(近代戰)에 적합하지 않다는 점을 적확하게

---

10   위의 책, 76면.

증명"했고, 이는 "참으로 당연한 일에 속한다"는 대목이 있다.[11]

이를 뒷받침이라도 하듯, 대전을 거치고, 또 대전의 승전국이 되면서 일본은 전에 없던 경제 호황을 누리게 된다. 특별히 중화학공업 분야에서 괄목할 만한 성장세를 보이는데, 전전(戰前)의 3년(1911~1913)과 전쟁 중 5년(1914~1918), 이 두 기간 동안의 '산업별생산구성변화(연평균)'에서 중화학공업 항목을 비교해 보면 총생산액은 587,299(천 엔)에서 1,881,253(천 엔)로 세 배 이상, 구성비는 23.5%에서 37.6%로 50% 이상 성장하게 된다.[12] 하지만 이 성장세를 두고 내린 한 평가를 상기할 필요성 또한 있다. 중화학공업의 성장세가 두드러지긴 했지만 경공업이 여전히 강세를 띠고 있었으며, 중화학공업 또한 상당 부분 국가 주도로 이뤄졌다는 것을 골자로 하는 평가다. 이는 곧이어 애기할 '갖지 못한 나라' 일본과 깊은 관련을 맺고 있기 때문에 특별히 더 중요하다.

그 평가를 보면, 우선 당시 "일본의 산업구조"는 "세계시장의 확대"를 주로 "견·면 두 산업에서 수용"하고 있었다. 이에 따라 "국내의 생산편성 또한 섬유산업과 재래성이 강력한 식료품공업" 위주의 "경공업을 중심으로" 하면서 "중화학공업의 비중은 낮게" 잡는 쪽으로 이뤄지고

---

11   위의 책, 77~78, 97면 — 한자 글쓴이.

12   橋本寿朗, 『大恐慌期の日本資本主義』, 東京大学出版会, 1984, 21面, 〈表 1〉 産業別生産構成の變化(年平均).

있었다. 이런 관점에서, 또 "자본주의의 세계사적 발전이 제국주의 단계로 이행하고 그 생산력이 철강업을 중심으로 한 중화학공업을 기축산업으로 한다"는 관점에서 봤을 때, 당시 "일본의 산업구조는 아시아 같은 곳의 여러 후진국에 대해선 질적으로 다른 선진성을 보임과 동시에 영국·독일·미국 같은 구미의 여러 나라에 대해선 생산력 수준이 한 단계 뒤처져 있었다고 해도 무방할 것 같다."는 것이다.[13] 사실 이 같은 평가는 '구미의 여러 나라에 한 단계 뒤처져 있던' 당시 일본에서 칭다오의 승전과 같은 경험을 계속 이어가긴 힘들 것임을 시사하고 있다. 그리고 이는 1920년대 일본 육군에서 '타넨베르크 신앙'과 결부된다.

2.3. '갖지 못한 나라' 일본의 불가피한 군사작전 모델 (1920년대): 타넨베르크 전투의 적극적 수용

타넨베르크 전투. 대전 초기인 1914년 여름의 동부전선, 현재 폴란드에 있는 스텐바르크(Stębark), 곧 독일어로는 타넨베르크(Tannenberg)로 불리는 곳에서 독일과 러시아 사이에 벌어진 전투로서 병

---

13 위의 책, 22面. 대전 중 일본의 산업 및 경제성장과 관련해서 더 자세한 내용은 가타야마, 김석근 역, 앞의 책, 28~33면, '상업이 번창한 일본, 전 세계의 고객들이 몰려오는 세계적인 가게'를 볼 것.

력이 열세했던 독일(약 10만 정도)이 러시아의 대군(40~50만)을 물리쳤던, '기동섬멸전'의 전범이 되는 전투다.[14] 그런데 조금은 뜬금없기도 하다. 앞서 살펴봤듯이 당시 전쟁의 전반적 흐름은 전 국가적 생산체제 및 생산력의 총동원을 전제로 했음이 분명하기 때문이다. "1914년부터 줄곧, 전쟁은 여지없이 대량전이었다", "대량전은 대량생산을 요구했던 것이다"는 홉스봄의 말처럼.[15]

하지만 일본의 상황은 많이 달랐다. 아무리 "역사적 추세가 물량전이라는 것"이 확실해 보였다 하더라도 "일본의 생산력이 가상적국 여러 열강을 좀처럼 따라갈 수 있을 것 같지는 않"았으므로 이 같은 전망은 결국 "대전 종결 직후부터 일본 육군을 괴롭혀온 난제"가 되어 "현실주의를 어느 틈엔가 정신주의로 반전시켜버리는 계기"가 돼 버렸다.[16] 이로

---

14   자세한 내용은 가타야마, 김석근 역, 앞의 책, 105~108면, '타넨베르크 전투의 개략을 말해보라'를 볼 것. 다음과 같이 홉스봄이 한 얘기는 어쩌면 타넨부르크 전투 아니면 대전 당시 독일군이 썼던 기동섬멸전을 가리키는 것이 아닐까 싶다. "독일인들은 제2차 세계대전 때와 마찬가지로 당시에도 두 전선에서 행해지는 전쟁에 직면했다. … 독일의 계획은 서부에서 재빨리 프랑스를 때려눕히고 나서 동부로 이동하여, 차르의 제국이 자신의 거대한 전투인력을 충분히 효율적으로 가동시킬 수 있기 전에 러시아를 마찬가지로 신속하게 때려눕힌다는 것이었다. 제2차 세계대전 때처럼 당시에도 독일은 부득이하게, 전광석화 같은 군사행동(제2차 세계대전에서 전격전[blitzkrieg]이라고 불리게 될 군사행동)을 계획했다." 홉스봄, 이용우 역, 앞의 책, 42면.

15   홉스봄, 이용우 역, 앞의 책, 69~70면.

16   가타야마, 김석근 역, 앞의 책, 114면.

써 일본 육군은 타넨베르크 전투를 철저히 분석·체화하여 신화화하고, 물질적 생산력에 대한 정신력의 우위 또한 확립하기 시작한다.

타넨베르크 전투의 요체는 "'단기결전+포위섬멸전'을 골자로 하는, 이른바 '슐리펜 전략'에 있었다.[17] 이를 일본 육군은 〈구주전쟁총서〉의 『섬멸전』(1921)에서 이렇게 해석한다.

> … 적에게 섬멸적 타격을 안겨주려면, 전투의 진리를 탐구하고 그것을 철저하게 적용함으로써 비로소 그 목적을 달성할 수 있는 것이라는 점을 추론해 낼 수 있다. 그리고 그 진리를 궁구하고 전장의 낌새를 살피고 원칙을 철저하게 적용하기 위해서는 … 예로부터 명장과 용사가 쓰는 전법(戰法)을 자세히 관찰함으로써 비로소 이론을 초월한 숭고한 진리를 발견할 수 있으며 또 나아가 목적을 달성할 수 있다. … 설령 천재적인 장수가 아니더라도 진지한 학리상의 연구와 더불어 부단한 인격의 단련에 의해서 그것을 용이하게 실행해 혁혁하고 위대한 공을 세울 수 있음을 간곡하게 말하려 한다.[18]

이로써 1920년대 일본 육군은 '섬멸전'에 과학적 탐구와 진리의 이름

---

17 위의 책, 125~128면.
18 위의 책, 129~130면 — 부분 수정 및 한자 글쓴이.

을 붙임으로써 그것을 담론화하기에 이른다. 그리고 그 담론은 급기야 『통수강령』의 개정으로 이어진다(1918, 1921, 1928).[19]

『통수강령』의 개정 과정에서 살펴볼 수 있는 특징은 세 가지다. 첫째, '병참'이라는 말이 점차 쓰이지 않다가 완전히 사라진다는 점, 둘째, "구체적인 전투 방식에 대해서 섬멸전 사상이 전면에 나타나고 있다는 점", 셋째, "앞으로의 전쟁은 물량전과 과학전(科學戰)일 수밖에 없다는 새 시대의 상식"에 대한 입장을 뚜렷이 언급한다는 점이다. 이 가운데 가장 특기할 만한 것은, 앞의 논의를 생각해 본다면, 역시 마지막 특징이다. 『통수강령』에는 "무릇 최근의 물질적 진보가 크게 현저해졌기 때문에, 헛되이 그 위력을 경시해서는 안 된다 하더라도 승패의 주요한 원인은 여전히 정신 요소에 있는 것이므로, … 따라잡을 수 없는 창의와 독특한 궁리에 의해서, 적군의 의표를 찔러 승리의 기틀을 마련하거나, 또는 그 성과를 위대하게 만드는 요령이 더더욱 중요하다."고 적혀 있다. 이렇게 볼 때 "일본 육군이 스스로 계획하고 실천한 칭다오에서의 물량전이나, 유럽에서의 압도적 소모전", 또는 "〈구주전쟁총서〉의 『관찰』에 나타난 기계화 전쟁이 진전됨으로써 정신주의가 무의미하게 되었다는 논의 등

---

19 『통수강령』은 "1914년에 제정된 일본 육군의 기밀전쟁 지휘 매뉴얼"이다. 이때 '통수'는 "헌법용어인 통수"와 다른 "군대 용어"로서 "청일전쟁이나 러일전쟁에서 현지파견군 총사령관"을 일컫는다. 따라서 『통수강령』은 "상급 지휘관용 매뉴얼" 정도로 보면 된다. 위의 책, 133~134면.

은 완전히 공중으로 날아가 버리고 있다.”[20]

　물질적 생산력을 중시했어야 했지만 그럴 형편이 못 되었던 근대 일본, '갖지 못한 나라' 일본의 군국주의는 이 시점, 1928년이 되어 정신주의 쪽으로 크게 선회하게 된다. 실지로 이는 급속한 산업화를 진행하고 있던 일본이 “극동이라는 케이크에서 백인 제국열강이 허용해 준 것보다 약간 더 큰 조각을 차지할 자격이 있다”고 생각하긴 했지만 결국엔 “근대적 공업경제에 필요한 모든 천연자원이 실질적으로 부족한 나라가 가지는 약점을 날카롭게 의식”했던 결과로 볼 수 것이다.[21]

2.4. '갖지 못한 나라'에 대해 상반하는 입장 두 가지(1920년대): 황도파와 통제파

　　『통수강령』의 개정을 이끈 이는 오바타 토시로[小畑敏四郎, 1885~1947]다. 또한 그는 황도파(皇道派; the Imperial Way Faction)를 대표하는 인물이기도 하다. 황도파는 그 이름에서도 볼 수 있듯이 천황을 따르는 길을 으뜸으로 삼는다. '갖지 못한 나라' 일본의 상황을 누구보다도

20　위의 책, 134~137면 — 인용 내 한자 글쓴이.

21　“1920년대 후반에 세계 공업 생산고의 2.5퍼센트”를 차지했던 당시 일본의 경제는 “절대적 규모”의 측면에서 볼 때, “아직은 그리 크지 않았”다. 홉스봄, 이용우 역, 앞의 책, 59면.

더 잘 알고 있었고 일본의 국가적 생산력이 구미 선진국을 결코 따라잡을 수 없으리라는 믿음을 누구보다도 더 철저히 갖고 있었기에 오로지 "극단적인 정신주의"로 무장하고 ""천황 폐하 만세!"를 병사들에게 외치게 해서 전투 의욕을 한껏 높"일 것을 지향한다. 곧 "'갖지 못한 나라'의 군대는 가능한 한 물질적인 성장을 하지 않고, 국력에 걸맞지 않은 과도한 군비 확대를 위해 국민에게 경제적 고통도 안겨주지 않으며, 물질의 부족은 가능한 한 정신으로 보완하고자 한다. 다만 어쩔 수 없이 전쟁을 할 때에는 최단기간에 끝낸다."는 입장을 고수한다.[22]

반면에 나가타 데쓰잔[永田鐵山, 1884~1935]과 이시와라 간지[石原莞爾, 1889~1949][23]가 대표하는 통제파(統制派; the Control Faction)는 '갖지 못한 나라'를 '가진 나라'로 만드는 데 필요한 계획과 통제에 깊은 관심이 있었다. 곧 "'갖지 못한 나라'가 헛되지 않게 자금을 운용해서 효율적으로 경제 발전을 이루기 위해서는 경제를 시장 메커니즘에 맡겨서 자

---

22 가타야마, 김석근 역, 앞의 책, 161면.

23 "관동군 작전주임 참모로 있을 때 이타가키 세이시로[板垣征四郞]와 함께 1931년 남만주철도 폭파 사건을 조작해 만주사변을 일으켰다. 일본 정부나 육군, 심지어는 관동군 상부의 허가조차 받지 않고 일으킨 일이었다. 그 뒤 1936년 청년 장교 쿠테타인 2.26 사건 때에는 참모본부 제2작전과장으로서 반란군[황도파]을 진압했다. 도조 히데키와 대립하여 1941년 현역에서 물러났다. 태평양 전쟁 이후, 연합군 최고사령부의 요청으로 극동 국제 군사 재판에 증인으로 출석하였다." 「이시와라 간지」, 『위키백과』, https://ko.wikipedia.org/wiki/이시와라_간지.

유방임으로 두기보다 통제경제나 계획경제라는 수법에 의거하는 것이 적절하지 않겠는가." 하는 입장을 갖고 있었던 것이다. 결국 통제파는 국가와 군대의 "'조직 통제파'인 동시에 '통제 경제파'이기도 했던 것이다."[24] 특별히 주목할 만한 이는 그중에서도 급진주의자였던 이시와라인데, 그가 1928년 1월 목요회 회합에서 「우리의 국방방침」이란 제목으로한 강연은 1930년대 일본 군국주의의 전개 방향을 예시(豫示)한다.

> 장래 일본과 미국은 반드시 큰 전쟁을 한다. 아니, 하지 않으면 안 된다. 일본은 동양의 대표, 미국은 서양의 대표다. 그 전쟁은 세계 최종 전쟁[最終戰]이 된다. 결과 여하에 따라서 세계의 운명이 결정된다. 일본은 어떻게 해서든 이겨야만 한다. 그런데 현 단계의 일본은 '갖지 못한 나라'이며 미국은 '가진 나라'다. 먼저 가능한 빨리 저들과의 현격한 차이를 메워야 한다. 그러기 위한 일본의 방도는 '전체 중국을 이용하는' 것이다. '전체 중국'을 일본의 산업기지로 삼으면 일본은 '가진 나라'로 바뀔 수 있다. '전체 중국'의 획득을 위해서 매진해야 할 것이다. 그것이 일본의 '국방 방침'이다. 이시와라는 그런 얘기를 했던 듯하다.[25]

---

24   가타야마, 김석근 역, 앞의 책, 197면.

25   위의 책, 204~205면 — 한자 글쓴이.

하지만 그렇다고 해서 통제파가 단기섬멸전을 포기한 것은 결코 아니었다. 오히려 그 전술은 "1936년 2·26 사건으로 '황도파'가 '통제파'에 패해서 실각한 후에도 살아남"아 이시와라의 '세계 최종 전쟁' 구상에 영향을 끼치게 된다. 그 전쟁은 "철저한 총력전이면서 순식간에 끝난다. … 20세기는 과학의 시대"이기 때문이다.[26] 그러나 곧 발발할 터였던 두 번째 세계대전은 정작 이시와라의 생각대로 이뤄지지 않는다.

독일(그리고 나중에는 일본)로서는 1914년과 동일한 이유로 급속한 공격전(攻擊戰)을 할 필요가 있었다. 독일과 일본의 잠재적인 적국들의 자원들은 일단 합쳐지고 통합되자 그 두 나라의 자원보다 압도적으로 많아졌다. 두 나라 중 어느 쪽도 사실상 장기전(長期戰)을 계획조차 하지 않았고, 오랜 준비기간을 가지는 군사장비에 의존하지도 않았다(그와는 대조적으로, 육지에서의 열세를 인정한 영국인들은 처음부터 가장 비싸고 기술적으로 가장 정교한 형태의 무기에 돈을 투입했으며, 자신들 및 동맹국들의 생산력이 상대편의 생산력을 능가하게 될 장기전에 대해서 계획을 세웠다). … 그러나 일본으로서는 불행하게도, 그 나라가 맞붙어야 했던 유일한 강국인 미국이 자원의 면에서 일본에 비하여 너무도 월등했

---

26 위의 책, 170, 215~216면. 이 두 파의 대립이 통제파의 승리로 끝나게 되는 과정은 곧바로 다루도록 한다.

으므로 미국의 승리는 사실상 불가피한 것이었다.[27]

어쨌든 이 두 파의 대립이 아직은 해결되지 않았을 때 일본은 대공황을 맞이하게 되고, 그 타개책으로 만주국을 일으켜 식민지 건설에 박차를 가함과 동시에 1932년 5월과 1936년 2월, 젊은 군인들이 일으킨 두 차례의 반란을 통해 본격적인 군국주의의 길로 들어서게 된다.

2.5. '갖지 못한 나라'의 군국주의(1930년대): 만주사변과 만주국 건설, 5·15 및 2·26 사건과 중일전쟁

만주사변, 만주국 건설, 2·26 사건 및 5·15 사건과 중일전쟁(각각 1931, 1932, 1932, 1936, 1937). 1930년대의 일본을 비롯한 동아시아 정세를 설명할 만한 굵직한 사건들이다. 먼저 만주와 관련해선 1930년대의 이른바 '고도성장 계획'이 아주 중요해 보인다. 크게 두 가지 까닭이 있는데, 첫째, 일본의 대공황 타개책으로 만주 식민지 건설이 이용됐다는 점, 둘째 이 시기부터 1960~1970년대까지, 한국 군국주의의 싹과 그 싹이 터 이뤄진 개발독재를 설명할 수 있는 실마리 또한 있는 듯 보이기 때문이다. 여기선 전자에 집중한다. 우선 "연평균 경제성장률"을 지

---

27   홉스봄, 이용우 역, 앞의 책, 60~61면 ─ 한자 글쓴이.

표로 삼아서 보면, 일본도 대공황의 여파에서 자유롭진 않았다. 대공황 이듬해인 1930년엔 -7%를 기록했기 때문이다. "하지만 만주사변이 발발한 1931년에는 8.4%라는 높은 신장을 보여주"고 있으며, 더욱이 "경제는 아직 글로벌화가 진행되지 않았으므로 세계 공황이라 해서 일본 경제가 미국처럼 침몰하지는 않았다."는 점 역시 중요하다. 요컨대 "일본의 재기는 빨랐으며 미국이 제로 성장할 때에 매년 5% 가까이 성장할 수 있었다." 이 데이터를 토대로 일본은 "〈제1차 일본·만주 산업 5개년 계획〉을 정리", "〈만주 산업개발 5개년 계획〉으로 발전"시켜 시행하기에 이른다.[28] "당시의 소장 경제학자 우지와라 유타카[藤原泰]가 『만주국 통제경제론』(1942)에서 5개년 계획의 의미"를 밝힌 바에 따르면, 주요 목적은 다음과 같다.

"유사시 필요한 자원의 현지 개발에 중점을 둔다." 만주를 "일본에 부족한 자원의 공급"을 위한 거대한 기지로 삼는다. 나아가 일본 본국의 공업 생산력의 불비(不備)나 부족도 만주에서 보충한다. 만주를 세계 굴지의 대공업지대로 발전시킨다. 그것이야말로 '만주국 경제 건설의 지도 원리'이며, 그 실속이 올라가 세계로부터 일본

---

28   가타야마, 김석근 역, 앞의 책, 220~221, 224~225면. 이것이 소련의 경제개발계획을 모델로 삼았음은 두말할 나위도 없을 것이다.

이 마침내 '가진 나라'로 불리게 되었을 때 '일본·만주 경제 블록의
확립'이라는 말은 진실로 의미를 갖는다.[29]

다음으로 5·15 및 2·26 사건이다. 전자는 1932년 5월, 간단히 말하
면 극우파 청년 해군 장교가 중심이 되어 일으킨 반란 사건이다. 이로써
일본의 정당 정치는 "사실상 끝을 맞이"했고, 그 이후 "군부의 경제 진
출이 이루어지면서 재벌들은 군부를 지원하기 시작하였으며, 군국주의
사상의 강화로 인해 독일과 같은 국가 사회주의 운동의 막"이 오르게 된
다.[30] 만주국 건설 및 5·15 사건으로 군사비 지출 또한 엄청나게 커지게
되는데, 이를 충당하기 위해 일본은 국채발행이라는 일종의 미봉책을
도입한다. 1935년까진 공채에 대한 수요가 있어 그럭저럭 유지됐지만
점차 그 수요가 줄어들자 악성 인플레이션이 발생하기에 이른다. 당시
경제부 장관 다카하시 고레키요[高橋是淸]는 군사비 지출 및 공채 발행
을 줄이기 위한 긴축 재정을 주장하게 된다. 그에 반기를 든 1,400명 정
도의 황도파 군사들이 반란을 일으킨 사건, 그것이 바로 2·26 사건이었
다. 하지만 천황의 이름으로 진압 명령이 떨어졌고, 정작 반란을 일으킨
당사자가 황도파였기 때문에 전의를 상실하여 자결하거나 투항함으로

---

29   위의 책, 224~225면 — 강조 원저.

30   위의 책, 221, 각주 18.

써 사건은 일단락된다.[31] 사건의 의의는 역시 일본 군부 내에서 통제파가 실권을 장악하게 됐다는 점, 더 중요한 의의는 '정신주의'가 여전히 이어지고 있었다는 점이다.

> 따라서 1936년 반란에 대한 억압은 통제파의 승리라는 결과를 낳았다. 이것이 장교가 저지르는 테러리즘의 종말을 뜻하긴 했지만 전쟁 준비의 종결을 뜻하진 않았다. 통제파도 황도파 못지않게 '국방'에 관심을 갖고 있었기 때문이다. 통제파가 거부한 것은 청년 장교 집단의 폭력적이고 극단적인 방식과 황도파가 군대 구조와 장비의 근대화에 대해 정신적 동원을 우선시하는 것이었다. 파벌 경쟁과 군대 규율의 부활이 종말을 고함으로써 군 수뇌부가 이끄는 더 결연한 노력, 곧 국가 경제와 전쟁을 위한 사회적 자원의 동원으로 이어지는 길에 걸림돌이 사라졌다. 하지만 그렇다고 해서 정신적 동원에 대한 옹호가 사라진 것은 결코 아니었다.[32]

이 '정신적 동원'을 발판삼아 일본은 그 이듬해 중일전쟁을 일으킨다.

---

31   정혜선, 「경제위기와 군부의 대두 — 2·26 사건(1935년~1936년)」, 『일본사 다이제스트 100』, 가람기획, 네이버 지식백과, http://terms.naver.com/entry.nhn?docId=1826099&cid=42998&categoryId=42998.

32   Elise K. Tipton, *Modern Japan: A social and political history*, Routledge, 2002, p.118.

그것 역시 '단기결전+포위섬멸전'과 그것을 위한 정신무장으로 계획됐지만 중국의 끈질긴 항전(抗戰)으로 전쟁이 장기화됨에 따라 별 다른 실리는 챙기지 못하게 된다.

'정신적 동원'의 옹호, 곧, 지금껏 살펴봤듯이, 일본 군국주의의 전개 상황 저변에 면면히 흐르고 있던 정신주의와 그것의 끈질긴 보존은 결국 물질적 생산력의 향상과 경제 성장을 욕망하는 쪽으로 이어지게 되고, 이는 결국 '전쟁과 군수산업 기지로서 식민지 건설'이라는 악순환을 낳게 된다. '갖지 못한 나라' 일본은 '가진 나라'가 되기 위해, 그 모자람을 채우기 위해 결국 식민지를 군수기지로 삼고 전쟁을 일으킨 것이다.

3. 전격전의 원형으로서 섬멸전의 현시대적 함의

「보수적인 1920년대, 혁명적인 1930년대」라는 폴라니의 테제엔 세 가지 차원의 분석적 의의가 있다. 첫째, 정치적 차원, 베르사유 조약으로 말미암아 19세기를 지탱했던 '세력 균형 체제'가 붕괴됐다. 둘째, 경제적 차원, 1920년대의 보수적 움직임에 따라 금 본위제 및 자유주의적 자기조정 시장에 대한 믿음과 그 실현을 위한 노력을 엄청나게 기울였는데도 1930년대 들어 결국 자급자족을 지향하는 폐쇄경제가 등장했다. 셋째, 역사적 차원, 자유주의 국가와 자기조정 시장, 또 이익

추구라는 동기가 만들어 놓은 유토피아의 내적 모순이 드디어 역사에 모습을 드러내면서 역사와 세계를 혁명적인 방향으로 이끌었다.[33]

하지만 당시 일본 사회의 전개 양상엔 모종의 어긋남이 있다. "대전 동안 팽창한 일본 경제를 유지·발전시키기 위해 식민지 경제발전과 상업 활동이 적극적으로 추진"되었고, "그 배경에는 일영동맹의 종언과 워싱턴·베르사유 체제로 이행하는 가운데 국제협조를 중시하는 대외적 조건"이 있었기 때문이다.[34] 이 같은 어긋남은 결국 '갖지 못한 나라'라는 자기의식의 반영에서 비롯한 것으로 볼 수 있을 것이다. 대전의 승전국으로서 국제무대에 본격적으로 모습을 드러낸 일제, 하지만 구미의 열강과는 또 달리 그에 걸맞은 생산력은 갖추고 있지 못해 '정신'을 강조할 수밖에 없었던 일제, 그래서 구미 열강보다 꽤나 뒤늦게 식민지 건설과 팽창에 심혈을 기울이긴 했으나 그 범위나 시기를 놓고 볼 때 그 국가들에 비해 그 지배의 성과가 썩 뛰어났다고는 할 수 없을 것 같은 일제.

어떻게 보면 현시대까지도 존속하고 있는 동아시아의 전시체제는 그때부터 비롯했을는지도 모른다. 사실 이 말이 성립하려면, '전시체제라는 것은 말 그대로의 전쟁이란 맥락, 지금껏 이 모의전(模擬戰)에서 구성

---

33   폴라니, 홍기빈 역, 앞의 책, 136~138, 152~153면.

34   小林英夫, 「日本資本主義と植民地經營」, 『3 植民地化と産業化』, (『岩波講座近代日本と植民地』全8卷), 岩波書店, 1993, 13面.

해 온 것과 같은 맥락에서 파악되기만 해선 안 된다'는 전제가 뒷받침돼
야 한다. 지난 한 세기 동안 동아시아 각 사회가 상이한 역사의 궤적을
그려 왔다고는 해도 이 작업에서 살펴봤던 섬멸전(殲滅戰)과 그것의 개정
판인 전격전(電擊戰)이 그 궤적들을 관통하고 있다는 것은 자명하다. 비
록 정치적으론 서로 다른 체제를 추구하고 있지만 경제적으론 예외 없
이 시장체제를 채택하고 있는 곳이 바로 이곳, 동아시아다. 그 시장경제
체제의 발전을 위해 때론 황도파의 입장에서 정신승리를 강조하기도 하
고, 때론 통제파의 입장에서 강력한 계획경제를 추진하기도 했다. 그리
고 이 둘 다 어떤 식으로든 현재진행형이란 것 또한 분명하다. 그러니 다
음과 같은 질문 또한 여전히 유효할 수밖에 없다. '일제의 그 군국주의적
파시스트의 잔재가 지금 이 시점까지 모조리 다 청산됐다고는 누가 호
언할 수 있을 것이며, 그 잔영이 현시대 동아시아에서 말끔히 걷혔다고
는 또 누가 장담할 수 있을 것인가?'

관련 어휘

대전 大戰 major war; gigantic war	1. 여러 나라가 참가하여 넓은 지역에 걸쳐 큰 전쟁을 벌임. 또는 그런 전쟁. 2. 역사 세계 여러 나라가 관여하는 큰 규모의 전쟁. = 세계대전 世界大戰 ↔ 소전 小戰
전후 戰後 postwar era; postwar	1. 전쟁이 끝난 뒤. 특히, 제이 차 세계 대전 후를 이른다. ↔ 전전 戰前
승전국 勝戰國 victorious country	1. 전쟁에서 이긴 나라. = 전첩국 戰捷國, 전승국 戰勝國 ↔ 패전국 敗戰國, 전패국 戰敗國
전공 戰功 fine war record; distinguished services in war	1. 전투에서 세운 공로. = 전훈 戰勳
대량전 大量戰 mass warfare	* 대량 1. 아주 많은 분량이나 수량. 2. 도량이 큼. 또는 큰 도량. = 대도 大度 ↔ 소량 小量

공위전 攻圍戰 siege; siege warfare	* 공위 1. 에워싸서 공격함. 2. [군사] 병력으로 일정한 지역을 포위하여 외부와의 교 통을 끊는 일.
전격적 電擊的 suddenness; sudden, fulgurous	명사 1. 번개같이 급작스럽게 들이치는 것. 관형사 1. 번개같이 급작스럽게 들이치는.
공성전 攻城戰 castle warfare	1. 성이나 요새를 빼앗기 위하여 벌이는 싸움.
전투법 戰鬪戰 tactic; strategy	* 전투 1. 두 편의 군대가 조직적으로 무장하여 싸움. = 투전 鬪戰
근대전 近代戰 modern warfare	* 현대전 現代戰 1. 고도로 발달된 무기와 기술을 사용하는 현대의 전쟁.
전전 戰前 prewar era; prewar	1. 전쟁이 일어나기 전(前). ↔ 전후 戰後

전법 戰法 tactic; strategy	1. 전쟁이나 경기 따위에서 상대와 싸우는 방법. = 병술 兵術, 전술 戰術
과학전 科學戰 scientific warfare	1. 군사 과학 기술을 이용하여 생산한 무기, 장비 따위로 벌이는 전쟁.
소모전 消耗戰 war of attrition; attrition warfare	1. 군사 인원이나 병기, 물자 따위를 자꾸 투입하여 쉽게 승부가 나지 아니하는 전쟁. 적의 병력이나 군수품을 소모시키어 승리를 거두려는 목적으로 행한다. = 장기전 長期戰, 지구전 持久戰
최종전쟁 最終戰爭 final war	* 최종전 1. 일정 기간 진행되는 운동 경기 가운데에서 가장 나중 에 치러지는 경기. 『우리』
공격전 攻擊戰 aggressive war	1. [군사] 적을 공격함으로써 벌이는 싸움. ↔ 방비전 防備戰, 방어전 防禦戰

참고문헌

E. 홉스봄, 이용우 역, 『극단의 시대』 (상), 까치, 1997.

K. 폴라니, 홍기빈 역, 『거대한 전환: 우리 시대의 정치·경제적 기원』, 길, 2009.

Elise K. Tipton, *Modern Japan: A social and political history*, Routledge, 2002.

가타야마 모리히데[片山杜秀], 김석근 역, 『미완의 파시즘: 근대 일본의 군국주의 전쟁 철학은 어떻게 만들어졌는가』, 가람기획, 2013.

小林英夫,「日本資本主義と植民地經營」,『3 植民地化と産業化』, (『岩波講座近代日本と植民地』全8卷), 岩波書店, , 1993, 3~26面.

橋本寿朗, 『大恐慌期の日本資本主義』, 東京大学出版会, 1984.

정혜선,「경제위기와 군부의 대두 ― 2·26 사건(1935년~1936년)」,『일본사 다이제스트 100』, 가람기획, 네이버 지식백과, http://terms.naver.com/entry.nhn?docId=182 6099&cid=42998&categoryId=42998.

「이시와라 간지」,『위키백과』, https://ko.wikipedia.org/wiki/이시와라_간지.

제2부

실전

상전, 광고전, 선전전, 심리전
- 30초의 전쟁,[1] 광고, 그리고 그것과 교전하기

핵심 어휘

상전 商戰 commercial war	1. 상업상의 일로 싸움. 또는 상업상의 경쟁.
광고전 廣告戰 ad war	1. 기업 간에 제품 시장을 장악하기 위해 광고를 통해 치르는 싸움.『고려』

---

[1] 어떤 데선 '30초의 예술'로 일컫기도 한다. 이런 맥락에서 등장한다. "30초의 예술이라 불리는 광고! 짧은 시간 안에 제품을 인식시켜야 하는 만큼 기발한 아이디어가 돋보이는 광고 속에서의 광고 카피의 역할은 매우 중요합니다." 최병광,「30초의 미학 광고의 힘」,『열린강좌』, 한국콘텐츠진흥원, https://ed u.kocca.kr/edu/onlineEdu/openLecture/view.do?menuNo=500085&pSeq=56&pLectureCls=GC05.

선전전 宣傳戰 propaganda warfare	1. 많은 사람의 이해를 얻기 위하여 서로 다투어 선전하는 일. 또는 그런 싸움. 2. [군사] 아군의 사기를 높이고 적군의 사기를 떨어뜨리기 위하여 선전을 주로 하는 전술. 또는 그런 싸움.
심리전 心理戰 psychological warfare	1. [군사] 명백한 군사적 적대 행위 없이 적군이나 상대국 국민에게 심리적인 자극과 압력을 주어 자기 나라의 정치·외교·군사 면에 유리하도록 이끄는 전쟁. = 심리전쟁 心理戰爭

Prologue

마르크스가 나폴레옹 3세에 대해 말한 바와 같이, 역사에는 똑같은 사건이 두 번 일어나는 경우가 있다 : 첫 번째는 실제적인 역사적 중요성을 갖고서, 두 번째는 최초 사건의 희화적(戲畵的) 재현 및 추악한 화신에 불과하며 그 **전설적인 효과** 때문에 간신히 성립한다는 것이다.

— 장 보드리야르[2]

2   J. 보드리야르, 이상률 역, 『소비의 사회』, 문예출판사, 1991, 136면 — 강조 원저.

1. 지구전: 속전에 대한 교전의 한 방식

코로나 사태의 장기화에 따른 답답함 때문이었을지도 모르
겠다. 갑자기 예전에 봤던 TV 광고 하나가 불현듯 떠오른 것은. 시리도
록 파란 겨울 하늘과 함께 따뜻한 날의 파란 하늘과 바다가 겹쳐 떠오른
것도 이 답답한 현실 때문이었을지 모른다. 기왕 떠 올린 것, 그 광고와
한 판 전쟁을 벌여보기로 작정했다. 이 절의 제목처럼 속전(速戰)에 대한
교전의 한 방식으로서 지구전(持久戰)이다. 속전은 TV 광고가 벌이는 상
전의 양식, 속결(速決)은 광고 주체가 획득 가능한 전리품(戰利品)이다. 그
결정의 지연 또는 무효화를 전략(戰略)으로 하는 지구전적 전술(戰術)로서
문화실천은 그래서 꼭 필요하다. 이 작업의 주된 목적은 그 전술을 어떻
게 구사하는 것이 타당할지를 고민해 보는 데 있다.

실지로 TV 광고 분석엔 그 결과의 시효를 유지하는 것이 쉽지 않다는
단점이 있다. TV 광고라는 매체엔 한 사회에서 유행하는 판에 박힌 생
각(stereotypical ideas)과 그 생각을 반영하는 제품을 가장 잘 선전하려는 의
도가 담겨 있다. 그렇기에 TV 광고의 유통기한 또한 제품의 사회적·문
화적 유통기한에 따라 결정되는 경우가 대부분이다. 최근 신제품의 출
시 주기가 점점 더 짧아지고 있다는 것은 TV 광고 하나를 분석해서 보
여 줄 수 있는 시대상(時代相)의 유효 기간 또한 점점 더 짧아지고 있음을
뜻한다. 하지만 이를 마냥 단점으로 생각할 수만은 없는 것이, 그렇게 잠

깐 떠돌다가 사라져버리는 TV 광고에도 모종의 "국면적 특수성"은 있기 때문에 그것을 보는 사람이 그것을 해독하여 '절합'할 수 있는 가능성, 곧 광고 해독자가 국면적으로 개입할 수 있는 가능성에 거의 무방비 상태로 놓여 있다는 특성이 상존한다.[3]

"광고는 자본주의의 신화"이자 "현대적인 신들의 이야기"로서 자본주의의 탈역사성을 보장하는 메커니즘이다. 그뿐 아니라 그것은 "한 판의 질탕한 굿거리를 통해 보이지 않는 물신(物神)을 우리와 연계하는 영매"로서 항상 우리 곁을 배회하고 있기도 하다. 다시 말해서 광고는, 수용자의 적극적이고 능동적인 개입을 허락하지 않는 매체, 곧 부르주아지의 지배 이데올로기를 끝 간 데 없이 퍼뜨리는 강력한 매체로서 우리와 함께 하고 있는 것이다.[4] 그렇기에, 참으로 역설적이게도, '국면적 개입'이라는 전술만큼은 반드시 필요할 수밖에 없게 되는 것이다.

전술적 방법론으로는 맑스가 말한 "추상화의 힘(the power of

---

3   J. 프록터, 손유경 역, 『지금 스튜어트 홀』, 앨피, 2006, 224면. 사실 프록터는 '국면적 특수성'을 홀(Stuart Hall)이 정체성과 관련해서 펼치는 주장의 맥락, 더 구체적으론 서로의 차이 때문에 정체성 확립이 끝없이 뒤로 밀린다는 견해에 따를 것이 아니라 오히려 어떤 국면에서 자신의 특유한 입장을 결정하고(positioning) 개입하는 적극적 실천으로써 정체성의 문제에 접근해야 한다는 주장의 맥락에서 논의하고 있으나, 여기선 이 개념을 한층 더 확장해서 TV 광고와 그것을 해독하는 이 모두한테 적용해 보고자 한다.

4   목수현 외, 『광고의 신화, 욕망, 이미지』, 현실문화연구, 1993, 6면.

abstraction)"을 채택한다.[5] 그러니까 이 작업에선 광고를 '추상화'하고, 그리해서 얻게 될 '힘'으로써 21세기의 자본주의적 생산양식이 우리 몸에 기입하는 광고의 이데올로기와 그것의 효과에 맞서는 교전을 벌이게 되는 것이다. 이를 위해 구체적인 광고 하나를 선택하고 그것을 특수한 계급적 입장을 지닌 문화연구자인 '나'가 검토·분석한다. 비록 그 선택이 자의적이라는 비판에서 자유롭지 않다 할지라도 말이다.

　포스트모더니즘의 확산으로 '이항대립'이 갖고 있는 여러 문제가 불거졌고, 그래서 그것과 비슷해 보이는 '변증법' 또한 거의 폐기 수준에 이른 듯 보인다. 하지만 이젠 뭔가 다른 것을 시도해 봐야 하지 않을까? 이를테면, 오래 전 절대정신이라는 단 한 곳만 바라봤던 변증법적 지양은 말 그대로 지양하고, 이 세기의 자본주의적 생산양식이 몰고 가는 다양한 국면 각각의 특수성에 대해 다양한 형태의 진지전(陣地戰, war of position)을 벌이는, 다시 말해서 다양한 입장(positions)의 참호를 파되 서로의 넘치는 곳과 모자라는 곳을 봐 가며 흙을 실어다 나르는, 어떤 '변증법적 연대' 같은 것이 필요하지 않을까? 이렇게 볼 때, 이 작업은 참호

5　David Harvey, A *Companion to Marx's Capital,* Verso, 2010, p. 16. 주지하는 바와 같이, 맑스는 『자본론』을 '상품'으로 시작한다. 그가 보기에 상품이야말로 자본주의적 생산양식에서 "**유일한** 공통분모(*the* common denominator)"였기 때문이다. Ibid., p.15 — 강조 원저. 누가 되었든, 자본주의적 생산양식이 지배하는 사회에서, 자본주의적 생산관계에 얽혀 들어가 사는 사람이라면 누구나 다 생산하고 소비하는 것, 그것을 맑스는 상품으로 봤던 것이다.

하나를 파 보는 작업이 될 텐데, 나는 그 참호 만들기를, 지금 자본주의
적 생산양식이 퍼뜨리는 극도의 추상성을 조금이라도 허물어뜨리기 위
해 내 몸이 쓰고 있고 또 쓰고 싶어 하는 나의 미약하기 그지없는 그 힘
에서 시작할 것이다. 그리고 이는 관념화한 자본이 사람의 몸과 그 몸
을 둘러싸고 있는 여러 물질적 조건에 자신을 은밀히 '이식'함으로써 성
취하려는 '식민화'의 이데올로기와 그 효과를 명백히 밝히고, 자본의 그
같은 욕망, 끝 간 데 없이 치닫기만 하는 그 욕망을 분쇄하고자 하는 나
의 미미한 힘, 곧 국면적 개입을 바탕으로 해서 추상화의 힘으로 전화하
려는 나의 작은 욕망, 굳이 이름을 붙이자면 어떤 항전(抗戰)을 향한 욕망
같은 것에서 그 첫 발을 내딛을 것이다. 그리고 그 전선은 어느 대중문화
텍스트를 갖고, 어떤 이론적 얼개에서, 무엇에 중점을 두고, 어떤 방식으
로 글을 써 내려갈 것인지를 좀 더 구체적으로 밝힘으로써 형성한다.

1.1. 어느 대중문화 텍스트를 갖고

TV 광고, 「실론티의 고향으로 가다」다. 꽤 오래 전 한창 TV
에 나오곤 했던 대한항공의 광고, 『어디에도 없던곳 인도양으로』[6] 시리
즈 중 하나다. 하지만 뭔가 개운치 않은 느낌이 드는 사람, 고개를 갸우

---

6   옳은 띄어쓰기로 하자면 '없던 곳'이겠으나, 광고의 카피를 그대로 옮기기로 한다.

뚱대는 사람이 있을 수 있다. '수많은 대중문화 텍스트 가운데 왜 광고
냐'라든가 '수많은 광고 가운데 왜 하필 TV 광고며, 수많은 TV 광고 가
운데 왜 또 하필 그 광고냐'라든가 하는 의문이 고개를 치켜드는 것을 어
찌할 도리가 없는 사람 말이다. 그렇게 갸우뚱거리는 고개의 방향을 끄
덕이는 쪽으로 바꿔 놓기 위해 내가 내어 놓으려는 답은 이렇다.

　먼저 광고는 문화연구에서 큰 비중을 차지하고 있는 대중문화연구
(popular culture studies)와 시각 또는 영상문화연구(visual culture studies)가 빼
놓지 않고 다루는 중요한 텍스트다.[7] 좀 더 거창하게 얘기해서 문화연구
는 대중문화를 진지하게 얘기하기 시작함으로써 비로소 본 궤도에 올랐
다.[8] 대중문화연구가 대중의 일상 속에 깊이 파고들어 있는 다양한 형태

7　텍스트의 이데올로기적 속성은 우리가 텍스트를 어떤 특정한 방식으로 보게끔 몰래 우
　리 손을 붙들고 그렇게 볼 수 있는 곳으로 데려간다는 데 있고, 그렇게 될 때 그 속성은 비
　로소 효과로 발현한다. 그리고 그 같은 효과를 가장 극적으로 실현하는 매체 가운데 하나
　는 마땅히 광고다. 다시 말해 "텍스트는 우리가 이미지를 다르게 보도록 유도한다. 언어
　때문에 이미지의 특정한 측면에 주목하게 되고, 이는 결국 그림을 어떻게 보라고 지시하
　는 것이 된다. 주로 광고에서 이런 경우가 발견된다. 텍스트는 관람자가 이미지를 정해진
　방향으로 읽도록 지시한다." M. 스터르큰·L. 카트라이트, 윤태진 외 역, 『영상문화의 이
　해』, 커뮤니케이션북스, 2006, 121~122면.
8　이와 관련해선 프록터, 손유경 역, 앞의 책, 37~75면을 참조할 것. 참고로 프록터는 이 장
　을 이렇게 시작하고 있다. "지난 40년 동안 스튜어트 홀의 문화연구 프로젝트는 대중문
　화를 진지한 학문의 영역, 그것도 '가장 인기 있는' 학문적 과제의 하나로 전환시키고, 무
　엇이 문화를 구성하는지에 관한 전통적인 정의를 무너뜨리는 방향으로 진행되었다. …
　홀의 문화 연구 프로젝트는 거의 전적으로 대중문화 연구에 집중되었다." 위의 책, 39면.

의 시각 광고를 분석하는 작업과 더불어 태어났다고 해도 지나침이 없
을 정도로 시각 광고와 문화연구는 불가분의 관계를 맺고 있다. 다음은
'왜 하필 TV 광고냐'는 물음에 답할 차례다. 첫 번째 이유는 수많은 매체
가 새롭게 등장했다 해도 TV가 여전히 가장 영향력 있는 매체 중 하나
라는 것에 이의를 제기할 사람이 별로 없을 것이라는 데 있다.[9] 또한 디

---

9   "텔레비전은 우리 모두가 그것을 보는 데 엄청나게 많은 시간을 들이는 매체지만, 그것
    은 또한 우리 자신과 관련한 아주 많은 얘기를 해 주기도 한다." 그렇다. TV는 그것이
    생긴 이래, 그것을 보는 수많은 사람의 얘기를 실어 나르고 그 사람들의 희로애락을 함
    께 하면서 그 사람들의 시간을 먹어치워 왔다. 그만큼 TV는 그것이 없는 세상을 상상하
    기 힘들 정도로 우리한텐 친근한 매체다. 하지만 TV가 결코 가치중립적인 매체가 아니
    라는 것 또한 유념할 필요가 있다. 그것이 우리와 정보 사이에서 유익할 법한 모종의 관
    계를 맺어주는 듯 보이지만, 이러한 시각은 자칫 잘못하면 'TV가 과연 사실을 전달하거
    나 반영하느냐?'는 질문에 선뜻 답을 내어 놓지 못하는 상황을 만들어 내기도 한다. 그렇
    기에 "텔레비전은 얼마만큼 사실적인가?"를 물으면서 우리의 일상을 둘러싸고 있는 "텔
    레비전 문화와 우리 사이의 관계"를 진지하게 고민하는 사람도 있다. Richard Howells,
    Visual Culture, Polity, 2003, p.6, 197. 실지로 TV를 가득 메운 정보는 어떤 식으로든 방
    향을 갖고 있고, 그것은 어느 경우든 한쪽으로 치우쳐 있을 가능성이 높다. 어떤 정보 안
    엔 그 정보를 접하는 사람을 특정 방향으로 이끌고 가려는 경향이 깃들어 있기 때문이
    다. 그렇기에 "… 우리는 텔레비전이 우리가 살아가는 일상의 삶을 직접적으로, 말 그대
    로 반영하지 않는다는 것을 반드시 배워야 한다." Ibid., p.6. 우리가 익히 알고 있는 나치
    의 선전 담당, 괴벨스(Paul Joseph Goebbels)의 경우에서 볼 수 있듯이 "역사적으로 보더라
    도, 텔레비전과 라디오는 단일한 쟁점이나 이념을 중심으로 새로운 대중문화, 또는 대중
    사회를 동원하는 중앙집중적 도구 역할"을 했으며, 같은 메시지를 같은 시간에 많은 사
    람한테 전달할 수 있는 그 두 매체의 능력 때문에 그 메시지를 접하는 사람들은 "정치나
    문화에 관한 지배적 아이디어", 곧 지배계급의 이데올로기에 순응하게 된다. 다른 학문
    영역과 마찬가지로, 생산수단의 소유와 관련해서 맑스가 던진 질문, 곧 '생산수단은 어떤

지털 테크놀로지가 눈부신 발전을 이뤄가면 갈수록 TV 광고 또한 발전에 발전을 거듭하고 있고, 그러면 그럴수록 TV 광고의 이데올로기적 효과 또한 점점 더 커질 수밖에 없기 때문이라는 것이 두 번째 이유다.[10] 하지만 모든 TV 광고가 그것의 이데올로기적 속성을 드러내기에 충분한

계급이 소유하며, 그것에 따르는 효과는 무엇인가'하는 질문은 매스 커뮤니케이션과 미디어 연구에서도 여전히 유효성을 입증하고 있다. "마르크스에 의하면, **생산수단**(*means of production*)을 보유한 사람들은 생각과 관점의 생산 및 전파 역시 통제한다. 신문, 텔레비전 네트워크, 영화사 등을 소유하거나 통제하거나 이해를 함께하는 지배계급의 성원들은 이들 미디어에 의해 생산되는 내용을 통제할 수 있다. 따라서 미디어는 지배수단이다. 지배계급은 미디어를 통해 각종 관념을 '판매'함으로써 다른 경제적 계급에 속한 사람들을 지배"하기에 이르며, 이로써 피지배계급은 "자본주의 경제의 실재를 왜곡"하는 "**이데올로기**"인 "**허위의식**"을 갖게 된다. 스터르큰·카트라이트, 윤태진 외 역, 앞의 책, 152~156면 — 강조 원저. 물론 수용자 연구(audience studies)의 입장에서 제기할 수 있는 반론도 있을 수 있다. '지금은 1930~40년대와 달라. 그때 문화는 대중문화로 보기보다 대량문화(mass culture)로 봐야겠지. 지금은 시청자가 개입할 수 있는 폭이 훨씬 더 넓어진 때가 아닌가?'하며 되물을 수도 있다. 맞는 말이다. 특별히 요즘을 살아가는 사람 대부분이 손에 쥐고 있는 모바일 테크놀로지 가제트는 수용자의 실시간 개입, 엄밀히 따지면 거의 실시간에 가까운 개입을 가능케 한다. TV 드라마의 전개 방향을 틀어버릴 수 있는 힘, 그 힘을 시청자가 자신의 손에 거머쥐고 있다는 것은 좋은 예다. 하지만 광고는 얘기가 조금 다르다. 시청자가 한 TV 광고의 형식과 내용에 끼어들 수 있는 틈은 없으며, 방송사와 광고주 사이의 계약서에 명시되어 있을 그 광고의 방송 시간대는 더더욱 어찌 하지 못한다. 어떻게 보면 광고는 자본주의적 이데올로기의 수성 전략에선 '최후의 보루' 역할을, 확장 전략에선 '첨병' 역할을 동시에 수행하고 있다.

10 이 문제는 곧 이어질 첫 번째 이론적 얼개, 곧 '재매개(remediation)'와 '멀티미디어'를 논의할 때 자세히 다루도록 한다.

콘텐츠를 갖고 있거나 그 속성을 제대로 포착할 수 있는 이론적 얼개를
적용하기가 쉬운 것은 아닌 까닭에 광고를 선별할 수밖에 없으며, 그리
한 광고가 바로 앞서 밝힌 것이다.

1.2. 어떤 이론적 얼개에서

크게 세 가지다. 첫 번째, TV 광고를 분석 대상으로 삼은 만
큼, 미디어 연구 관련 이론을 검토한다. 먼저 텍스트의 물질성을 잠깐 얘
기한 뒤, '재매개(remediation)'[11]와 그것의 이데올로기적 속성 및 효과의
문제를 논의한다. '소비사회론', 또 광고에 있는 '스펙터클'과 '초과실재'
의 특성 역시 살펴본다. 두 번째는 이 글의 목적에 따라 TV 광고의 이데
올로기적 속성과 효과를 분석하기 위해 맑스주의를 소환한다. 맑스'주
의'라는 것이 워낙 방대하기 때문에 이 작업에선 가급적 계급과 이데올
로기 문제에 집중한다. 세 번째, 포스트콜로니얼리즘이다. 이 영역 또한
그 폭과 깊이가 무척 넓고 깊은 까닭에 논의의 범위를 포스트콜로니얼
지리연구(postcolonial geographies)의 경관 문제와 오리엔탈리즘의 내면화
과정으로서 자기 오리엔탈리즘(self-orientalism)으로 좁힌다. 끝으로 필요

---

11   J. D. 볼터·R. 그루신, 이재현 역, 『재매개: 뉴미디어의 계보학』, 커뮤니케이션북스,
      2006.

할 경우, 그 밖의 여러 이론 또한 적용한다.

1.3. 무엇에 중점을 두고

먼저 '무엇'에는 여섯 가지의 범주, 흔히 말하는 육하원칙의
여섯 가지가 있는데, 그 가운데 '무엇'과 '왜'의 문제보다 '누가', '어떻
게', '언제', '어디'의 문제에 치중한다. 정의하기와 이유 찾기보다 주체
의 문제, 더 구체적으론 주체화와 탈주체화 또는 그 둘 간의 변증법적 관
계 설정의 필요성에 수반되는 문제, TV 광고가 실어 나르는 이데올로기
의 작동 방식과 관련한 문제, 역사와 시간의 문제, 끝으로 공간과 장소의
문제가 더 중요하다고도 볼 수 있기 때문이다. 물론 후자에 있는 네 가지
가운데 가장 집중할 곳은, 앞서 밝힌 이 글의 목적, 곧 '이 글을 통해 나는
문화연구의 입장에서 대중문화의 이데올로기적 속성과 효과를 살펴보
려 한다'는 목적에 따라, '어떻게'가 된다.

1.4. 어떻게 써 갈 것인가?

내용보다는 형식과 관련한다. 이어가려는 얘기에 맞게 총
열여덟 장면으로 구성하면서 마치 '실론'(스리랑카가 아닌)에서 보내게 될
하루를 보여주는 광고, 『어디에도 없던곳 인도양으로』 시리즈 가운데

하나인 「실론티의 고향으로 가다」를 한 장면만 따로 떼어 내거나 몇 장
면을 묶어 거기에 얘기(commentaries)를 덧붙이는 형식을 채택한다. 자칫
잘못하면 총체적 유기성을 갖지 못한 채 단상의 파편만 나열하는 작업
이 될 수 있다는 비판이 아예 불가능하진 않을 것이다. 하지만 설령 그
렇다 하더라도 이 광고를 통해 할 수 있는 만큼 다양한 논의 또한 펼쳐질
것이기에 그 같은 비판의 가능성은 충분히 상쇄하고도 남을 것이다.

되도록 써야 하는 언어와 갖춰야 할 형식에 거리낌이나 얽매임 없이
써 내려갔으면 한다. 물론 맘먹은 대로 되진 않겠지만 말이다. 자, 이제
본격적으로 얘기보따리를 한 번 풀어 보도록 하자.

2. 30초의 전쟁, 광고, 그리고 그것과 교전하기

2.1. 멀티미디어 (1) 텍스트의 물질성: 배치, 폰트, 색

〈장면 1, 00:01〉[12]

광고가 시작한다. 조금 오른쪽으로 치우치긴 했지만, 화면 거의 한가운데 『어디에도 없던곳 인도양으로』라는 제목의 책이 있고, 그 책 아랫부분을 다시 파아란 띠지가 둘러싸고 있다. 그 위에 '인도양에서 건진 보물들'이라는 글귀가 희미하게 보인다. 누군가의 왼손이 책을 막 들추려 한다. '어떤 보물을 인도양에서 건져 올렸을까? 궁금하지?' 아마 속으론 이렇게 말하면서 그 보물이 어떤 건지 보여주고 싶은 모양이다. 오른쪽 위 귀퉁이엔 커피인지 홍차인지 퍼뜩 알아보기 힘든 것이 어디서나 볼 수 있을 법한 찻잔에 담겨 있다. 그 대각선 반대편엔 모바일 가제트가 있다. 언제어디서든, 누구든 접속할 수 있는 희한한 물건이다.

---

12   광고 동영상은 다음을 볼 것. 인절미, 「어디에도 없던 곳 인도양으로」, 『쫀득쫀득 인절미 :D』, 네이버 블로그, https://blog.naver.com/lovelyju311/40188545627; Han Juno, 「어디에도 없던 곳 인도양으로」, YouTube, https://www.youtube.com/watch? v=Ibrr5_N5gzM. 꼭 봐 주시길 간곡히 부탁드린다. 참고로 장면 번호 옆은 광고 상영시간 총 30초를 초 단위로 끊어 장면의 등장시간을 정확히 기입한 것이다.

『어디에도 없던곳 인도양으로』라는 책의 표지를 여는 것으로 시작하는 광고는 두 가지 이유에서 "멀티미디어 텍스트"로 볼 수 있다. 먼저, 이 광고가 "그것을 구성하고 그것의 의미를 만들어 내는 데 쓰기·시각자료·소리·움직임·공간성과 같은 다른 양상의 텍스트를 쓰고 그것을 배치하는, 근본적으로는 다양상적(multi-modal) 특질을 갖고 있기 때문"이다.[13] 다음, 투명해지면서 곧 사라지게 될[14] 이 광고 속에 다른 매체 네 개가 더 있다. 먼저 '책'이 있고, 또 별로 중요한 의미를 갖고 있지 않은 것처럼 보이는 매체인 '스마트폰'이 오른쪽 밑 구석에, 나중에 다시 나타날(화면 12~14, 화면 17) '홍차'와 '손'이 각각 왼쪽 위 구석과 조금 오른쪽으로 치우친 곳 아래에 있다. 이미 화면 편성(configuration) 자체가 광고의 멀티미디어 텍스트성을 보여 주고 있는 것이다. 그럼 지금부턴 이 두 가지 까닭을 좀 더 자세히 분석해 보도록 한다.

---

13 멀티미디어 텍스트의 '다양상성(multi-modality)'을 조금 더 넓은 맥락에서 살펴볼 필요가 있다. 이와 관련해서, "모든 텍스트는 텍스트성으로 이뤄진 문화적 역사의 맥락"에서 읽히며, 이 두 개념은 "텍스트 독자가 그 사람의 고유한 방식으로 의미를 유통하는지(mobilise)를 이해하는 데 쓰인다"는 주장은 의미심장하다. 여기서 '두 개념'은 바흐친의 '이어성(異語性, heteroglossia)' — '다성성(多聲性)'으로 옮기기도 하는데, 원어를 직역하면 '이설성(異舌性)'이 된다 — 과 그것을 크리스테바가 재개념화한 '상호텍스트성(intertextuality)'을 가리킨다. Anne Cranny-Francis, *Multimedia: Texts and Contexts*, SAGE, 2005, pp.2~3.

14 '투명해져서 곧 사라지게 될'이라는 표현은 곧 이어질 '재매개'의 논의를 이끌어 갈 두 축 가운데 하나인 '비매개성'을 염두에 두고 미리 써 놓은 것이다.

먼저 쓰기와 색의 문제다. 책 제목, '어디에도 없던곳 인도양으로'는 다시 '어디에도', '없던곳',[15] '인도양으로'의 세 부분으로 나뉘어 있다. 이것이 굳이 얘기를 할 만큼 중요한가를 되묻는 사람도 있을 수 있지만, 실지로는 아주 중요하다. "서체(font),[16] 배치(layout), 자간과 행간(spacing)" 같이 "쓰기와 관련한 시각적 요소는 근본적이라는 주장, 또 우리한테 그 같은 의사소통의 속성(communicative properties)을 뚜렷이 알아차리지 못하거나 그 속성이 적어도 비판적 질문을 통한 검토(critical interrogation)의 대상이 아니라고 여기는 경향이 있다는 주장이 가능"하기 때문이다. 이는 "의미를 생산하는 데 글로 표현된 낱말이 갖는 물질성", 곧 쓰기에 필요한 여러 "구체적 속성"의 중요성에 주목하는 것이다. 특별히 그 같은 물질성과 그것의 구체적 속성의 파악이 글의 장르를 대번에 알아차리는 데 큰 도움을 주기도 한다는 점을 고려해 보면 설득력이 상당한 얘기인 것이다.[17] 요컨대 글의 물질성은 글 그 자체를 드러내 보여준다.[18]

---

15 한 번 더 말하지만 여기서 띄어쓰기는 무시됐다.

16 '서체'는 '활자의 자면(字面); 인쇄면; (활자) 서체, 체'의 뜻을 갖고 있는 "typeface"도 포함하는데, 과거 나치에서 썼던 'Fraktur typeface'를 예로 들 수 있다. Ibid., p.17.

17 Ibid., p.15.

18 시와 논문을 떠올려 보면 글의 물질성이 얼마나 큰 비중을 차지하는지 충분히 알 수 있다. 만약 시를 논문처럼 쓴다면, 또는 그 반대의 경우라면, 얼마나 읽기 힘들까? 아마 그것은 "매스껍고 과도한 산문으로 보이기 십상"일 것이며, 그 반대의 경우도 마찬가지일 것이다. 따라서 그것이 "어느 매체든, 글로 표현된 말을 사용하는 것은 사전에서 파생한

이와 관련해서 다음을 염두에 두는 것은 중요하다. 첫째, 글의 물질성은 물론 그것을 구성하는 구체적 속성의 "선택은 개인적 취향의 문제가 아니라 공유된 문화적 가치이자 의미"다. 둘째, 우리는 글의 그 같은 물질성, 예컨대 서체 같은 것의 "시각적 외양을 통한 의미 만들기를 위해 그것을 사용하는 데 노출"돼 있다. 셋째, 쓰기라는 문화적 실천에 다양한 양상이 내포돼 있다는 것을 역사적·문화적으로 잘 아는 사람, 이를테면 글자 디자이너나 작가는 물론, 심지어는 그렇지 않은 사람조차도 "그 사람의 시각적 기술을 통해" 그것을 보여준다. 끝으로, 그런 까닭에 "재현의 양식(mode of representation)"을 두 손에 거머쥐고 있는 이는 결국 그 사람들일 수밖에 없다. 물론 "광고업"이라는 산업이나 그것에 종사하는 사람들이 이러한 기능과 역할에 충실하다는 것은 두말할 나위도 없다.[19]

의미를 알고 있어야 할 뿐 아니라, 그 의미가 다른 형식과 편성 방식(configurations) 속에서 어떻게 배치돼 있는지가 문자 그대로의 의미에 영향을 끼칠지도 모른다는 것 또한 깨닫고 있어야 한다." Ibid., pp.15~16.

19   Ibid., pp.16~18. 여기서 글의 물질성이 암시하는 이데올로기의 '이중 효과'를 얘기해 둬야 할 것 같다. 앞선 논의에서, 글자를 디자인하는 사람이나 작가는 글쓰기 속에 있는 다양한 물질적 속성을 일상의 실천으로 드러내 보여주며, 그것을 보는 사람은 늘 그것에 노출되기 때문에 그 사람은 그것을 당연히 여기게 된다. 그것이 개인적 취향에 따른 선택이 아니라 어떤 언어 공동체의 구성원이 공유하고 있는 문화적 가치이자 의미이기 때문이다. 예를 들어 나는 지금 이 작업을 출간할 출판사에서 제공한 이른바 '스타일 파일'에 글을 써 내려가고 있다. 누군진 몰라도 이 규칙을 처음으로 정해 놓은 사람은 틀림없이 이렇게 해 놓는 것이 가독성을 높이고 글의 전반적 모양새, 특별히 인쇄나 출력을 했을 때

그렇다면 '어디에도 없던곳 인도양으로'는 어떻게 볼 수 있는가?

앞서 얘기했듯이 세 부분으로 나뉘는 광고 카피에서 눈길을 끄는 것은 단연 세 번째 부분인 '인도양으로'다. 까닭은 세 가지 정도로 볼 수 있다. 첫째, 글자 크기가 나머지 두 부분보다 크다. 둘째, 색채도 나머지 두 부분엔 무채색인 검정이 쓰이고 있는 반면 '인도양으로'엔 마치 색동저고리 같이 화려한 색상들이 한데 어우러져 있다.[20] 셋째, 자리가 좋다. 거의 화면 한 가운데에 있다. 이런 까닭에 이 광고를 보는 사람은 가장 먼

보게 될 글의 외양을 괜찮게 만들 것이라 여겼을 테고, 요즘 나는 그 규칙에 따르면서 이 작업을 하고 있다. 그럼으로써 나는 지금 내 눈앞에 있는 컴퓨터 모니터를 빽빽이 채우고 있는 이 글의 모습을 자연스럽고 당연한 것으로 생각하고 있다. 심지어 이 규칙을 지키는 것이 이곳 경성대학교에서 일하고 있는 나를 드러내 주는 것으로 생각할 때도 있는 것 같다. 하지만 여기서 몇 가지 궁금한 것이 생긴다. 애초에 이 규칙을 정한 사람은 누구며 그 사람은 어떤 근거로 이 규칙을 정했을까? 그 사람이 이 규칙을 세운 일이 어떤 이데올로기적 효과에 따른 것은 아니었을까? 이것이 여기 이 글의 물질성이 갖는 첫 번째 이데올로기적 효과다. 두 번째는 이제 내가 이 글의 물질성을 당연하고 자연스럽게 여기고 심지어 그 물질성을 나의 소속감, 더 거창하게 얘기해서 어떤 정체성을 드러내 주는 장치로 여기게 되었다는 점이다. 시나브로 … 이것이 내가 얘기하고 싶었던 것, 바로 글의 물질성이 갖는 이데올로기의 '이중 효과'다. 모니터에 떠 있는 이 작업, 솔직히 괜찮아 보인다. 적어도 내 눈엔.

20 전체적으로 '노란빛깔'이 강하다는 것을 염두에 두면 나중에 유용할 것 같다. 이 장면에 국한해서 얘기하자면 이 노란빛깔은 오른쪽 위 구석에 있는 '싸구려 홍차'의 색과 썩 괜찮은 대조를 이루고 있고, 이 대조의 효과는 〈장면 13〉에서 확실히 드러나게 된다. 참고로 〈장면 1〉에서 글자에 쓰인 색을 제외한 다른 여러 색과 관련한 문제는 곧이어 다룬다. 이 모두를 고려할 때, 분석 대상인 광고를 장면별로 구체적으로 나눠 이 작업에서 소개하지 못하는 것이 안타까울 따름이다. 꼭 이 광고를 봐 달란 말을 한 번 더 할 수밖에.

저 이 '인도양으로'에 집중할 가능성이 높다. 광고는 이렇게 해서 그것을 보는 사람을 슬슬 부르기[呼名, interpellation] 시작한다. '화려한 이국적 정취'를 한 가득 품은 '인도양으로'.

다음, 색의 문제다. 이 또한 글의 물질성을 확보하는 여러 구체적 속성과 마찬가지로 "형식이 갖는 내용(content of the form)이라는 … 역설적인 아이디어"로 "메시지의 운반체는 그 자체로 유의미한 물질이라는 전제를 토대로" 하고 있다. 하지만 이 '형식과 내용'이라는 말이 "개념상의 혼동을 만들어 냄으로써, '의미'를 과정의 최종결과가 아니라 한 과정으로 보고자 할 땐 도움이 안 되기 때문"에 '형식과 내용'이라는 표현을 "기호표현(signifies)과 기호내용(signified)이라는 내용으로 바꾸어 … 기호표현의 물질성과 의미 모두를 강조"하고자 하는 논의로 볼 수 있다.[21]

---

21   J. 윌리암슨, 박정순 역, 『광고의 기호학: 광고 읽기, 그 의미와 이데올로기』, 커뮤니케이션 북스, 2007, 12~13면. 이는 '의미화(signifiance)' 개념과 비슷하다고 볼 수 있다. 그것은 소쉬르의 기호학적 언어분석 이후, 특별히 1960년대 프랑스에서 본격적으로 진행된 여러 연구가 확정하다시피 한 것, 곧 '기표(signifiant)는 기의(signifié)보다 존재론적·인식론적 우위를 갖는다'는 주장에 바탕을 두고 있다. 그 결과, 기호에서 기의는 사라지고 기표만 남게 되었으며, 기표는 기의와 상보적 관계를 설정할 필요조차 없이 스스로 의미화에 참여할 수 있는 지위를 획득하게 된다. '의미화'는 기의 없이 오직 기표의 작용에 따라 발생한다는 점에서, "기의와 더불어 일어나는 의미작용(signification)과 구별된다." 김상환, 『니체, 프로이트, 맑스 이후 : 현대 프랑스 철학의 쟁점』, 창작과 비평사, 2001, 75면. 실지로 '의미화'는 소비사회를 얘기할 때 더 큰 중요성을 갖게 된다. 의미화는 "자기 자신에게 수렴되는 이미지나 코드에 수렴되는 메시지의 경우 기표가 스스로 기의"로 변모하는 과정을 뜻한다. "이때 두 개의 것이 하나의 원환(圓環)을 만들며 합쳐지면서 기표만" 눈에

이를 뒷받침하기 위해 윌리엄슨(Judith Williamson)은 "약간씩 다른 방식이긴 하지만 모두 색을 사용"하고 있는 광고 여섯 개를 분석한다.[22] 목적은 각 사례에서 사용되고 있는 다양한 색채가 "광고의 글자 부분엔 쓰여 있지 않은, 때론 전혀 무관한 듯한 연결의 기반을 보여준다"는 것을 입증하려는 데 있다. 이를 통해 그녀는 각 광고에 해당하는 얘기 여섯 개를 풀어 놓는다. (1) "색이 얘기를 해 준다", (2) "구강의 연결", (3) "사물을 사물과 연결하기", (4) "사물을 세계와 연결하기", (5) "사물을 사람과 연결하기", (6) "채색된 광고의 세계"와 관련한 얘기다.[23] 이에 맞춰 〈장면 1〉에서 볼 수 있는 여러 색을 얘기해 보면, 먼저 띠지의 파란색, 마치 파아란 하늘빛이나 연한 코발트블루의 바다 빛을 떠올리게끔 하는 파란색이 먼저일 것이다. 이유는 간단하다. 가장 도드라지는 부분이기 때문이다.

이 파란색은 (1) 얘기를 해 준다. 어떤 미지의 얘기이자 과거의 얘기다. 미지의 얘기인 까닭은 '아직' 책을 들추기 전이기 때문, 과거의 얘기인 까닭은 여행자가 인도양에서 '이미' 건져 낸 보물들이 그 책 속에 있기 때문이다. 하지만 그 보물들은 이미 다 건져낸 것이 아니라 '여전히'

들어오는, 바꿔 말해서 "기의의 소멸과 기표의 동어반복"이란 "혼동"이 발생하게 되는데, 대중매체의 층위에서 조직적으로 발휘되는 **"소비의 효과"**를 규정하는 것이 바로 그 혼동인 것이다. 보드리야르, 이상률 역, 앞의 책, 1991, 180면 ― 강조 원저.

22   대부분 술과 담배 광고인데, 모두 잡지의 이미지인 듯 보인다.

23   윌리암슨, 박정순 역, 앞의 책, pp.18~26.

파아란 바다 밑에 숨어 있는 것이기도 하다. 여기서 잠깐 삼차원적 상상력이 필요하다. 파란 띠지는 인도양의 수면, 그 깊숙한 곳, 곧 책 속으로으로 들어가 볼 수 있어야 한다. 그래야 보물이 보일 테니. 보물 건지기는 솔직히 아직 오지 않은 미래의 일로 '건진'이라는 말은 엄연히 지금 이뤄진 일이 아니라 미래에 이뤄질 일을 가리킨다. 이로써 광고를 보는 사람은 미래완료를 현재완료로 여기는 착각을 하게 된다. 바로 허위의식을 불러일으키는 시간의 메커니즘인 것이다.[24]

　(2) 구강의 연결과 관련한 문제는 역시 곱지 못한 빛깔을 가진 홍차, 오른쪽 위 구석에 있는 그 차의 색을 얘기하는 것이 낫겠다. 여기서 책을

24　이와 비슷한 임무를 완수하는 또 다른 장치도 있다. 이 장치는 앞서 얘기한 글의 물질성 문제와 직결되기도 하는, (3) 사물과 사물을 연결하기와 관련한 것인데, 바로 파란색 띠지를 책 제목 오른쪽의, 그 내용을 알 수 없는 세로쓰기와 연결하는 것이다. 이 둘 또한 마찬가지로 묘한 시간적 대조를 이루고 있다. 우선, 책 표지에 띠지를 덧씌우기 시작한 것이 비교적 최근의 일이기 때문에 이 띠지는 광고가 홍보하고 있는 상품의 유통기한이 여전히 유효하다는 것을 보여준다. 사려 들면 언제든 살 수 있는 상품임을 넌지시 내보이는 것이다. 다음, 세로쓰기는 예전의 것이기 때문에 이 광고가 어떤 식으로든 과거와 이어져 있음을 암시하기도 한다. '향수의 정치(politics of nostalgia)'를 펼치기 위한 장치, 곧 '인도양'이라는 곳이 지금 한국사회보다 뒤떨어진 곳이라는 생각을 불러일으킴으로써 광고를 보는 사람한테 그곳을 방문하여 그곳에서 파는 제품을 소비할 수 있는 자격을 부여하는 장치로 작동하는 것이다. 〈장면 12~14〉에서 더 자세히 다루겠지만, 이는 식민의 경험을 갖고 있는 사람(the once-colinised)이 자신한테 이식된 식민지배자의 시각으로 자신을 바라봄으로써 마치 자신이 식민지배자가 된 듯한(the pseudo coloniser) 착각에 빠지게 되는, 오리엔탈리즘의 내면화 과정, 곧 자기 오리엔탈리즘(self-orientalisation)의 시작을 내포하는 장치이기도 하다.

들추려고 하는 손이 왼손임에 주목하자. 그러면 보이지 않는 오른손은 차를 마시려 하거나 마시는 데 쓰이고 있을 가능성이 높다. 찻잔의 대각선 반대편에 자리하고 있는 스마트폰보다 찻잔과 그것에 담겨 있는 차의 빛깔이 더 중요해 보이는 이유다. 물론 누구든 연락해서 같이 인도양으로 가자고 얘기할 수 있고, 언제든 접속해서 어느 세상이든 볼 수 있는 가제트가 광고를 보는 사람의 시야에 들어와 있는 것이 전혀 중요하지 않다고 말할 순 없을 게다. 하지만 지금 당장 그것을 집어 드는 데 써야 할 왼손이 책에 가 있으니 오른손은 찻잔을 구강으로 연결하는 일, 그것도 시커먼 싸구려 홍차를 입으로 옮기는 일을 담당하고 있을 공산이 크다. 솔직히 그래야 얘기가 된다. 나중에 그 오른손으론 전혀 다른 색의 차가 담겨 있는 찻잔을 들어 올려야 할 테니 말이다.

그리고 이 점이 바로 (3) 사물을 사물과 연결하기에선 핵심 역할을 담당한다. 이 장면에 있는 찻잔, 마치 뷔페에 가면 한가득 쌓여 있을 것만 같은 싸구려 찻잔과 〈장면 13〉에 나오는 본차이나를 잇는 것이다. 이어서 띠지의 파란색, 또 싸구려 찻잔의 흰색과 그 찻잔에 담겨 있는 시커먼 홍차는 (4) 사물과 세계를 연결한다. 파란색은 인도양이라는 미지의 세계로, 흰색과 시커먼 색깔은 '내 집'이라는 현실의 세계로 이어진다. 전자는 긍정의 대상, 후자는 부정의 대상이다. 이 효과는 반드시 발휘돼야 한다. 그래야만 인도양으로 가기 위해 꼭 필요한 상품, 대한항공의 티켓을 사서 보게 될 인도양 "자체의 세계(상품의 과장된 반영체)"가 "창조"되

기 때문이다. 게다가 파란색은 (5) 사물과 사람을 연결하기도 한다. 파란
색은 〈장면 1〉에 보이는 오른손의 주인, 또는 그 사람의 바람을 "반영하
려는 것이지만" 그 사람은 "사실 … 한 사물에 불과"하다.[25] 이렇게 해서
〈장면 1〉은 (6) 채색된 광고의 세계까지 보여준다. 따라서 광고의 핵심은
이 모든 것이 "현실적이라고 하기에는 너무 많은 우연의 일치와 색채의
조작으로 가득 차 있다"는 데 있으며, 그러한 색채의 조작이 "갖는 의미
는 바로 **신화**", 곧 "상품의 '신화'"인 것이다.[26]

---

25 윌리암슨, 박정순 역, 앞의 책, 24면. 만약 "사물"이 "효용이며, 사회와 당신 사이의 개인
    적 관계"라면 이 장면에 보이는 오른손의 주인, '아직' 잠재적 소비자에 머물러 있기 때문
    에 광고가 설득하려는 대상이 되는 '당신'(광고 시청자)과 같은 오른손의 주인 — 이때 당
    신은 '욕구 불만'의 상태에 있게 된다 —, 또는 '이미' 현재적 소비자가 되었기 때문에 광
    고가 설득하는 주체인 당신과는 다른 오른손의 주인 — 이때 당신은 '욕구 충족'의 상태
    에 있게 된다 — 은 어떤 식으로든 당신이 사회와 맺는 개인적 관계를 이끌어내는 사물로
    서 특정한 효용을 발휘한다. 그리고 소비자가 광고의 "담론이 암시하는 사회적 합의"에
    동의할 때, 소비자가 "소비의 과정 속에서 사회적 심급과 그 규범을 내면화"할 때, 그래
    서 "광고의 기호가 한편으로 욕구 충족과 다른 한편으로 욕구 억압에 의한 동시적 결정
    체계 속에 사회의 질서를 끼워 넣"고 그 사회의 질서 속에 다시 당신을 끼워 넣을 때 그
    효용은 최상의 가치를 발휘한다. 그 질서 속에서, 당신은 다시 사회와 다른 사람 사이에
    서 그 사람의 개인적 관계가 만들어지도록 하는 어떤 매체가 되며 언제든 앞서 말한 것과
    같은 잠재적 효용을 드러내 보일 수 있는 '사물'이 되는 것이다. 이것이 바로 "욕구 충족
    과 욕구의 의식적인 억압"이라는, 광고의 "이중적 심급"이며, 이로써 소비사회를 살아가
    는 인간은 사물화될 수밖에 없는 숙명에 놓이게 된다. J. 보드리야르, 배영달 역, 『사물의
    체계』, 지식을만드는지식, 2011, 275~280면.
26 윌리암슨, 박정순 역, 앞의 책, 25~26면 — 강조 원저.

여기서 "중요한 것은 모든 미디어의 광고가 **형식의 테크닉을 통해서 '연결'을 만들어 낸다는 것**", 다시 말해서 "**겉으로 드러난 기호내용의 의미를 통해서가 아니라 기호표현을 통해서 연결을 만들어 낸다**"는 것이다.[27] 알튀세(Louis Althusser)의 말처럼 '이데올로기는 물질적 실천으로 구현된다'. 그렇다면 이 신화의 구현에 동원되는 구체적 논리엔 어떤 것이 있을까? 이제 두 번째 논의, 바로 "미디어를 증식시키고자 하면서[hypermediation] 동시에 그 매개의 모든 자취를 지워버리고자 하는[immediation]", "재매개(remediation)의 이중 논리"를 펼칠 차례다.[28] 그에 앞서 잠시 몇 장면 먼저 보도록 하자.

2.2. 멀티미디어 (2) 재매개, 스펙터클, 초과실재: 이데올로기

〈장면 2~3, 00:02~00:03〉

카메라의 시선은 녹음으로 우거진 맞은편의 산마루와 그 아래 펼쳐진 연둣빛 구릉지를 향하고 있다. 차이가 있다면 후자가 줌인 처리된 것 정도. 산등성이에 구름이 드리워 있는 것으로 봐서 1800m의 높은 곳이라는 카피는 사실로 보인다. 햇살은 아직 나오

---

27   위의 책, 27면 ― 강조 원저.

28   볼터·그루신, 이재현 역, 앞의 책, 3면.

지 않는다. 시간대는 이른 아침(이는 〈장면 5〉에 파란 하늘이 살짝 비치고 있

는 것에서 짐작할 수 있다). 시선의 주인공은 막 일어나 방에 난 '창'을 통

해 미처 다 뜨지 못한 눈으로 눈앞에 펼쳐진 자연 경관을 바라보고

있다. 점점 눈이 뜨이고 시선을 집중한다. 〈장면 3〉이 줌인 처리되어

시야에 들어온다. 자세히 들여다보니 산마루와 구릉지가 달라 보인

다. 먼저 색이 다르다. 산마루가 진한 녹색인 데 비해 구릉지는 연한

녹색을 띠고 있다. 아마 식생이 다른 모양이다. 특별히 구릉지의 경

우 매끈한 것이 뭔가 사람의 손길이 닿은 듯하다. 아마 오늘 길을 나

서서 갈 곳이 저기인 모양이다. 장면이 바뀐다.

〈장면 4, 00:06〉

시선이 바뀌었다. 어쩌면 앞의 두 장면에서 처리된 시선의 주

인공은 기차에 몸을 싣고 있을지 모르겠다. '기차에 몸을 싣고 꿈도

싣고…' 혹시 맘속으론 유행가라도 흥얼거리고 있을지 그 누가 알

까? 이제 시선의 주인공은 광고를 보는 사람이다. 집 안에 틀어박혀

TV나 보고 있는 몹쓸 하루하루에 한숨을 내쉬며 나지막이 토해낸

다. "빌어먹을 … " 광고가 바라는 교환이 이뤄지는 순간이다. 이때

에 이르러 광고는 비로소 소비되고 그 대신 한숨을 가져간다. 구름

이 높아졌다. 이제 막 해가 고개를 내민 탓일까? 파란 하늘도 구름 사

이로 보이기 시작했다. 시간이 조금은 더 흐른 듯하다.

〈장면 5, 00:07〉

다시 시선이 바뀌었다. 시선의 주인공은 차를 따는 스리랑카의 여성과 집이 듬성듬성 있는 저 건너편 산등성이를 바라보고 있다. 어쩌면 〈장면 2〉와 〈장면 3〉의 시선이 향했던 곳이 아닐까? 만약 그렇다면 그 시선의 주인공이 머물렀던 곳이 어딘지 머나마 살펴볼 수 있을 게다. 〈장면 8〉과 〈장면 9〉에 나오는 서구식 건물 비슷한 것이 사진 맨 오른쪽 가운데 조금 아래 어디에 있을 것 같다. 차밭엔 여성만 있다. 커다란 광주리를 메고 있다. 아마 수확한 차를 담는 모양이다. 다 채우면 어디든 가서 비워야 할 텐데 …

〈장면 6, 00:11〉

광주리를 다 채운 듯, 한 여성이 어딘가로 향하고 있다. 동쪽인 것 같다. 햇살이 나는 품새가 해가 지기 직전의 그것보다 뜨고 난 직후의 그것과 더 비슷해 보인다. 따갑기로는 아침 햇살이 훨씬 더한데 … 시선의 주인공은 그것보다 이 여성이 어디로 가는지가 더 궁금한 모양이다. 그녀의 뒤를 쫓고 있으니 말이다. '궁금하면 직접 와 봐!' 그런 맘이 아닐까. 조금 전에 책장을 넘기던 손의 주인공이 이 장면을 보여 주는 건.

이 두 장면은 노동의 현장을 보여준다. 이 현장이야말로 '여행자가 인도양에서 건져 올린 보물' 가운데 하나인 것이다. 땀 흘려 일하는 노동자의 하루는 따가운 아침 햇살을 마주하면서 시작한다. 그만큼 고되기에 가치 있는 것이 노동이다. 아까 책장을 넘기던 손의 주인공은 이렇게 말을 건네고 있을지 모른다. '너도 그렇게 일하잖아! 그 햇살이 얼마나 따가운지 너도 잘 알 텐데 … 하지만 여기 와서 보는 아침 햇살은 정말 다를 거야, 얼마나 싱그러운지… 와 보면 알아. 인도양, 그것도 실론티의 고향이잖아, 여긴!' 하지만 그 속삭임에 아랑곳하지 않는 어떤 사람은 이렇게 되물을지 모른다. "니, 그 사람 짐 한 번 지고 가는 데 얼마나 버는지 아나?"

드디어 '재매개'를 얘기할 수 있게 됐다.[29] 재매개엔 앞서 밝혔다시피 '하이퍼매개'와 '비매개'의 이중 논리가 있다. 이제부터 하나씩 따져 보기로 하자. 먼저 하이퍼매개의 논리는 '매체 증식'과 관련한 논리다. '하이퍼텍스트'의 원리를 생각해 보면 쉽게 알 수 있는 것으로, 한 매체에서 수많은 매체로 뻗어나갈 수 있는, 현시대 디지털 기술을 바탕으로 한 멀

---

29 '재매개' 관련 논의는 전국조, 「속도와 리듬의 변증법적 관계에 기초한 새로운 도시사회 및 그 주체의 가능성: 식민적 질주권 부산의 사회적 생산과 탈식민화의 가능성을 중심으로」, 박사학위논문, 경성대학교 문화기획·행정·이론학과, 2017, 190-193면에서도 이뤄지고 있다. 하지만 그 구체적 맥락은 리버풀 국제노예박물관 웹사이트 분석을 통해 그것의 스토리텔링 전술을 비판적으로 분석하는 것으로서, 이 작업과는 일맥상통하면서도 상이한 방식으로 전개되고 있다.

티미디어의 특성을 일컫는 개념이다. 그렇다면 이 광고에서 하이퍼매개
는 어떻게 일어나는가?

얘기는 '책'에서 시작한다. 광고는 책으로 바뀌고 그렇게 바뀌면서 매
체 하나를 더한다(장면 1). 책을 들추자마자 클로즈업되는 사진. 광고는
책에 사진을 더한다. 동시에 빨간색 글귀, "실론티의 고향을 가다"가 드
러난다. 광고는 책에 사진을 더하고 거기에 또 카피를 더한다(장면 2). 거
기에 "해발 1800m 누와라엘리야"하는 목소리를 더하고, 목소리를 따라
"해발 1800m 누와라엘리야"를 부드럽게 적어 나간다[animation]. 광고
는 책에 사진과 카피를 더하고, 거기에 또 목소리를, 또 글을 더한다(장
면 3). 장면이 바뀌면서 누와라엘리야가 해발 1800m의 고지대에 있음을
암시하는 사진 하나를 덧보태고(장면 4), 거기에 있는 차밭으로 장면을
옮겨가며 "누군가는 이곳을 구름의 도시라 말하고"하는 목소리를 더함
과 동시에 그것을 한 번 더 부드럽게 적어 나간다(장면 5). 그렇게 해서 광
고는 책으로 바뀌고, 그 책은 마치 옛날에 사진을 꽂아 두던 앨범, 더 구
체적으론 사진을 꽂고 그 오른쪽에 뭔가를 곱게 적어 넣을 수 있게 돼 있
던 특정 종류의 앨범을 연상하게끔 한다. 마치 "기호들의 광장"과 같이
제각각 다른 매체가 하나둘씩 모여 들면서 차츰차츰 쌓여 가고, 그 가운
데 이 광고는 하이퍼매개성을 갖추게 되는 것이다.[30]

---

30   배영달, 『보드리야르의 아이러니』, 동문선, 2009, 36면.

하지만 이 같은 하이퍼매개성(hypermediacy)이 요즘 흔히 볼 수 있는 텍스트, 이를테면 여기서 분석하고 있는 디지털 기술 기반의 광고 같은 것에 '새롭게' 등장한 걸까? 아니다. 예컨대 인터넷에 접속해서 띄우게 되는 수많은 창(窓, window)을 한 번 생각해 보자. 홈은 네이버다. 마이크로소프트 에지든 크롬이든 클릭한다. www.naver.com은 주소'창'에, 위 한 가운데엔 검색'창'이 있고, 그 밑엔 배너'창'이, 조금 더 오른쪽으로 가 보면 로그인을 위한 '창'이 있다. 여기서 확실히 목격되는 건 수없이 다양한 목적을 지닌 창, 그렇기에 서로 이질적일 수밖에 없는 많은 창이 한데 어우러져 상호작용하고 있는 모습이다. 바로 '창'의 하이퍼매개다. 또한 '텍스트·그래픽·비디오 같은, 윈도우 내의 다중적 표상은 여러 층위의 이질적 공간을 형성하고, 그 공간 각각은 보는 이의 집중을 획득하기 위한 무한경쟁에 돌입하게 된다. 게다가 아이콘·메뉴·툴바 따위는 시각적·언어적 의미에 또 다른 층위를 덧붙이기도 한다.'[31]

그럼 이 '창'은 디지털 미디어 기술 전유물인가? 역시 아니다. "스테인드글라스, 부조(浮彫), 비명(碑銘)이 있는 유럽의 대성당은 물리적, 표상적 차원 모두에서 하이퍼매개된 공간들의 컬렉션"이다.[32] 심지어 어떤 사람은 텔레비전을 "바깥세상을 향해 열려 있는 창이라고 할 수 있을

---

31 볼터·그루신, 이재현 역, 앞의 책, 35면.
32 위의 책, 39면 — 한자 글쓴이.

까?", 묻기도 한다.[33] 지금 한창 분석 중에 있는 광고 또한 TV 화면, 책, 사진, 앨범과 같은 몇몇 창이 서로를 지우기도, 서로한테 끼어들기도, 서로 겹치기도, 서로 나란히 자리를 잡기도 하면서 그것 고유의 하이퍼매개성을 확보하고 있다. 그리고 창의 다양한 움직임은 결국 광고가 시작해서 끝날 때까지 계속해서 자리를 바꾼다. 이렇게 볼 때, 결국 하이퍼매개성은 다음과 같은 특성을 띤다. 기존의 매체, 곧 이미 익숙하다고 느껴질 법한 여러 매체가 마치 '새로운' 모습을 띤 것처럼 보이는 멀티미디어 텍스트 곳곳에 숨어 "지움(erase), 침투(interpenetration), 겹침(titling), 병치(juxtaposition), 또는 중첩(overlapping), 다중화(multiplication)"의 향연을 펼친다. 그리고 그 향연은 바로 "대체(replacement)"의 원리에 따라 작동한다.[34] 그렇다면 비매개는 또 어떻게 작동하는가?

비매개의 논리는 우선 "투명성"과 그것을 동반한 "가상현실"의 관점에서 파악 가능하다. "가상현실이 현전감을 만들어 내려면 일상생활의 시각 경험과 가능한 한 근사"해야 하고, 그것을 위한 매체의 장치는 "모두 투명성의 지각적 비매개성, 즉 매개 없는 경험을 기약"하기 때문이다. 하지만 그 장치는 디지털 미디어 기술을 통해 새롭게 선보이게 된 것이 아니라 '전래의' 시각적 기법 세 가지 곧 "선형 원근법, 지움 및 자동

---

33   N. 볼츠, 김태옥·이승협 역, 『미디어란 무엇인가』, 한울아카데미, 2011, 64면.

34   볼터·그루신, 이재현 역, 앞의 책, 51면.

성이라는 테크닉"과 깊은 관련을 맺고 있다.[35] 여기서 자동성은 "선형 원
근법의 테크닉을 자동화하는 것"을 뜻하며, "사진"은 바로 그 자동성에
서 발생한 대표적 매체가 된다. "투명하며 선형 원근법의 규칙"을 따르
는 사진은 "자동적인 재생산을 통해 투명성을 획득"하고, 그 결과, 창작
"주체는 지워진다."[36] 이렇게 창작 주체가 삭제됨으로써 "비매개성이 촉
진된다면, 그것은 보는 이를 이미지에 더 친밀하게 관여시킴으로써 더
욱더 촉진될 수 있다." 이로써 비매개성(immediacy)엔 어떤 결정적 계기
가 마련되는데, 그 순간, 이미지는 자신의 투명한 이데올로기적 효과를
즉각적으로(immediately) 발휘, 보는 사람이 허위의식을 갖도록, 그리하여
종국엔 그것에 따른 일상적 실천까지 하도록 이끈다. 이 과정에서 하이
퍼매개성이 중대한 역할을 담당한다는 것은 자명하다.[37]

---

35 첫 번째 '선형 원근법'은 근대의 절대 공간 개념, 곧 공간의 수량화에서 비롯한 '데카르트
    적 원근법 주의'와, 두 번째 '지움'은 입체화법인 '트롱프뢰유(trompe-l'oeil)'와 깊은 관련
    을 맺고 있다. 위의 책, 26면. 전자는 이진경, 『근대적 시·공간의 탄생』, 개정증보판, 그린
    비, 2010, 92~110면을, 후자는 진중권, 『서양미술사 I』, 휴머니스트, 2008, 186~195면을
    각각 참조할 것. 이 가운데 무엇 하나 중요치 않은 것은 없겠지만, 이후로는 앞서 언급한
    '카메라 옵스큐라', 그리고 이 광고의 주된 매체인 사진과 갖는 상관성을 생각해서 마지
    막 기법인 '자동성'에 무게를 두고 얘기를 이어나간다.

36 여기에는 반론의 여지가 있을 수 있다. 사진을 찍는 사람이 적어도 '어디에 있는지'가 드
    러나는 사진도 많이 있기 때문이다. 예를 들어 김재기, 『여행의 숲을 여행하다』, 향연,
    2010, 317면의 오른쪽 위에 있는 사진이 그렇지 않을까 한다.

37 볼터·그루신, 이재현 역, 앞의 책, 21~31면.

이제 재매개의 작동 방식은 어떤지, 그것이 발휘하는 효과엔 또 어떤 것이 있는지가 조금은 분명해진 듯하다. 더 명확히 하자면, 재매개는 이전에 있던 여러 매체를 두고 하이퍼매개와 비매개라는 이중 논리가 서로 갈등·대립·보완·교섭하는 가운데, 요컨대 "기존 미디어와의 변증법적 관계"는 물론 '비매개와 하이퍼매개의 변증법적 관계' 속에서도 기능하는 것이다.[38] 그럼 이 두 가지의 변증법적 관계가 지양하는 곳은 도대체 어디인가? 바로 『어디에도 없던곳 인도양으로』, 「실론티의 고향으로 가다」의 이데올로기적 효과가 극대화하기 시작하는 곳, 이데올로기의 투명한 창을 통과해서 처음 몇 장면이 보여주는 길을 따라 가다보면 안착하게 되는 곳, 바로 '사물과 상표의 총화(總和)로 표상되는 세계이자 자본주의적 약호에 동화되기를 강요하는 세계로서 소비사회'다.[39]

광고와 그것의 수많은 이미지로 가득한 소비사회는 필연적으로 스펙터클을 동반하게 된다. 스펙터클을 설명할 수 있는 표현이 많이 있겠

---

38   위의 책, 60.

39   좀 더 구체적으로 "광고의 미디어"는 이렇게 얘기할 수 있다. "광고는 개별적인 사물에 대해 말하면서 실질적으로는 모든 사물을 예찬하고, 개별적인 사물 및 상표를 통해서 총체로서의 사물, 사물과 상표의 총화로서의 세계에 대해 말하는 것이다. … 광고의 이미지와 문안(文案)은 그때그때마다 모든 사람의 동의를 강요한다. 그들은 잠재적으로 그것들을 해독할 것을 요구받고 있다. 달리 말하면 그들은 메시지를 해독하면서 메시지가 편입되어 있는 코드에의 자동적인 동화(同化)를 강요하는 것이다." 보드리야르, 이상률 역, 앞의 책, 1991, 181~182면

지만, 여기서 주목하려는 것은 스펙터클을 단순한 이미지의 집합이 아
니라 이미지가 매개하는 "사람들 간의 사회적 관계"로 보는 기 드보르
(Guy Debord)의 관점이다.[40] 그렇다면, 예컨대 소비사회를 가득 메우고 있
는 광고는 사람들 간의 사회적 관계를 어떻게 매개하는가? 먼저 사람들
은 상품 소비를 촉진하기 위한 광고를 소비한다. 광고를 보는 일에 돈이
들진 않는다. 하지만 보이기 위한 모든 지불 절차를 마친 광고는 이미 소
비의 산물이다. TV 광고를 예로 들어 보자. TV를 보는 동안 수많은 광
고가 시야에 들어오지만 지금 당장 주머니에서 돈 나갈 일을 걱정할 필
요는 거의 없다. TV 광고는 다른 목적, 곧 "보여"주는 대신 "실망"을 갖
고 가는 어떤 교환을 목적으로 하기 때문이다.[41] TV 광고는 긍정하고픈
뭔가를 보여주는 대가로 부정하고픈 뭔가를 자발적으로 결정하도록 은
밀히 강요하고, 그렇게 결정된 부정의 대상을 맘속 깊은 곳에 뚜렷이 각
인함과 동시에 그 대상에 대해 새로이 생긴 실망감을 가져간다. TV 광
고는 보여주면서 소비되고, 또 동시에 실망감을 불러일으키면서 소비를
향한 추동력을 불어넣는다. 그렇게 할 수 있을 때 TV 광고는 시청자를
설득하는 자신의 과업, 곧 철저히 교환관계에 바탕을 둔 자신의 과업을

---

40   권용선, 「3강 미디어와 스펙터클」, 이진경 편저, 『문화정치학의 영토들』, 그린비, 2007b,
      102면.

41   보드리야르, 배영달 역, 앞의 책, 278면.

충실히 이행하게 된다. 이렇듯 스펙터클은 "모든 사회적 관계를 화폐적인 교환관계로 치환"해 버리는 것이다.[42] 아울러 이 같은 치환은 꽤 특이한 광고 효과를 발휘하는데, 바로 '초과실재(hyperreality)'다.

> 광고는 환각적인 만족이나 세계를 향한 실제적인 중재를 제공하지 않는다. 오히려 광고가 산출하는 것은 환멸, 즉 불완전한 행위, 끊임없는 포기를 수반하는 끊임없는 시작, 사물의 가짜 출현, 욕망의 가짜 출현이다. … 사실 풍부한 이미지는 언제나 실재를 향한 전환을 회피하고, 끊임없는 욕구 불만에 의한 죄의식을 교묘하게 조장하고, 환상적인 만족의 수준에 의식의 흐름을 붙들어 두려고 한다.[43]

광고가 만들어 내는 초과실재는 삶을 바라보는 특정한 시각을 제공한다. 〈장면 5〉와 〈장면 6〉에서 보았던 시선의 주인공은 그 같은 시각의 소유자로서 좋은 예시가 된다. 그 시각은 철저히 왜곡된 방식으로 삶을 바라보도록 이끈다. 노동자가 '관광'을 가면 언제 그렇게 '빡세게' 일했냐는 듯 어느새 사장님의 시각으로 그 세상을 바라보게 되는 것과 같은

---

42   권용선, 앞의 책, 102면.
43   보드리야르, 배영달 역, 앞의 책, 279면.

이치다.[44] 둘러보는 곳이 자신이 사는 곳과 별 다를 게 없고, 그곳에 사는 사람들이 자신과 별 다를 바 없어도 그 시각은 변하지 않는다. 도리어 자신의 몸에 뭔가를 덧씌운다. 그것도 아주 단단히. "의식(das Bewußtsein)은 결코 의식된 존재(das Bewußte Sein) 이외의 어떤 것일 수 없으며, 인간들의 존재는 그들의 현실적 생활 과정이다"는 말, 또 "의식이 생활을 규정하는 것이 아니라 생활이 의식을 규정한다"는 말이 이 무색해질 정도로 사장님의 관념은 이 노동자의 몸을 뒤덮는다.[45] 얼마 지나지 않아 이 노동

44　'여행' 대신 굳이 '관광'이라는 말을 쓴 까닭은 다음의 인용에 잘 나타나 있다. "여행은 이미지의 색다른 세계에 참여하여 자신과 다른 생활양식과 문화를 접하고자 하는 노력으로 간주된다. 반면 관광은 자신이 떠나온 곳과 친숙하거나 유사한 장소들을 방문하는 것으로 정의되는 경향이 있다. 아마도 지중해의 휴양지에서 영국식 아침을 먹거나 선술집에 들르는 것이 그 전형적인 예가 될 것이다." M. 크랭, 이무용 역, 「06 여행/관광·Travel/Tourism」, 데이비드 앳킨슨 외 편저, 이영민 외 역, 『현대 문화지리학: 주요 개념의 비판적 이해』, 논형, 2011, 87면. 나중에 자세히 얘기하겠지만, 우선 이것 하나만 말해 둬야겠다. 이 광고는 '실론티의 고향'에서 '영국식'으로 차를 마시는 괴이한 상황을 연출한다.

45　K. 맑스·F. 엥겔스, 최인호 역, 「독일 이데올로기」, 『칼 맑스 프리드리히 엥겔스 저작 선집 1』, 박종철출판사, 1992, 202면. 이 상황은 맑스·엥겔스가 설명한 이데올로기, 곧 탈역사적이고 비과학적인 지배계급의 이데올로기가 어떻게 노동자의 삶에 반영되는지를 여실히 보여주는 것이다. 그들이 보기에 '의식은 그 자체가 독립적으로 존재하는 것이 아니라 의식을 가진 존재에 딸려있는 것'이기 때문에 '역사를 반영하는 것은 의식을 가진 존재의 물질적 삶'이지 종교, 형이상학, 도덕 따위, 곧 지배계급이 자신의 권력을 영속화하기 위해 고안한 이데올로기가 아니었다. 사유를 통해 인간을 설명했던 이전 사람들을 신랄하게 비판하면서, 그들은 현실을 사는 사람과 그 사람의 생활 과정에서 사유와 이데올로기를 설명하고자 했으며, 이는 철두철미하게 과학적(경험적)인 절차를 밟아야 한다고 생각했다. 이와 관련하여 그들은 다음과 같이 말한다. " … 특정한 양식으로 생산적 활

자는 그 관념을 자신의 몸에 써 넣거나(inscribe) 체화(embody, incarnate) 또
는 내화(internalise)하게 되는데, 그때에 이르러 그 노동자는 사장님의 시
선으로 자신의 일상을 들여다보며 심지어 그 시선으로 자신의 일상을
검열하거나 그 시선에 따라 일상의 실천을 이끌어가기까지 한다. 이처
럼 피지배계급이 지배계급의 이데올로기를 체화하는 상태, 곧 과거에
자신을 지배했던 사람 또는 지금 그렇게 하고 있는 사람의 관념을 자신
의 현실적 삶과 무관한 방식으로 자기화하여 타자는 물론 자신마저 타
자화하는 과정을 자기 오리엔탈리즘(화)으로 부른다. 이 얘기는 경관 문
제를 잠깐 다룬 뒤 계속 이어가도록 한다. 잠깐 숨 좀 골라야겠다.

동을 하고 있는 특정한 개인들은 … 특정한 사회적 및 정치적 관계들 속으로 들어간다.
경험적 고찰은 각각의 모든 경우들에 있어서 사회적 및 정치적 편제와 생산과의 연관을
경험적으로, 그리고 어떠한 기만과 사변도 없이 보여 주어야 한다. 사회적 편제와 국가는
특정한 개인들의 생활 과정으로부터 생겨난다. 그러나 이 개인들의 생활 과정은 개인들
자신의 관념이나 타인의 관념 속에서 현상할지도 모를 개인들의 생활 과정이 아니라 **현
실적으로** 존재하는 개인들, 즉 작용하는, 물질적으로 생산하는 개인들, 따라서 그들의 자
의로부터 독립적인 특정한 물질적 제한들, 전제들 및 조건들 아래에서 활동하고 있는 개
인들의 생활 과정이다." 위의 책, 201면 — 강조 원저.

2.3. 포스트콜로니얼리즘 (1) 경관

다음의 세 장면을 관통하는 한 단어, 바로 경관이다. 언뜻 보면 그것들은 둘로 나뉘는 것 같다. 〈장면 7〉은 자연 경관, 〈장면 8〉과 〈장면 9〉는 건조(建造) 경관이다. 하지만 과연 그럴까? 이 질문이 나올 가능성을 미리 막기 위해 다른 텍스트, "누군가는 빛의 도시라 말하지만"이라는 내레이션이 흘러나오고 그것은 다시 애니메이션으로 처리된다.

〈장면 7, 00:12〉

갑자기 평지, 그것도 말 세 마리가 한가로이 풀을 뜯고 있는 초지다. 시선의 주인공은 아주 아름다운 자연 경관을 바라보고 있다. 마치 대륙의 초원이 떠오를 정도로, 여태껏 봐 왔던 산지와는 달라도 너무 다르다. "누군가는 빛의 도시라 말하지만"이 흘러나오기 시작하는 것으로 봐서 한창 햇볕이 뜨거워지는 한낮 또는 그때를 조금 지난 때가 아닐까? 후자에 더 가까울 것 같다. '정말이지 낮잠이라도 한 숨 잤으면 좋겠다'고 할 만큼 나른하고 평화로운 오후에 더 가까워 보이니까. 하지만 이 평화가 정말로 자연스러운 걸까?

〈장면 8~9, 00:14~00:16〉

"누군가는 빛의 도시라 말하지만" 가운데 '도시'에 걸맞은 두 장면이 등장한다. 〈장면 8〉에서 시선은 유럽에서 흔히 볼 수 있을 것 같은, 손질이 아주 잘 된 정원 사이로 난 길을 지나 파스텔 톤 지붕을 얹은 예쁜 집으로 향한다. 시선을 따라 마음도 그곳으로 향한다. '아! 이런 데서 하루만 머물러 봤으면 …' 그런데 좀 생뚱맞기도 하다. '스리랑카에 유럽식 집이라 … 대체 어떤 나라지?'

〈장면 9〉에 등장하는 집은 조금 달라 보인다. 집 벽돌 색깔과 비슷한 보호색을 띠고 있어서 알아보기가 힘들지 모르지만 가운데서 왼쪽 조금 밑에 '갈색 표지판'이 있다. '관광 명소나 유적지를 알리는 표지판이 보통 갈색을 하고 있는데 … 그럼 그런 덴가? 그럴 수도 있겠네. 오른쪽 밑에 철문이 있는 것으로 봐서 사람이 잘 들어갈 수 없는 곳이면 그럴 가능성이 높겠는데 … 저곳에선 그럼 역사 탐방 같은 것도 할 수 있는 건가?'

포스트콜로니얼리즘의 경관 문제를 얘기하기에 앞서 잠깐 제국주의와 식민주의의 차이를 언급해 둘 필요가 있다. 가장 중요한 차이는 '땅'이다. 제국주의는 굳이 '땅'을 상정하지 않아도 얘기할 수 있다. 하지만 식민주의는 그렇지 않다. 간단히 식민주의의 '식민(植民)'에서 '植(심을 식)'자를 생각해 보면 된다. 뭣이 됐든 그걸 심으려면 심을 수 있는 '땅'이 필요하다.[46] 그렇다면 식민은 어떤 땅에 백성을 심는다는 말이고 식민주의는 그 땅과 거기에 심은 백성을 지배하는 것과 관련한다. 식민주의가 지리학과 맞물릴 수밖에 없는 까닭이다. 하지만 이 지배라는 것이 늘 만만한 것만은 아닌데, 이 경우 문제가 되는 것은 다름 아닌 물리적 거리다. 여기서 제국주의와 식민주의가 갈린다. "식민주의는 주변부에 대한 경제적 목적 위주의 활동으로 기능했고 식민지 본국은 종종 그러한 주변부 활동에 대한 통제력을 상실하기도 했던 반면, 제국주의는 핵심부에서 작동하는 국가 정책으로서 거대한 권력적 기획에 의해 출현했"기 때문에 제국주의는 "개념"으로, 식민주의는 "실천"으로 이해해야 하는 것이다.[47] 그럼 포스트콜로니얼 지리학은 또 어떻게 봐야 하는가?

포스트콜로니얼 지리학은 "식민주의 권력, 지식, 공간의 생산과 이것이 현대 세계의 형성에 미친 영향을 비판적으로 분석"한다. 그리고 이 작업의 맥락에서 한 가지 덧붙인다면 식민주의적 '실천'이 전(pre) 식민지 관광과 같은 형태로 식민지의 탈(de)식민화 이후(post)에도 여전히 이

---

46   '식민지'를 뜻하는 영어 'colony'의 어원을 봐도 마찬가지다. 'colony'는 기본적으로 살다(inhabit), 경작하다(cultivate)의 뜻을 갖고 있는 라틴어 동사 'colore'에서 비롯한다. 어딘가에서 살려 해도, 또 어떤 것을 경작하려 해도 기본적으로는 '땅'이 있어야 한다.

47   Robert J. C. Young, *Postcolonialism: An Historical Introduction*, Blackwell, 2001; A. 블런트, 박경환 역, 「05 식민주의/포스트식민주의·Colonialsm/Postcolinialism」, 데이비드 앳킨슨 외 편저, 이영민 외 역, 『현대 문화지리학: 주요 개념의 비판적 이해』, 논형, 2011, 324면에서 재인용. 좀 더 간략한 요약은 전국조, 앞의 글, 111면, 각주 205를 볼 것.

어지고 있다는 점인데, 더 큰 문제는 그 관광의 공간적·지리적 함의에 있다. 다시 말해서, 전 식민지에 대한 관광이 그곳의 재(re)식민화를 촉발·촉진할 가능성 또한 얼마든지 있는 것이다. 요컨대 "'포스트'라는 접두사를 시간이 아닌 공간적 차원에서 비판적으로 인식할 수 있게 함으로써, 기존의 시간성(temporality)에 기반한 인식의 한계를 극복"하려는 학적 노력이 바로 포스트콜로니얼 지리학의 핵심 전략인 것이다.[48] 이를 유념하면서 지금부턴 경관의 문제로 넘어가서 각 장면을 살펴보도록 한다.

〈장면 7〉은 전혀 자연스럽지 않은 경관으로, 상당한 이데올로기적 효과를 불러일으킨다고 볼 수 있다. 첫째, 이 경관은 자연 경관이 아니라 건조 경관이다. 스리랑카의 식생을 생각해 볼 때, 더 구체적으로 〈장면 2〉에서 〈장면 6〉으로 이어지는 이미지를 다시 떠올려 볼 때, 〈장면 7〉은 전혀 어울리지 않는 것이기 때문이다. 먼저 식생의 경우, 아무리 누와라 엘리야가 높은 곳에 있다 해도 거기는 열대우림의 밀림지대에 가까운 모습을 띠고 있을 가능성이 높고, 이는 이미 앞서 봤던 이미지로 확인할 수 있는 것이다. 그렇다면 〈장면 7〉은 무엇을 보여주고자 하는가? 바로 유럽식 또는 영국식 마장(馬場)이다. 〈장면 7〉을 건조 경관이라고 한 까닭이 바로 여기에 있다. 광고는 건조 경관을 자연 경관으로 탈바꿈시키고 그리함으로써 광고를 보는 사람의 생각이나 느낌까지도 한꺼번에 바

---

48   블런트, 박경환 역, 앞의 책, 328면.

꿔버리는 효과를 낳는다. 둘째, 〈장면 7〉에선 그 경관을 건조하기 위해
동원되었을 피지배 노동자의 현실은 물론 그 현실적 존재의 노동마저
말끔히 지워지고 없다. 따라서 그 경관을 눈에 담고 있는 사람은 "경관
을 만든 이들과 경관을 소유한 이들이 다르다는 사실을 자연스럽게 받
아들이게" 된다. 이는 곧, 자본주의적 생산양식과 생산관계를 아무런 비
판 없이 자연스럽고 당연한 것으로 여기게 됨을 뜻한다. 끝으로, 경관은
"어떤 주어진 시간에 무엇이 가능하고 무엇이 가능하지 않은지, 무엇이
옳고, 공정하고, 자연적인지를 보여주는, 물리적이고 이데올로기적인
재현"이다.[49] 특별히 두 번째, 세 번째 까닭은 〈장면 8〉과 〈장면 9〉를 설
명할 때도 요긴하게 쓰인다.

경관엔 모종의 내재적 권력이 있다. 이는 〈장면 9〉에서 좀 더 두드러
지는 것이기도 한데, 푸코(Michel Foucault)가 파놉티콘을 통해 "권력의 시
선"에 따른 "자기 규율"의 메커니즘을 제시한 것과 달리, 바타유(Georges
Bataille)는 "권력이 모든 관계를 통하여 조용히 작동되기보다는 오히려
경관을 통해 명시적으로 시각화된다"고 봤다. 그리고 이를 토대로 "식
민지배자들의 기념비적인 건축물"은 "식민지배자들의 권력적 은유로서
기능했고 의도적으로 새로운 신민(臣民)들을 위압할 수 있도록 만들어졌

---

49   D. 미첼, 진종헌 역, 「08 경관·Landscape」, 데이비드 앳킨슨 외 편저, 이영민 외 역, 『현
      대 문화지리학: 주요 개념의 비판적 이해』, 논형, 2011, 116~117면.

다"는 주장까지 내어 놓는다.[50] 이렇게 볼 때, 〈장면 9〉에 등장하는 건물은 '식민지배자의 기념비적 건축물'일 가능성이 높고, 만약 그렇다면 그것을 둘러싼 건조 경관엔 식민주의적 권력이 여전히 내재하고 있을 가능성 또한 짙다고 할 수 있다. 또 그곳을 방문하는 관람객은 어쩌면 그 경관에 남아 있는 식민주의의 권력이 자신의 이름을 부르고 있는 것을 들었을지도 모를 일이다. 자, 이제 얘기는 막바지로 향한다.

2.4. 포스트콜로니얼리즘 (2) 자기 오리엔탈리즘

〈장면 10, 00:17〉

시선의 주인공은 다시 어딘지 모를 곳을 향해 가고 있다. 〈장면 4〉와 같은 방식이다. "이곳 사람들은 홍차의 고향이라고 부른다"가 흘러나오는 걸로 봐서 어디 가서 차나 한 잔 할 모양이다. 미시시피 강의 증기선 같은 배, 이국적 정취가 물씬 풍긴다.

---

50   J. 샤프, 이영민·박경환 역, 『포스트식민주의의 지리: 권력과 재현의 공간』, 여이연, 2011, 107~108면.

〈장면 11, 00:18〉

드디어 '홍차의 고향'에 차를 마시러 왔다. 시선은 다시 주인
공의 것으로 바뀌었다. 그 시선은 다시 나의 시선으로 바뀐다. 정갈
하고 고즈넉한 찻상, 그 위를 감싸는 김, 모든 것이 완벽하다.

〈장면 12~13, 00:19~00:21〉

차를 준비하는 현지인을 바라보고 있다. 방을 가득 채운 수많
은 종류의 차. 내레이션이 흘러나온다. "고원의 바람도, 포근한 햇살
도, 오렌지 빛 실론의 한잔을 위해 여기에 머물고 있다." '과연 홍차
의 고향이구나!' 드디어 찻잔을 채운다. '이야, 차를 준비해 줄 뿐 아
니라 따라주기까지 하네. 역시 … 한 잔을 마시더라도 제대로 마시
려면 이 정도는 돼야지!' 시선의 주인공은 오렌지 빛의 홍차를 보며
아무래도 오길 잘했다는 생각을 하고 있을지도 모르겠다. '이곳에
있는 모든 것이 오직 홍차를 위해 존재하는데 여기까지 와서 오렌지
빛의 최상급 홍차를 마시지 않는다는 건 말이 안 되지!'

〈장면 14~15, 00:23~00:24〉[51]

---

51 〈장면 14〉에 딱 들어맞는 내용이 있어 옮겨본다. " … 아직도 외국인이라고 하면 백인이
     어야 하고 유색인종은 외국인의 범주에도 안 들어간다고 무의식중에 생각하는 사람이

백인 커플이 차를 마시며 얘길 나누고 있다. 탁자 위에 있는 다기 세트, 아주 영국적이다. '아마 영국산 본차이나겠지? 아아, 나도 저런 데서 차 한 잔 해 봤으면 … ' 차 마시는 동안 이뤄지는 저녁 식사 준비. '음 … 그러고 보니 오늘 하루 일정이 꽤 빡빡했군. 저녁 맛있게 먹고 푹 좀 쉬어야겠어.'

얘기는 앞서 언급해 뒀던 자기 오리엔탈리즘에서 시작해야 할 것 같다. 자기 오리엔탈리즘은 오리엔탈리즘이라는 담론에 따른 일상의 실천, 달리 말하면 지배계급의 이데올로기에 따라 매일매일 하던 것이 몸에 새겨져, 피지배자인 자신을 지배자와 동일시함과 동시에 자신과 같은 처지에 있는 피지배자를 지배자의 시선으로 타자화하는 것, 따라서 결국 자기 자신도 타자화해 버리고 마는 과정적 실천을 일컫는다.[52]

광고를 이루는 열여덟 장면 가운데 유일하게 백인이 등장하는 장면 〈장면 14〉이 있고, 그 앞뒤로 그 사람들을 위해 일하고 있는 현지인이 보인

많지 않을까? 하지만 그 유색인종이 영어를 유창하게 구사한다면 그들을 백안시하던 시선이 조금은 달라질지도 모르겠다. 사실은 이것도 아니다. 서울 강남의 학원가에 흑인 영어선생은 거의 없다고 하니 말이다. 너무너무 슬프지만, 이거야말로 프란츠 파농이 말한 "검은 피부, 하얀 가면"의 또 다른 사례이고 식민지 근성의 정신병리학적 꼴불견이다." 김재기, 앞의 책, 83면.

52 이를 염두에 두고 〈장면 12〉부터 〈장면 15〉까지 모두 다섯 장면을 관통하는 뭔가를 살펴볼 텐데, 지금껏 해 온 것과 마찬가지로 이데올로기의 문제에 집중한다.

다 — 〈장면 13〉에선 프레임 바깥에 있는 누군가가 오렌지 빛 차를 찻잔에 담고 있다. 주전자를 기울인 각도로 봐서 오른손잡이일 가능성이 크다. 〈화면 12〉에서 차를 준비하는 현지인은 오른손잡이다. 그렇다면 〈화면 12〉에서 차를 준비하는 사람과 〈화면 13〉에서 잘려 나간 사람은 같은 사람일 가능성이 높다. 만약 그렇다면 〈화면 13〉에 남아 있는 것은 그 사람의 노동 뿐, 그 사람은 사라지고 없다. 그렇게 삭제될 수 있는 사람과 백인의 관계는 대체 어떤 것일까?

불 보듯 뻔한 얘기지만 이 현지인과 백인의 관계는 종업원과 사장의 계급 관계, 식민 지배를 받았던 사람과 식민지 지배를 한 사람의 계급 관계다. 그렇다면 광고를 보고 있는 노동자, 좀 더 극단적으로 얘기해서 어떻게든 돈을 모아 인도양으로 가서 〈화면 14〉의 백인이 받는 대접과 똑같은 대접, 아주 융숭해 보이는 그런 대접을 받아보기로 결심한 노동자한테 생길 수 있는 일은 어떤 것이 될까? 바로 '지배계급에 대한 종속'이다. 자신한테 고유한 그 어떤 것도 드러낼 수 없는 노동자의 상황, 게다가 그리할 수 있는 어떠한 수단조차도 갖고 있지 못한 노동자의 상태에선 필연적으로 따라오는 것이다.

지배 계급의 사상들은 어떠한 시대에도 지배적 사상들이다. 즉 사회의 지배적 물질적 힘인 계급은 동시에 사회의 지배적인 정신적 힘이다. 물질적 생산 수단을 제 마음대로 처분하는 계급은 이로

써 동시에 정신적 생산 수단도 제 마음대로 처분하며, 그 결과 정신
적 생산 수단이 박탈된 계급의 사상들은 이로써 동시에 대체로 지배
계급에 종속된다.[53]

그 노동자가 이러한 종속 상태에서 벗어나기 위해 노동자인 자신의
고유한 어떤 것을 드러낼 수 있는 방법을 찾는 대신 마냥 돈만 모았다 치
자. 그래서 자신이 노동자가 아님을 과시하려 돈을 물 쓰듯 한다고 생각
해 보자. 이른바 '과시적 소비'라는 것이다. 하지만 이 소비의 결과는 참
담하다. 이유는 두 가지다. 먼저, 자본가의 과소비와 질적으로 다르다.
그 사람들의 과소비는 결국 자신의 잉여가치에 봉사한다. 이런 의미에
서 "과시적 소비는 오히려 이윤 축적을 강화한다고도 볼 수 있다. 그러
므로 "자본가의 낭비에는 봉건 영주의 손 큰 낭비가 보여주는 솔직한 성
격이 전혀 없으며, 그 이면에는 항상 가장 더러운 탐욕과 세심한 타산이
잠재해" 있다(맑스, 『자본론』 1권, 809쪽)".[54] 하지만 이와는 달리 노동자의
과시적 소비는 결국 자본가의 '더러운 탐욕과 세심한 타산'에 복무하게
된다. 두 번째 이유다. 이것을 깨닫지 못하면 돈 좀 있는 노동자는 자기

53　맑스·엥겔스, 최인호 역, 앞의 책, 226면.

54　권용선, 「2강 생산의 사회에서 소비의 사회로?」, 이진경 편저, 『문화정치학의 영토들』,
　　그린비, 2007a, 71면.

오리엔탈리즘의 늪에 빠져 헤어 나오지도 못하게 된다. 솔직히 돈 좀 있는 노동자 뿐 아니라 돈 없는 노동자마저 그 상황에 놓여 있기는 마찬가지가 아닐까. 정말이지 '자본은 인민의 아편이다!'

2.5. 그 밖의 얘기

〈장면 16, 00:26〉

그렇게 하루가 가고 붉은 노을이 곱게 하늘을 물들인다. 바쁜 하루를 끝내고, 때마침 고요함이 다시 찾아온다. 시선의 주인공은 그렇게 뉘엿뉘엿 넘어가는 해를 바라봤을 것이다. 그리고 …

〈장면 17, 00:27〉

책을 덮는다. '인도양에서 건져 올린 보물들'을 소개하는 건 그렇게 끝이 났다.

〈장면 18, 00:28〉

비로소 등장하는 광고 주체와 광고 상품. 대한항공, 스리랑카와 몰디브 주3회 운항. 3초간!

3. 내치(內治; police)의 문제

내치는 (이러저러한 시설 내에 위치하고 있는 개인들이 아니라) 만인
을 통제하기 때문에 인간들의 공동생활을 규제할 수 있게 해주는 심
급인 것이다. 개인들을 **정상적으로** 만드는 것이 내치의 일차 목표이
다. 달리 말해서 다수의 이질적인 개인들을 **동질적인 인구**로 변형하
는 것이 일차 목표이다. 차이를 제거함으로써, 일탈을 막음으로써,
시민들을 **규범화함으로써** 내치는 만인의 행복을 최적화하고 그 대
가로 국력을 배가하면서 사회 내에서 인간들의 공존을 확보한다.[55]

지금껏 대한항공의 광고, 『어디에도 없던곳 인도양으로』의 시리즈
중 「실론티의 고향으로 가다」를 텍스트의 물질성, 재매개, 맑스주의와
포스트콜로니얼리즘의 관점에서 살펴봤다. 그러면서 TV 광고의 이데
올로기적 속성과 효과가 어떻게 작동하는가를 밝히는 데 가장 큰 중점
을 뒀다. 기실 TV 광고는 자본주의적 내치를 이루기 위한 상전, 선전전,
심리전의 전장이다. 그것은 한 사회를 구성하는 사람 대부분의 몸에 스
며들어 그 사람들을 소비적 인간으로 동질화하고, 동질성을 사회 규범
으로 삼아 행복이라는 거짓부렁을 퍼뜨린다. 이렇게 본다면 TV 광고야

---

55   D. 오타비아니, 심세광 역, 『미셸 푸코의 휴머니즘』, 열린책들, 2010, 109면 — 강조 원저.

말로 카메라 옵스큐라가 아닌가!

자신의 힘을 끝 간 데 없이 밀고 가려는 자본의 광고전에 대항할 수 있는 힘을 아주 조금이라도 얻기 위해선 그 카메라를 다시 거꾸로 볼 수 있는 전력(戰力)을 키워나가야 하지 않을까. 이것으로 속전에 대한 교전의 한 방식으로서 지구전을 마친다.

30초의 전쟁에 맞서 300시간의 분전(奮戰)을 벌인 것 같은데도 영 찜찜한 맘을 거둘 수가 없다. 패전(敗戰)이다. 하지만 교전을 포기할 순 없는 노릇이다. 결과가 연전연패(連戰連敗)라 할지라도.[56] 다음 실전에선 그 연전연패의 기록을 낱낱이 파헤치도록 한다. 끝으로 한 마디만 더.

Epilogue

> 통상의 의식 속에서는 사태가 뒤집혀 있다.
> ― 칼 맑스 & 프리드리히 엥겔스[57]

---

56   30초의 전쟁에서 정말로 져 버리는 순간, 그래서 상품을 소비하는 순간, 그 대가는 30시간, 300시간의 노동으로 되돌아올 게 뻔하다.

57   맑스·엥겔스, 최인호 역, 263면 ― 강조 원저.

관련 어휘

속전 速戰 lightning war	1. 운동 경기나 전투 따위에서, 재빨리 몰아쳐 싸움.
지구전 持久戰 endurance war	1. 승부를 빨리 내지 아니하고 오랫동안 끌어 가며 싸우는 전쟁이나 시합. 2. [군사] 전쟁을 오래 끌어서 적을 지치게 하거나 아군 구원병의 지원을 받을 수 있도록 하는 전쟁.
전리품 戰利品 trophy; spoils	1. 전쟁 때에 적에게서 빼앗은 물품. = 전획 戰獲
전략 戰略 strategy	1. [군사] 전쟁을 전반적으로 이끌어 가는 방법이나 책략. 전술보다 상위의 개념이다. 2. 정치, 경제 따위의 사회적 활동을 하는 데 필요한 책략. = 군략 軍略, 무략 武略, 전술 戰術
전술 戰術 tactic	1. [군사] 전쟁 또는 전투 상황에 대처하기 위한 기술과 방법. 장기적이고 광범위한 전망을 갖는 전략의 하위 개념이다. 2. 일정한 목적을 달성하기 위한 수단이나 방법. = 병술 兵術, 병법 兵法

진지전 陣地戰 trench warfare; war of position	1. [군사] 군사 튼튼하게 진지를 구축하고, 이에 의거하여 쳐 들어오는 적과 벌이는 싸움. = 참호전 塹壕戰
항전 抗戰 fighting; resistance	1. 적에 대항하여 싸움. = 항쟁 抗爭 ↔ 굴복 屈服, 항복 降伏·降服, 귀순 歸順
전력 戰力 military strength	1. 전투나 경기 따위를 할 수 있는 능력.
분전 奮戰 desperate fighting	1. 있는 힘을 다하여 싸움. = 분투 奮鬪
패전 敗戰 lost battle; defeat	1. 싸움에 짐. = 전패 戰敗, 패배 敗北 ↔ 개선 凱旋, 개가 凱 歌, 승리 勝利, 승첩 勝捷, 전첩 戰捷, 승전 勝戰

참고문헌

권용선, 「2강 생산의 사회에서 소비의 사회로?」, 이진경 편저, 『문화정치학의 영토들』, 그 린비, 2007a, 59~86면.

_____, 「3강 미디어와 스펙터클」, 이진경 편저, 『문화정치학의 영토들』, 그린비, 2007b, 87~113면.

김상환, 『니체, 프로이트, 맑스 이후 : 현대 프랑스 철학의 쟁점』, 창작과 비평사, 2001.

김재기, 『여행의 숲을 여행하다』, 향연, 2011.

목수현 외, 『광고의 신화, 욕망, 이미지』, 현실문화연구, 1993.

배영달, 『보드리야르의 아이러니』, 동문선, 2009.

A. 블런트, 박경환 역, 「05 식민주의/포스트식민주의·Colonialsm/Postcolinialism」, 데이 비드 앳킨슨 외 편저, 이영민 외 역, 『현대 문화지리학: 주요 개념의 비판적 이해』, 논형, 2011, 322~332면.

D. 미첼, 진종헌 역, 「08 경관·Landscape」, 데이비드 앳킨슨 외 편저, 이영민 외 역, 『현대 문화지리학: 주요 개념의 비판적 이해』, 논형, 2011, 112~125면.

D. 오타비아니, 심세광 역, 『미셸 푸코의 휴머니즘』, 열린책들, 2010.

J. 보드리야르, 이상률 역, 『소비의 사회』, 문예출판사, 1991.

_____, 배영달 역, 『사물의 체계』, 지식을만드는지식, 2011.

J. D. 볼터·R. 그루신, 이재현 역, 『재매개: 뉴미디어의 계보학』, 커뮤니케이션북스, 2006.

J. 샤프, 이영민·박경환 역, 『포스트식민주의의 지리: 권력과 재현의 공간』, 여이연, 2011.

J. 윌리암슨, 박정순 역, 『광고의 기호학: 광고 읽기, 그 의미와 이데올로기』, 커뮤니케이션 북스, 2007.

J. 프록터, 손유경 역, 『지금 스튜어트 홀』, 앨피, 2006.

K. 맑스·F. 엥겔스, 최인호 역, 「독일 이데올로기」, 『칼 맑스 프리드리히 엥겔스 저작 선집 1』, 박종철출판사, 1992, 191~264면.

M. 스터르큰·L. 카트라이트, 윤태진 외 역, 『영상문화의 이해』, 커뮤니케이션북스, 2006.

M. 크랭, 이무용 역, 「06 여행/관광·Travel/Tourism」, 데이비드 앳킨슨 외 편저, 이영민 외
    역, 『현대 문화지리학: 주요 개념의 비판적 이해』, 논형, 2011, 84~96면.

N. 볼츠, 김태옥·이승협 역, 『미디어란 무엇인가』, 한울아카데미, 2011.

Anne Cranny-Francis, *Multimedia: Texts and Contexts*, SAGE, 2005.

David Harvey, *A Companion to Marx's Capital*, Verso, 2010.

Richard Howells, *Visual Culture*, Polity, 2003.

Robert J. C. Young, *Postcolonialism: An Historical Introduction*, Blackwell, 2001; A. 블런
    트, 박경환 역, 「05 식민주의/포스트식민주의·Colonialsm/Postcolinialism」, 데이
    비드 앳킨슨 외 편저, 이영민 외 역, 『현대 문화지리학: 주요 개념의 비판적 이해』,
    논형, 2011, 324면에서 재인용.

인절미, 「어디에도 없던 곳 인도양으로」, 『쫀득쫀득 인절미 :D』, 네이버 블로그, https://
    blog.naver.com/lovelyju311/40188545627.

최병광, 「30초의 미학 광고의 힘」, 『열린강좌』, 한국콘텐츠진흥원, https://edu.kocca.kr/
    edu/onlineEdu/openLecture/view.do?menuNo=500085&pSeq=56&pLectureCls
    =GC05.

설욕전, 탈환전, 연전연패

- 잃어버린 일상을 회복하기 위한 고군분투

핵심 어휘

설욕전 雪辱戰 revenge war; return match	1. 경기나 오락 따위에서, 앞서 진 것을 만회하기 위하여 겨 루는 일. = 복수전 復讐戰
탈환전 奪還戰 recapture fight; return match	1. [군사] 적에게 빼앗긴 진지나 도시 따위를 도로 빼앗아 찾 기 위하여 벌이는 싸움. 2. [체육] 빼앗긴 선수권을 되찾기 위하여 벌이는 경기. 　※ 리턴매치
연전연패 連戰連敗 successive defeats	1. 싸울 때마다 계속하여 짐. ↔ 연전연승 連戰連勝

Thus, Marxism, as a whole, really is a critical knowledge of everyday life.

Henri Lefebvre[1]

무턱대고 들어선 공부의 길이다. 한 발, 한 발, 힘들게 발걸음을 옮기는 동안 어느새 이론의 힘을 믿게 됐다. 걸음은 힘차고 빠르게 바뀌어 갔다. 비록 힘이 빠지고 더뎌질지언정 그 걸음이 확신에 차지 않았던 적은 없다. 하지만 확신에 불신이 들어서는 때, 이론의 힘에 의구심이 생기는 때가 가끔은 있다. 그럴 땐 또 언제 그랬냐는 듯 나락으로 곤두박질친다. 두 다리의 힘이 풀리고, 점점 더 몸을 가누기가 힘들어진다. 빳빳했던 목에서 힘이 빠지고, 고개가 떨어진다. 털썩 주저앉다 못해 나자빠진다. 머리가 땅바닥에 늘어진다. 늘 푸른 하늘을 향해 뻗어가던 시선이 길을 따른다. 길 위, 수많은 사람이 있다. 서 있기도 하고 걷기도 하고 뛰기도 한다. 한 사람, 한 사람, 단 한 명도 똑같이 움직이지 않는다. 사람들은 그렇게, 여전히 길 위에서 움직이고 있다. 퍼뜩 정신을 차린다.

'아, 공부의 길에서 하늘만 바라보며 걸어 왔구나. 그동안 길과 그 길 위의 수많은 사람, 또 그 사람들이 함께 만들어 가는 세상과 그 세상의

---

1   "그러니까 총체로서 맑스주의는 정말로 일상생활에 대한 비판적 지식이 되는 것이다." Henri Lefebvre, *Critique of Everyday Life Vol. I: Introduction*, J. Moore (tr.), Verso, 1991, p.148 ― 강조 원저 [*Critique de la vie quotidienne I : Introduction*, Grasset, 1947].

발자취를 깊이 생각하지 못했구나. 내가 죽 있어 온 곳, 지금 내가 나자
빠져 있는 곳, 어쨌든 내가 있을 곳이 바로 그 길임을, 공부의 길 또한 결
국 그 길 위에 나 있음을 깨닫지 못했구나.' 벌떡 일어나 다시 걷는다.

　발걸음은 모순에 이끌리고, 그것의 극복을 향한다. 비록 그 극복의
길에서 다른 모순이 생긴다 하더라도 말이다. 무슨 길이 됐든, 삶의 길
을 내는 힘은 결국 길에 있다. 떨어진 고개를 다시 들고, 위도 아래도 아
닌 앞을 본다. 사람들의 일상이 펼쳐진다. 사람과 일상을 두고 생각에
잠긴다. 사회와 역사도 함께 생각해 본다. 이때 떠오르는 한마디, "지금
껏 존재한 모든 사회의 역사는 계급투쟁의 역사다(The history of all hitherto
existing society is the history of class struggles)".[2] 골똘히 생각해 봐야 할 문제다.

2　Karl Marx & Friedrich Engels, *The Communist Manifesto* (Penguin Classics), S. Moore
　(tr.), Penguin Books, 2002, p.219. 여기서 짚어 봐야 할 것은 이 유명한 테제가 맑스·엥겔
　스 고유의 것이 아니라 당시 두 사람이 맺고 있던 역사사회적 관계의 산물이라는 점이다.
　이 테제에 끼친 여러 영향 가운데선 당시 프랑스의 자유주의자·사회이론가, 또 공상적
　사회주의, 이 두 가지를 주목할 만하다. 전자와 관련해선 '계급투쟁'이라는 말이 "아리스
　토텔레스와 마키아벨리의 작업에서 보이긴 하지만 맑스의 용법은 대체로 1815~48년 사
　이의 프랑스 자유주의자와 사회이론가", 이를테면 "특별히 세(Jean Baptist Say) 주변에 모
　여들던 티에리(Augustin Thierry), 콩트(Charles Comte), 뒤누아예(Charles Dunoyer) 같은 사
　람한테 의존"하고 있다고 밝히고 있다. 구체적으로 콩트의 입장을 살펴보면, 그는 "인류
　역사는 투쟁이라는 한 단어로 모두 표현된다. 투쟁은 전 인류의 물리적 쾌락을 장악하기
　위한 욕망, 그리고 같은 종의 모든 고통을 타인한테 부과하기 위한 욕망에서 비롯해 왔
　다"고 말한다. Charles Comte, *Traité de Législation*, Paris, 1826, Book II, p.91; Gareth
　Stedman Jones, "Notes", *The Communist Manifesto* (Penguin Classics), Penguin Books,

1. 연전연패: 일상생활에서 역사가 사라졌다

이 글은 일종의 전기(戰記)다. 하지만 안타깝게도 승전(勝戰)
이 아니라 오히려 연이은 패퇴(敗退)의 기록이다. 전선(戰線)이 형성되는
곳은 '일상에서 역사가 사라졌다', 또는 '일상이 신화가 돼 버렸다'는 문
제의식이다. 사람들이 살아 내는, 고통스럽기 그지없는 그 나날에서 역
사가 사리질 리 만무하지만 시나브로 그리돼 버렸다. 신화는 그 빈자리
를 꿰찼고, 문화연구는 그 신화의 등을 떠밀었다. 어찌된 영문인지 현시

2002b, p.262, Note 18에서 재인용. 공상적 사회주의의 동향 가운데선 생시몽(Saint-
Simon)의 영향을 꼽을 수 있다. 더 구체적인 예시로는 『생시몽의 가르침: 해제. 첫 해,
1828~1829』(*The Doctrine of Saint-Simon: An Exposition. First Year, 1828-1829*)의 여섯 번째
강의 제목이 「인간이 가하는 인간 착취 및 재산권의 잇따른 변화」("Sixth Session (February
25, 1829) — The Successive Transformation of Man's Exploitation by Man and of the Rights of
Property")를 들 수 있는데, 그 부제는 '주인과 노예, 귀족과 서민, 영주와 농노, 빈둥거리
는 자와 일하는 자'(Master and Slave; Patrician and Plebeian; Lord and Serf; Idle and Worker)로
돼 있다. Ibid., p.262, Note 18. 이와 관련해선 벌린(Isiah Berlin) 또한 비슷한 견해를 보인
다. "맑스는 역사적 구조에 대한 이론, 즉 인류 역사를 구성하는 요소들 사이의 형식적 관
계들에 관한 이론은 헤겔에게서 이끌어 냈지만, 요소 자체에 관한 내용은 생시몽과 그 제
자들 그리고 새로운 자유주의 정신을 갖고 있는 기조, 티에리와 미네에게서 얻었다."는
것이 그 주된 내용이다. 특별히 생시몽은 "어떤 특정한 시기에 공동체의 주된 경제적 자
원을 소유한 사람들과 반대로 이러한 유리한 점을 가지고 있지 않다는 이유만으로 생계
를 위해서 어쩔 수 없이 전자에 의존해야 하는 사람들 사이의 갈등, 즉 경제적 계급 사이
의 계속적 갈등이 역사 과정이라는 개념을 최초로 밝혀"낸 인물로 평가되고 있다. I. 벌
린, 안규남 역, 『칼 마르크스: 그의 생애와 시대』, 미다스북스, 2012, 133~134면.

대 문화연구에선 더 이상 '혁명'을 말하지 않는다. '인류의 해방' 따위는 더더욱 말하지 않는다. 이 힘든 시대에, 그럭저럭 살아 내는 것도 가만히 내버려 두지 않는 현시대에, 문화연구가 마땅히 해야 할 말을 입 밖으로 꺼내지도 않는다. 왜일까?

문화연구를 공부하는 사람한테서 '관(觀)'을 찾기가 점점 힘들어진다는 점을 가장 심각한 이유로 꼽고 싶다. 문화연구를 공부하는 사람한테 필요한 관은 생각보다 많다. 우주관, 세계관, 역사관, 문화관, 예술관, 심지어 비평관도 필요하다. 그 가운데 무엇보다 이 시대에 필요해 보이는 것은 역사관(歷史觀)이다. 그것은 현시대를 지배하고 있는 새로운 형태의 부르주아지 이데올로기에 대한 구체적 항전(抗戰)의 실천적 전략(戰略)과 전술(戰術)을 생산해 낼 수 있어야 한다. 그러기 위해 그 사관은 자본주의의 역사, 현시대를 지배하고 있는 신자유주의의 역사를 조망할 수 있어야 하며, 그것은 미시적이기보다는 거시적인 안목으로 뒷받침돼야 한다. 그래서 지금 우리한테는 맑스(주의)가 어느 때보다도 절실하다.

실지로 문화연구에서 맑스 식의 혁명을 얘기하지 않은 지도 꽤 됐다. 숫제 맑스를 모르거나, 알았다고 해도 까먹어 버렸거나, 안다고 해도 필요해서 써먹을 때 말고는 외면해 버렸기 때문이다. 거대 담론의 창시자라는 라벨이 붙은 뒤, 맑스는 점점 더 유령이 돼 갔다. 한 번은 제1차 세계대전 뒤, 한 번은 1980년대, 서구에서 큰 수술을 두 번이나 받은 맑스. 이제는 역사의 뒤안길로 사라져 버린 듯하다. 물론 그런 만큼 유령이 되

어 배회하는 그를 다시 붙잡으려는 움직임이 부쩍 많이 일어나고 있는
것도 사실이지만 문화연구에서 유독 이 문제가 심각하게 느껴지는 까닭
은 문화연구의 주된 관심사가 생산에서 소비로 옮겨갔기 때문일 것이
다. 많은 사람이 그 전환에 찬가를 불러 왔고, 또 그리할 것이다. 하지만
그것은 한마디로 비극적 전기다. 문화연구가 맞이할 수밖에 없게 된 비
극의 투쟁기(鬪爭記)인 것이다. 따라서 이 작업엔 우선적으로 그 기록을
문화연구와 맑스주의의 상관관계에서 진단하려는 목적이 있다.

　본문은 크게 두 부분으로 나뉜다. 먼저, 1950년대 말부터 현재에 이
르기까지 영국의 문화연구가 어떻게 흘러왔는지를 살펴본다. 그 흐름은
한 마디로 문화연구가 맑스한테서, 그러니까 역사에 대한 변증법적 접
근 및 변증법에 대한 유물론적 접근에서 점점 더 멀어지는 쪽으로 길을
내어 왔다. 그 길을 탐험하기 위해 특별히 1980년대 말 영국에서 활발히
일어났던 이른바 '신수정주의'와 포스트모더니즘에 대한 비판을 비중
있게 다룬 뒤 현재까지 상황을 간단히 언급하며 맑스주의가 그 어느 때
보다 절실함을 얘기한다. 다음, 맑스를 우선 생각해 본다. 그한테서 발견
할 수 있는 일상생활 관련 문제의식, 역사-변증법-유물론 간의 상관관계
및 계급투쟁을 검토한 뒤, 문화연구가 일찌감치 폐기해 버린 비판이론
을 재고한다. 특별히 문화산업론에 집중하면서 계몽의 변증법을 풀어보
고, '부정의 부정'이라는 변증법의 한 측면에 치우쳐 그것을 관념적으로
사유해 버린 나머지 서로 대립하고 모순되는 것들 사이의 운동과 변화

가 역사의 추동력으로 작용한다는 점을 간과해 버린 한계를 짚어본다.

　이 글을 관통했으면 하는 것이 딱 하나 있다. 바로 '사관(史觀)'이다. 이 사관은 기본적으론 소외라는, 생산수단의 소유관계가 전도된 까닭에 생기는 모순, 그리고 자본주의적 생산관계와 사회적 생산력들 사이에서 생기는 모순을 견지한다. 또 한 발 더 나아가선 사회적 생산력의 각 주체가 소외의 모순을 극복하고 응집함으로써 '자신'들'과 자본주의적 생산관계 간의 모순을 포착하는 순간, 그리고 그 순간의 지속으로 그 모순을 극대화해 마침내 그것을 내파(內破, implosion)하고야 마는 그 순간의 역사적 국면, 승리(勝利)의 국면을 상상한다. 이 사관은 결국 우리 모두가 이 두 모순을 선결한 후에야 비로소 혁명의 불씨를 지필 수 있으리라는 맑스의 신념을 부활시키는 사관인 셈이다.

　'지금껏 존재한 모든 사회의 역사는 계급투쟁의 역사다'는 이 말이 명실상부한 '비명(碑銘, epitaph)'만큼은 돼야 하겠기에 …

2. 영국 문화연구

2.1. 대량문화에서 대중문화로: 일상의 발견(1950~80년대)

1956년 소련의 헝가리 침공, 영국의 수에즈 침략으로 영국에선 한 가지 주목할 만한 움직임이 일어난다. 바로 문학과 사학 연구자를 중심으로 한 신좌파(The New Left) 운동이었다. 기존의 정통 맑스주의가 노조 및 정당 중심의 '계급투쟁'을 견지한 반면, 신좌파 운동은 그것이 역사적으로 성공하지 못했다는 반성과 함께 정통의 굴레를 벗어 던지고 사회의 소외계층을 두루 아우르는 사회투쟁의 필요성을 역설한다. 이 같은 상황은 이윽고 '문화연구(cultural studies)'라는 새로운 동향의 역사사회적 발생을 추동한다. 1958년 윌리엄스(Raymond Williams)가 '문화는 일상적인(평범한) 것이다(Culture is ordinary)'고 천명하고, 이태 뒤 격월간지 『뉴 레프트 리뷰』(The New Left Review)가 창간되고, 1963년 톰슨(Edward P. Thompson)이 『영국 노동계급의 형성』(The Making of the English Working Class)을 출간하고,[3] 그 이듬해 영국 버밍엄 대학교의 현대문화연

---

3   Raymond Williams, "Culture is Ordinary", *Resources of Hope: Culture, Democracy, Socialism*, R. Gable (ed.), Verso, 1989, pp.3~18 [Originally published in *Convictions*, N. McKenzie (ed.), MacGibbon & Kee, 1958, pp.93~120]. Edward P. Thomson, *The Making of the English Working Class*, Pelican, 1963.

구소(CCCS: The Centre for Contemporary Cultural Studies)가 설립된다. 이 일련
의 과정을 통해 1960년대 전반, 영국에서 문화연구가 등장한다.

　일상이 발견된다. 1970년대와 80년대를 거치는 동안 문화연구는 고
급문화와 저급문화의 구분 속에서 '대량문화(mass culture)', 곧 '무지한 대
중의 문화'로 취급받았던 저급문화에 '하위문화(subculture)'라는 새로운
이름이 붙을 것을 예견하면서 본격적인 '대중문화(popular culture)'의 시
대를 연다.[4] '대량문화'와 '대중문화'의 가장 큰 차이는 전자가 위→아래
(top-down)의 일방적(unilateral) 소통 모델을 전제한 반면, 후자는 그에 더
해 아래→위(bottom-up)의 쌍방적(bilateral, mutual) 소통 모델을 상정한 데
있다. 그렇기에 현대 대중문화 연구에서 '수용자 연구(audience studies)'를
바탕으로 한 저항 가능성의 탐색은 필수적이라 할 수 있다.[5]

4　Dick Hebdige, *Subculture: The Meaning of Style*, Routledge, 1979; D. 헵디지, 이동연
　역, 『하위문화: 스타일의 의미』, 현실문화연구, 1998을 염두에 둔 것이다.

5　이 흐름에 대한 비판적 입장은 '신수정주의'를 얘기할 때 따로 하도록 한다. 참고로 대량
　문화와 대중문화의 차이와 관련해선 '대중문화'를 어떻게 번역하느냐에 따라 문화연구
　의 입장이 달라진다는 맥락에서 이렇게 설명할 수 있다. "대중문화를 mass culture로 번
　역하면 '수동적 존재에게 전달되어 향유되는 문화' 혹은 '수동적 존재를 만들 목적으로
　만들어진 문화'가 된다. 문화 산업, 문화 생산자 등 위에서 전한 문화를 수동적으로 받아
　들여 생긴 결과라는 뜻이 강하다. … 대중문화를 mass culture로 보는 입장은 사회를 mass
　와 elite로 구성되어 있다고 파악한다. 그러나 대중문화를 popular culture로 번역하는 쪽
　에서는 사회가 지배 계층과 피지배 계층으로 구성된다고 본다. 이때 지배와 피지배는 매
　우 다양한 영역에 걸쳐 이뤄진다. 성별, 지역별, 계급별, 연령별, 학력별, 취향, 표준어와

이렇게 해서 문화연구는 정통 맑스주의와 정신분석학의 유산뿐 아니라 구조주의와 여러 포스트주의(포스트구조주의, 포스트맑스주의, 포스트식민주의, 포스트모더니즘), 심지어 "수용(reception) 이론" 같은 "새로운 이론적 경향"에서 자양분을 공급받는다.[6] 더욱이 이를 토대로 일상과 대중문화를 중심으로 한, 이루 헤아릴 수 없을 정도로 많은 연구 성과도 이룩해낸다. 특별히 대중문화를 "사회 내 피지배를 경험하는 다양한 집단의 삶 방식이 지배 집단 문화와 경쟁하는 장"으로 보고, 거기서 "지배와 피지배, 다양한 삶, 경쟁, 저항"과 같은 "주요 단어(key words)를 선별", "대중문화의 정치, 역동, 변화를 추적하고 그것들에 가치를 부여하는 일", 곧 대중문화를 "문화산업의 생산물로 보는 입장, 이데올로기로 파악하고자 하는 입장, 저급 취향 문화로 취급하려는 입장을 넘어 보다 넓은 지평에서 그것을 정리하는 일"을 추구해 온 것이다.[7]

'일상'의 위상은 점점 더 강화돼 갔다. "대중문화를 일상으로 치환해

사투리, 생산자와 수용자 등의 다양한 선을 타고 지배와 피지배 계층은 나뉜다. 다양한 선을 타고 벌어지는 지배와 피지배 간의 갈등 과정에서 피지배를 경험하는 집단의 총합을 대중, 즉 popular로 보고자 하는 것이 대중문화를 popular culture로 번역하는 쪽의 입장이다. 대중문화를 지배와 피지배가 맞서는 공간으로 보고자 하는 의도가 popular라는 용어의 도입으로 더욱 선명"해지는 것이다. 원용진, 『새로 쓴 대중문화의 패러다임』, 한나래, 2010, 34~35면.

6   위의 책, 76면.

7   위의 책, 36~37면.

서 사용해도 무리가 없을 정도로 문화산업이 만든 문화상품이 대중의 턱밑까지 치고 들어와 있었기 때문"이다.[8] 이는 문화연구의 방법론과 연구대상에도 커다란 영향을 끼치게 된다. 물론 이 노정의 초입이, 예컨대 바르트(Roland Barthes)의 신화론 연구를 통해 일찍이 선보인 적은 있었다.[9] 하지만 1980년대 들어 홀(Stuart Hall)이 이른바 '언어적 전회(linguistic turn)'를 적극 수용한 프랑스의 구조주의를 받아들여 대중매체라는 '텍스트'를 통한 이데올로기적 주체 형성 및 실천 과정의 메커니즘을 밝히고, 그것을 당시 영국의 문화연구 흐름과 절합하려는 노력을 기울였다는 점은 잘 알려져 있다.[10] 또한 홀은 곧바로 그 틀에 그람시(Antonio Gramsci)의 헤게모니론을 다시 절합하여 일상 속의 대중문화를 '헤게모니 투쟁의 장'으로 여겨야 함을 강조하기도 한다. 다시 말해서 "계급 대 계급(계급 적대적, class-against-class)의 구도보다 인민 대 권력 블록(the people versus the power bloc)"의 구도 형성을 위한 투쟁의 장, '계급투쟁'보다 "여러 계층과 개인을 대중 세력으로 **구성**할 수 있는 역량"을 키워 "갈라진

---

8   위의 책, 77면.

9   Roland Barthes, *Mythologies*, Seuil, 1957.

10   Stuart Hall, "Cultural Studies: Two Paradigms", *Media, Culture and Society* 2, 1980, pp. 57~72; S. 홀, 임영호 편역, 「문화연구의 두 개의 패러다임」, 『스튜어트 홀의 문화이론』, 한나래, 1996, 203~232면. 보충 설명은 J. 프록터, 손유경 역, 『지금 스튜어트 홀』, 엘피, 2006, 82~99면을 볼 것.

여러 계층과 따로 떨어진 인민을 대중-민주적 문화세력으로 **만들 수 있
는**" 정치·문화 투쟁의 장, 곧 "합의와 저항의 경합장(the arena of consent
and resistance)"으로서 대중문화를 역설한 것이다.[11] 이로써 문화연구는 일
상의 대중문화 연구를 주축으로 삼게 된다. "편협한 문화 정의에서 벗어
나 일상사, 그리고 상징 행위로까지 문화 개념을 확장해갈 수 있게" 됨
과 동시에 "대중문화를 이념적 반영물, 지배계급의 도구로만 취급하던
시각"을 바로잡고 "미학적으로 저급하다는 문예론적 편견을 지우는 노
력"을 펼칠 수 있는 계기를 만들어 낸 것이다.[12]

2.2. 일상과 대중문화: 저항, 즐거움, 맑스주의 폐기(1980년대)

그 같은 분위기에 힘입어 1980년대 중반 영국에선 일상과
문화연구의 관계가 획기적인 전기를 맞이한다. 전환점은 『일상생활의
실천』이 마련한다.[13] 여기선 지배계급의 문화적 '전략'에 맞서 일상의

---

11   Stuart Hall, "Notes on Deconstructing "the Popular"", *Essential Essays: Foundations of
      Cultural Studies Volume 1*, D. Morley (ed.), Duke University Press, 2019, p.360 ─ 강조
      원저. 참고로 이 글의 첫 출간은 1981년에 이뤄졌다. 자세한 서지사항은 참고문헌을
      볼 것.

12   원용진, 앞의 책, 76~77면.

13   Michel de Certeau, *The Practice of Everyday Life*, S. Rendall (tr.), University of California
      Press, 1984 [*L'Invention du quotidien 1: Arts de faire*, Gallimard, 1990 (1ʳᵉ éd. 1980)].

'전술'을 고안, 저항해야 한다는 주장이 펼쳐지는데, 핵심 개념은 '텍스트 밀렵(textual poaching)'과 '브리콜라주(bricolage)'다. 예컨대 직장 생활을 하는 사람한테 '회사 컴퓨터의 사적사용 금지'라는 전략이 부과된다 하더라도 그 사람은 어떻게든 자신의 컴퓨터를 사적으로 쓸 수 있는 전술을 고안한다. 다른 예로 이 전술은 "세를 낸 아파트(a rented apartment)"에도 똑같이 적용할 수 있다. 세입자는 자신의 거주공간을 살기 편하게 '재전유(re-appropriation)'한다. 세입자가 세를 들어 사는 집은 집주인 것이지 세입자 것이 아니다. 달리 말해서 그것을 전유하는 이는 집주인이지 세입자가 아닌 것이다. 하지만 세입자가 그곳에 사는 동안 그곳은 세입자의 형편에 따라 변화하게끔 돼 있다. 세입자는 "즐거움과 전유의 책략(策略)을 다른 사람의 텍스트 속으로 넌지시 침투시킨다. 바꿔 말하면 그는 그 텍스트를 밀렵해 그 속으로 이동해 들어가서는 그 속에서 자신을 복수화(複數化)한다. 마치 한 사람의 몸속에서 일어나는 이런저런 웅성거림처럼" 말이다.[14] 이것이야말로 일상생활의 실천이 갖고 있는 창조적 측면이며, 이를 통해 드 세르토(Michel de Certeau)는 일상생활의 저항 가능성, 특별히 '소비'를 통한 대중문화의 저항 가능성을 엿보고 있다.

　드 세르토의 입장은 영국 문화연구에서 다시 두 방향의 이론적 확장을 가져온다. 하나는 헵디지의 1979년 작업, 『하위문화: 스타일의 의미』

14　Ibid., p.xxi.

와 엮어 '스타일의 저항'을 얘기하는 쪽으로,[15] 다른 하나는 대중매체, 특별히 TV 시청의 긍정적 함의를 끌어내어 '즐거움을 바탕으로 한 장난기 많은 저항'을 말하는 쪽으로 나아간다.[16] 후자의 대표주자는 피스크(John Fiske)다.[17] 이 두 흐름을 쫓아가려면 드 세르토가 "소비자 생산"을 두고 하는 얘길 먼저 들어봐야 한다.

　　많은, 보통은 주목할 만한, 작업이 한편으로는 어떤 사회의 여러 재현을, 다른 한편으로는 그 사회의 여러 행위 양상을 연구하기 위해 힘써 왔다. 이 사회 현상들과 관련한 우리의 지식에 기반을 두고 여러 집단과 개인이 제안하는 **사용**을 결정짓는 것은 가능해 보이기도 하고 필수적인 것처럼 보이기도 한다. 예컨대 TV로 방영되는 이미지(재현)와 TV를 보는 데 보내는 시간(행위)의 분석은 문화 소비자가 이 시간 동안에 이 이미지를 갖고 "만들"거나 "하"는 것의 연구로 보완돼야 한다.[18]

15　각주 4를 볼 것.

16　실질적으로 이 둘은 크게 다르지 않다. 앞서 언급한 드 세르토의 말에도 나와 있듯이 '즐거움'과 '저항'은 서로 밀접한 관계를 맺고 있다.

17　John Fiske, *Television Culture*, Routledge, 1987.

18　Michel de Certeau, op cit., p.xii — 강조 원저.

앞서 말했듯, 이 '사용'이 바로 전술이며, "그것은 동시에 관계망, '임시변통으로 때우기'(브리콜라주)의 시적 방식들, 시장 구조의 재사용을 조직"한다.[19] 이로써 앞서 말한 두 방향의 확장을 위한 바탕이 마련된다.

먼저 드 세르토가 말하는 '사용', 곧 소비자가 생산하는 브리콜라주의 전술이 1970년대 후반 영국 하위문화 특유의 스타일을 설명하는 데 없어선 안 될 개념임을 유념할 필요가 있다. "하위문화를 전통적인 문화구성체들로부터 구별 짓는 것은 기본적으로 상품들이 하위문화에서 **사용**되는 방식"이며, "**브리콜라지** bricolage [손에 닿는 아무 것이나 이용해서 만든 물건 - 역주]라는 개념은 하위문화적 스타일들이 어떻게 구성되는지를 설명하는 데 이용"될 수 있기 때문이다.

　　비록 종종 직접적으로 불경스럽고(온갖 욕설로 뒤덮인 티셔츠) 위협적(테러리즘적이고 게릴라적인 의상들)이기는 했지만, 펑크스타일은 원칙적으로는 '절단 cut ups'의 폭력에 의해 정의되었다. Duchamp의 '기성품들' ─ 그가 예술이라고 부를 것을 선택했기 때문에 예술로서의 자격이 부여된 제조된 대상물들 ─ 처럼, 핀, 플라스틱 빨래집게, 텔레비전 컴포넌트, 면도날, 탐폰 tampon [지혈용 솜뭉치 - 역주]과 같은 가장 진부하고 부적절한 물건들이 펑크의 (반)패션 영역

19　　Ibid., p.xv.

내에 들어올 수 있다. 이성의 안쪽에 있든 바깥쪽에 있는 '자연적'인 맥락과 구성된 맥락 사이의 균열이 분명히 드러나는 한, 모든 것은 Vivien Westwood가 '반목적인 의상'이라고 불렀던 것의 일부로 전환될 수 있을 것이다(즉 규칙은 다음과 같은 것으로 보일 것이다: 모자가 맞지 않더라도 그냥 써라).[20]

　이렇듯 헵디지는 1970년대 영국을 강타했던 펑크(Punk)의 폭발력과 그것을 가능케 한 '반란의 스타일'을 '하위문화'로 설명했다. 그럼 TV의 함의는 어떤 방식으로 분석·도출됐을까?

　피스크는 즐거움을 주로 정신분석학적·신체적·사회적 측면에서 분석하고 있는데, 여기서는 특별히 바르트를 살펴보도록 한다.[21] 피스크가 그 모두를 아우르기 위해 바르트를 논의의 맥락으로 데리고 들어오기 때문이다. 먼저 피스크는 "대중적인 TV를 이데올로기적 통제에 대한 장난기 많은 저항으로 추켜세우"고, TV가 "기호의 민주주의, 곧 소비자로 하여금 TV로 제공되고 있는 즐거움에 대해 어떠한 의미를 만들

20　헵디지, 이동연 역, 앞의 책, 141~146면 — 강조 원저. 당시 영국 펑크 신(scene)에서 선구적 역할을 담당한 것이 바로 비비안 웨스트우드(Vivienne Westwood)와 말콤 맥라렌(Malcolm Mclaren)이다. 맥라렌은 1975년 펑크 밴드 섹스 피스톨즈(Sex Pistols)의 결성에 결정적 역할을 했으며 그 밴드의 매니저를 맡기도 했다.

21　John Fiske, op cit., pp.224~234.

어 나갈지를 결정할 권리를 인정"하고 또 그 "'권리 부여(empowerment)'
의 과정을 통해 소비자한테 보답하는 민주주의"라고 주장한다. 물론 그
가 "즐거움 또한 헤게모니적이며, 그것이 주체를 메시지에 기입한다는
점", 아울러 그 메시지의 특징이 "즐거움이 구조화한 다의성과 교섭"하
는 데서 발생한다는 점을 밝히면서 TV와 시청자 간의 합의-저항 관계를
상정하지 않은 것은 아니다. 하지만 합의보다는 저항에 무게를 더 실어
줌으로써 그는 TV에 씌여 있던 부정적 혐의를 걷어내는 데 집중했다.[22]

또한 피스크는 바르트의 1973년 책, 『텍스트의 즐거움』(Le plaisir du
texte)에 있는 한 대목, "문화와 파괴, 이 둘 다 에로틱하진 않다. 에로틱한
것은 그 둘 사이의 솔기, 결점, 흐름이며, 그것이 에로틱해지는 것이다"
를 인용하며[23] '주이상스(Jouissance)'를 설명한다. "주이상스는 문화가 무
너지는 순간에 발생한다. 성적 절정은 몸이 문화를 벗어나는 순간, 아니
면 적어도 그 벗어남의 출현을 가능케 하는 순간이다. 몸과 그것의 여러
관능성은 주체성에 반대한다. 그것들은 즐거움을 선사하고, 주체한테
선, 또 이데올로기로 이뤄지는 문화 속의 주체 구성에선 발견되지 않는

22 Graeme Turner, *British Cultural Studies: An Introduction* (3rd ed.), Routledge, 2003, p.186.
23 Roland Barthes, *The Pleasure of the Text* (23rd printing, 1998), R. Miller (tr.), Hill & Wang, 1975, p.7.

다."[24] 여기서 에로티시즘은 사회적 통제로서 이데올로기를 벗어나는 방편이자 정신분석학에서 말하는 주이상스다. 주이상스는 사회적 통제가 발생하는 중심의 힘, 또는 그 중심으로 향하려는 힘의 속성을 밖으로 분산하는 또 다른 힘의 원천이 된다. 텍스트를 두고 생각할 때, 주이상스는 텍스트 자체가 유발한다기보다는 독자가 읽기를 통해 경험하는 것이며, 이는 TV에서 제공하는 텍스트에도 마찬가지로 적용할 수 있다.

바르트가 이데올로기를 문화 내의 텍스트 이해에 대해 중심으로 삼았던 초기 작업(예컨대 『신화론』)에서 즐거움(예컨대 『텍스트의 즐거움』)을 전면에 내세우는 쪽으로 전환한 것은 구심적인 것에서 원심적인 것으로 옮겨간 것이다. 즐거움과 관련한 원심적 모델은 "상황 주변에 있는" 다양한 즐거움을 허용하고 구심력에 적극적으로 맞서는 힘의 방향을 시사하는데, 그 구심력은 이데올로기적·사회적 통일성에 있는 통제를 중심 쪽으로 모으려고 시도한다. 따라서 바르트는 텍스트의 단일한 이데올로기를 참조함으로써 텍스트를 설명하려는 노력에서 텍스트를 읽는 순간에 그 텍스트가 제공하는 즐거움의 복수성을 향해 옮겨간다. 즐거움은 그 텍스트가 **유발**할지도 모르지

---

24   John Fiske, op cit., p.229.

만, 그 즐거움은 오직 읽는 와중에 독자가 **경험**할 뿐이다.[25].

이 입장에 영향을 준 또 다른 사상가로는 푸코(Michel Foucault)를 꼽을 수 있다. 그 실마리는 "권력은 아래에서 나온다", "권력이 있는 곳에 저항이 있다"는 푸코의 주장에서 발견된다.[26] 피스크는 이를 적극 수용하면서도 그 한계를 지적하며 자신의 기획을 더욱더 뚜렷이 한다.

> 푸코는 아래에서 위로 향하는 힘의 작동을 주장했다. 하지만 그의 분석적·이론적 에너지 대부분은 위에서 아래로 향하는 권력의 작동을 추적하는 데 쓰였다. 나는 우리가 늘 독자의 이 힘을 종속된 힘, 아래에서 위로 향하는 힘으로 이해한다는 것을 보장하는 일이 중요하다고 믿는다. 그리고 내 주장의 기초가 되는 문화기호학 (ethno-semiotics)이 푸코의 기획에 있는 여러 틈 가운데 하나를 메우리라는 점은 아마 틀림없을 것이다.[27]

하지만 주의해야 할 것은 이 저항이 이데올로기적 통제에 맞서는 것

---

25 Ibid., p.233 ─ 강조 원저; R. 바르트, 김희영 역, 『텍스트의 즐거움』, 동문선, 1997, 54면.

26 Michel Foucault, *The History of Sexuality 1: The Will to Knowledge*, R. Hurley (tr.), Penguin Books, 1998, pp.94~95.

27 John Fiske, op cit., p.249.

같지만 실상 그 통제 자체를 미끄러지듯 비껴가 그 통제 주변에 머물게
돼 버린다는 점, 또 그러면서 저항이라는 사회적 실천 자체를 관념화·무
효화해버리는 것으로 읽힐 가능성이 의외로 높다는 점이다. 아닌 게 아
니라 1980년대 후반 영국의 문화연구에선 대중문화와 그 향유자의 저
항 가능성을 너무나도 중요하게 다룬 나머지 부르주아와 프롤레타리아
트의 계급 구분은 물론, 맑스에 대한 첫 번째 수술의 결과로 등장한 여
러 수정주의적 노선, 예컨대 "알튀세주의의 지배 이데올로기 모델을 그
람시 식으로 수정한 것"마저 폐기 처분해 버리면서 지배 이데올로기의
재생산 메커니즘 따위는 안중에도 두지 않았다.[28] 이는 바르트의 얘기를
통해 직접 확인해 볼 수 있는 것이기도 하다.

　　텍스트의 즐거움은 한 이데올로기를 다른 이데올로기보다 더
좋아하지 않는다[텍스트의 즐거움은 이데올로기를 인정하지 않는
다]. **그러나**: 이 건방짐은 자유주의가 아니라 역용(perversion)에서 비
롯한다: 텍스트, 그것의 읽기는 분열된다. 극복되는 것, 분열되는 것
은 사회가 인간이 생산하는 모든 것에게 요구하는 **도덕적 통일성**이
다. 우리는 (즐거움의) 텍스트를 파리 한 마리가 윙윙거리며 방 안을
맴도는 것 마냥 읽는다: 급작스러운, 우리를 현혹하는 결정적 회전

28　　Graeme Turner, op cit., p.187.

들과 함께, 그것들은 열렬하고 헛되다: 이데올로기는 텍스트 위와 읽기를 마치 얼굴에 띤 홍조처럼 지나쳐간다(사랑에 빠져, 어떤 이는 에로틱한 즐거움을 이 붉은 빛 속에서 음미한다); 즐거움의 작가는 모두 이런 멍청한 홍조를 띠고 있다(발작, 졸라, 플로베르, 프루스트: 어쩌면 오직 말라르메만 자기 살갗의 주인일 것이다): 즐거움의 텍스트 속에서, 서로 대립하는 힘들은 이제 더 이상 억압받지 않는, 생성의 상태에 있다: 모든 것은 복수로 존재한다.[29]

　과연 텍스트라는 것이, 또 그것을 읽는 행위라는 것이 그렇게나 낭만적일 수 있는 것일까? 물론 텍스트의 즐거움과 즐거움의 텍스트가 그것을 읽는 사람한테 뭔가 특별한 경험을 선사하는 것은 사실이다. 사람들이 흔히 말하는 '스탕달 신드롬'이라는 것도 그런 특별한 경험 가운데 하나일 것이다. 하지만 그 경험은 다분히 유토피아적 성향을 띤다. 목가적이다. 그 경험은 사람들이 얘기하는 노동에서 오는 것이 아니다. 차라리 여가에 가깝다. 여가의 세상, 그 가상의 유토피아, 가상이 아니라면 일시적이고 잠정적인 유토피아에서 대립하는 힘들 따위는 상정할 필요조차 없다. 이 텍스트의 즐거움과 즐거움의 텍스트를 만끽하며 "바르트는 프

29　Roland Barthes, op cit., p.31; 바르트, 김희영 역, 앞의 책, 79~81면 ─ 강조 원저.

루스트를 스탕달의 텍스트 속에서 읽는다."[30] 그러는 동안 맑스주의의
'계급투쟁' 테제는 쓸모없는 것으로 되어 버린다.

> 사람들은 흔히 말한다: "지배적 이데올로기". 이 표현은 부적
> 절하다. 이데올로기가 무엇인가? 이데올로기는 바로 이념이다. **그것**
> **이 지배하는 한**: 그때 비로소 이데올로기는 지배적이다. 피지배 계
> 급이 분명히 있기 때문에 "지배계급의 이데올로기"를 말하는 것이
> 옳다면, "지배적 이데올로기"라고 말하는 것은 정합적이지 않다. 피
> 지배 이데올로기는 존재하지 않기 때문이다; 지배당하는 사람들한
> 테는 아무것도, 아무 이데올로기도 없다. 만약 그 이데올로기가 바
> 로 자신들을 지배하는 계급한테서 빌려 와야만 하는(상징으로 만들어
> 서 살기 위해) 이데올로기가 아니라면 말이다 — 이것이 소외의 최종단
> 계다. 사회적 투쟁은 적대적인 두 이데올로기의 투쟁으로 환원할 수
> 없다. 따라서 모든 이데올로기의 전복, 그것이 문제다.[31]

이 논리는, 이데올로기라는 것은 지배계급에 복무하는 이념일 때

---

30   Michel de Certeau, op cit., p.xxi. 드 세르토는 여기서 바르트의 『텍스트의 즐거움』, 불어
      판 58면을 참조한 것으로 밝히고 있다.

31   Roland Barthes, op cit., pp.32~33; 바르트, 김희영 역, 앞의 책, 80~81면 — 강조 원저.

만 이데올로기가 되기 때문에 피지배계급한테는 이데올로기라는 것이 있을 수 없다는 쪽으로, 또 그런 까닭에 이데올로기만 따로 떼어서 볼 때 이를테면 이데올로기의 위상학이나 유형학(the topology or typology of ideologies) 같은 것은 큰 문제가 되지 않는다는 쪽으로 귀결한다. 논리만 놓고 볼 때는 별 무리가 없어 보일 뿐더러 소외를 애기하는 부분은 많은 공감을 불러일으키기까지 한다.

그러나 여기엔 크게 두 가지 문제가 있다. 첫째, 바르트는 '적대적 두 이데올로기의 투쟁'에 내재해 있는 환원론적 속성 때문에 그 투쟁에 상정돼 있는 이항 대립은 해체하지만 그 과정에서 지배계급과 피지배계급의 이항 대립은 여전히 존속시키고 있다. 만약 '적대적 두 이데올로기'가 적대적 두 계급한테서 떨어져 나온 것, 곧 '지배적 이데올로기'와 '피지배적 이데올로기'를 뜻한다면, 그래서 그것들의 자체적인 존립 근거가 부재함에 따라 그 적대 관계가 해체돼야 한다는 논리라면 남는 거라곤 지배계급과 그 계급의 이데올로기, 피지배계급 밖에 없다. 결국 지배계급과 피지배계급 간의 변증법적 관계가 안고 있는 모순은 해결하지 못한 채 그 둘을 여전히 이항 대립의 구도 속에 병치해 두고 있는 것이다.

둘째, 만약 모든 이데올로기를 전복해야 하는 주체가 피지배계급이라면 그 전복을 위한 저항적 실천의 추동력은 어디서 나오게 되는가? 답을 하려면 이데올로기의 위상학뿐 아니라 이데올로기의 유형학도 필요하다. 이데올로기는 기본적으로 이데올로그의 이념이자 신념이다. 그리고 그것은 그 사람이 사회에서 '어떤(what type of)' '자리(topos)'를 잡고 있느냐에 따라, 또 '어떤' '이야깃거리(topic)'를 갖고 있느냐에 따라 달라진다. 이데올로기의 위상학과 유형학에 어떤 기준(criteria)이 있어야 한다면 그건 응당 그런 것들이 돼야 할 것이다. 이것이 피지배계급한테 없다는 것은 퍼뜩 알아듣기 힘든 얘기다. 피지배계급한테는 어떤 이데올로기도 없다는 바르트의 말이야말로 본질주의적이고 환원주의적이지 않을까? 피지배계급에 이데올로그는 아무도 없을까?

다시 저항적 실천의 추동력 문제로 돌아가 보자. 실지로 이 문제는 피스크한테서 한층 더 심각하게 드러난다. 그의 말대로 저항이 TV라는 즐거움의 텍스트와 그 텍스트를 읽는 즐거움에서 생겨난다고 치자. 그렇다면 그 저항이란 것, 또 TV라는 대중문화 생산물의 무차별적 배출구 앞에서 할 수 있는 그 저항의 위상과 유형은 과연 어떤 것이 될까? 답은 간단하다. 그것은 사적(私的)이다. 일신상의 영역(personal sphere)에서 일어나는 것이다. 읽기(reading; interpretation) 행위는 물질적·공간적이기보단 관념적·시간적인 실천이다. 그렇기에 그 행위를 실천으로 부를 수 있으려면 그것은 공공(public) 영역과 정책(policy) 영역으로 뻗어나가기 위한 '예비적' 실천이 돼야 한다. 그렇지 않을 때, 읽기는, 그 대상과 행위가 아무리 즐거움으로 가득하더라도, 탈사회적·탈역사적인 것, 곧 선험적인 것이 된다. 미첼(Don Mitchell)은 천안문 광장의 확성기에 맞서 워크맨으로 음악을 듣는 일신상의 저항 행위[32]를 비판하면서 이렇게 말한다.

> … 듣기(또는 부적절하게 듣기)를 통한 … 저항은 특정한 지리에
> 의존한다는 사실에 주목해야만 한다. … [그 저항은] 저항을 위한 공
> 적 공간을 필요로 한다. 공식적인 가사를 무시하는 집단적 경험은
> 춤을 추며 다른 이들을 바라보고 몸을 부비면서 집단적인 힘을 창출
> 할 수 있는 공간을 필요로 한다. 나아가 워크맨 착용자는 그 같은 저
> 항을 현실화하기 위해서 반드시 공공 공간에서 실행해야만 한다. 저
> 항은 결코 사적일 수 없다. 그렇다면 논점은 무엇인가? 문제는 위와
> 같은 문화적 저항의 모델에 커다란 한계가 있다는 것이다. 초우가
> 묘사하는 종류의 저항이 불공정한 권력구조의 수용을 전제로 한다
> 는 점은 일단 차치하더라도(결국, 누군가는 워크맨, CD, 콘서트 티켓을 사야
> 만 하고, 이는 문화의 특유한 상품화와 특정적이고도 체계적인 노동 착취를 강화한
> 다), 불완전하고 소형화된 저항은 파편화와 개인화를 극복해야 할 문
> 제라기보다는 성취돼야 할 목표로 취급한다. 공격의 대상은 소규모
> 그 자체가 아닌데도 위와 같은 저항은 소규모 전술을 유일하게 현실

---

32   Rey Chow, "Listening otherwise, Music Miniaturized: A Different Type of Question
     about Revolution", *The Cultural Studies Reader* (2nd ed.), S. During (ed.), Routledge,
     1999, pp.462~476.

적인 양식으로 격상한다.[33]

실지로 1990년대 영국에선 이 같은 비판적 입장이 이미 활발히 전개
되고 있었다. '신수정주의'에 대한 비판이 본격적으로 시작한 것이다.

2.3. 신수정주의 비판: 포스트모던,
그리고 맑스주의의 역사적 모순(1990년대~현시대)

1980년대까지 영국 문화연구가 저항과 즐거움을 중심에 둔
대중문화 연구에 몰두하면서 정통 맑스주의는 물론 그람시, 알튀세, 프
랑크푸르트 학파 같은 여러 수정주의적 노선에서도 상당히 멀어졌기 때
문에 그러한 비맑스주의적 경향은 이른바 '신수정주의(New Revisionism)
로 비판당하게 된다.[34] "1990년대 초, 신수정주의에 대한 여러 비판이 원

---

33 Don Mitchell, *Cultural Geography: A Critical introduction*, Blackwell, 2000, pp.151; D.
   미첼, 류제현 외 역, 『문화정치, 문화전쟁: 비판적 문화지리학』, 살림, 2011, 339~340면,
   [] 글쓴이. 이 얘기는 드 세르토의 전략과 전술을 소개·비판하기 직전에 등장한다.

34 이 용어는 다음에 가장 먼저 등장하는 것으로 보인다. Jamens Curran, "The New
   Revisionism in Mass Communication Research: A Reappraisal", *European Journal of
   Communication* Vol.5, No.2, 1990, pp.130~164. Graeme Turner, op cit., p.188. 아울러
   앞으로 해 나갈 논의를 환기하는 차원에서 신수정주의에 대한 균형 잡힌 언급을, 좀 길지
   만 일단 적어둘까 한다. "1990년대 이후의 대중문화 논의가 수용에 초점을 맞추고 수용

기왕성하고 빈번하게" 일어난 것이다.[35] 그 비판의 한 예를 보자.

그것[최근의 문화연구]은 차별의 복원이 아니라 문화 민주주의의 진작을 말한다. 그것은 차이를 존중하고, 대량문화를 진부함의 거대한 기계가 아니라 원재료로 보는데, 그 재료는 다양한 대중적 실천을 위해 확보하게 된 것이다. "그것"이라고 말하면서, 나는

에서 생길 수 있는 저항 등에 과도하게 집착한다고 해서 신수정주의(New Revisionism)라고 부르기도 했다. 신수정주의라는 호칭에는 폄하의 의미가 들어 있다. 맑스주의 등에서 말한 대중문화 논의에서 멀리 떨어져 있음을 뜻한다. 신수정주의로 지칭되는 대중문화연구, 이론은 대중문화 수용 과정에서 벌어지는 수용자의 창조적 소비, 수용을 통한 재창조, 수용을 통한 정체성 구축에 초점을 맞춘다. 이 같은 모든 시도가 모든 비난을 감수해야 할 만큼 단점을 지니고 있는 것은 아니다. 문화산업 생산물 자체를 대중문화로 파악했던 과거 논의에서 진일보한 면이 있다. '대중문화 = 문화산업 생산물' 논의는 대중문화의 정치경제적 조건이나 텍스트 구성에 치중해 빈 연결 고리를 노정할 수밖에 없었다. 수용자의 문화 상품 수용, 해석에 대한 논의를 놓치고 있었다. 신수정주의는 바로 그 빈 여백을 찾아 나섰다는 점에서 의미를 지닌다. 수용자의 수용과 해석에만 치우쳤다는 비판이 있긴 하지만 과거 논의가 수용자 해석 과정, 수용자 능동성을 감안하지 않았음에 비춰 본다면 균형을 잡아가는 과정이라고도 할 수 있다. 1990년대 식 신수정주의 논의가 드러낸 문제점이 있다면 자칫 대중문화에 면죄부를 주는 예찬론으로 흘러갈 위험성일 것이다. 신수정주의 논의는 문화 상품을 전혀 새롭게 이용하는 수용자의 문화행위에 집중하면서 그 행위를 예찬하는 것에 집중하기도 했다. 문화상품을 생산해 내는 문화산업의 의도와 다르게 수용하는 모습에는 능동적이며 창조적이고, 저항적이라고 이름을 붙여주었다. 대중문화의 앞 과정은 생략하고, 뒤의 수용과정만 부각시키는 편향성을 띠고 있었다." 원용진, 앞의 책, 83~84면.

35 Graeme Turner, op cit., p.188.

다양한 텍스트와 주장을 어떤 단일한 독립체로 취급하고 있다. 이
는 늘 부정확하고, 격론을 일으키는 방식으로 "통합하는 것"이고, 모
든 개별 항목에 불공평하다. 그러나 지난 몇 해 동안 때때로 『신사회
주의자』(*New Socialist*)와 『오늘날의 맑스주의』(*Marxism Today*) 같은 잡
지를 심란하게 읽거나, 『문화연구』(*Cultural Studies*)의 책장을 휙휙 넘
기거나, 서점에 있는 팝-이론 더미를 훑어보거나 할 때 나는 이런 느
낌을 받는다. 영국의 어떤 출판업자한텐 지하금고가, 그 금고 어딘
가엔 마스터 디스크 한 장이 있다. 거기선 즐거움, 저항, 소비의 정치
학과 관련한, 똑같은 논문의 수천 가치 형태가 다른 이름을 하고 대
수롭지 않은 변화를 지닌 채 나와서 흘러넘치고 있다. 미국과 호주
사람들도 이 기본적인 팝 이론 논문을 재활용하고 있다. 바꿔 말하
면 거기엔 어쩌면 중대한 변화가 있을지도 모른다. 영국의 팝 이론
이 여전히 적어도 어떤 좌파적 대중주의(popul*ism*), 곧 대처주의의 대
재앙에서 삶의 의미를 구해 내려고 시도하고 있는 그 주의의 지위를
명목상 누릴 만하다는 변화가 있을지도 모르겠다는 말이다. 일단 그
맥락에서 잘려 나가 자유롭게 되고, 상품이 늘 그런 것처럼, 꽤 상이
한 여러 정치 문화에서 재활용될 때 그 포퓰리즘에서 흔적으로 남아
있는 **비판** 세력은 사라지거나 돌연변이가 되는 경향을 띤다.[36]

---

36 Meaghan Morris, "Banality in Cultural Studies", *Logics of Television: Essays in Cultural*

마치 아도르노와 호르크하이머(Theodor Adorno & Max Horkheimer)의 문화산업론을 연상케 하는 논조엔 '비판'의 중요성이 담겨 있다. 사실 비판은 거대 담론의 몫이었다. 그것은 역사의 틀에서 인류와 사회를 사유하면서 감당한 것이었다. 하지만 포스트포드주의의 생산방식, '다품종 소량생산'과 '글로벌 어셈블리 라인'이 문화연구의 전 지구적 '이론시장'에 적용되면서 비판과 비판정신은 제자리를 찾긴커녕 유령이 되어 세상을 떠돌거나 시대에 결탁한 돌연변이가 되어 자신이 정상인 양 으스대고 있다. 문화연구에서 인류·역사·사회가 온데간데없어지고 심지어 비판마저 사라져 버렸다. 남은 것이라곤 문화민주주의, 곧 문화상대주의를 예찬하고 소비를 통한 대중문화의 파편적 저항 가능성을 분석하는 일 뿐이다. 위 인용은 이 같은 암울한 현실을 직시, 비판하고 있다.

그렇다면 이런 비판을 초래한 혐의는 대체 누구한테, 무엇에 있을까? 맥기건(Jim Mcguigan)은 자신의 1992년 저서, 『문화 포퓰리즘』에서 명쾌한 분석을 내어 놓는다. 앞서 던진 질문에 답하기에 앞서 그가 영국 문화연구를 어떻게 개관하고 어떤 문제제기를 하는지 잠깐 살펴보면, 첫째, 윌리엄스, 홀, CCCS를 통해 "영국 문화연구 특유의 접근으로 알려지게 된 것의 형성은 대중적 정서에 뿌리를 내리고 있다". 둘째, "문화 포퓰리

Criticism, P. Mellenkamp (ed.), The British Film Institute, 1990, p.21 [Originally published in *Block* Vol.14, 1988]. ─ 강조 원저, [ ] 글쓴이.

즘이 일원화된 현상은 아니다". 셋째 "'대량문화 비판'에서 지각된 엘리
트주의에 대해선 아주 상이한 반응 두 가지를 추적"할 수 있는데, 하나
는 "대량문화를 '생산주의적'으로 반대하는 움직임"이었고, 다른 하나
는 "부지불식간에 '대중'문화와 '대량'문화의 낡은 구분을 '소비주의적'
으로 제거하는 쪽으로 말려드는 일"이었다. 넷째, "영어권 문화연구에
서 후자의 궤적이 주류로 편입하고 주류 입장이 되었다고 주장할 수 있
다". 다섯째, "이 소비주의적 입장, 곧 문화 포퓰리즘을 주도적으로 비판
하는 이들이 '신수정주의'라는 별명을 붙인" 이 입장에 대해선 "문화의
정치경제적 관점에서 문제를 제기"한다.[37] 이로써 맥기건의 입장이 신수
정주의를 비판하는 쪽에 있다는 것은 분명해졌다.

이제 미뤄놨던 답을 하도록 하자. '신수정주의에 대한 매서운 비판이
겨냥하는 곳은 어디인가?' 답은 "문화와 정치의 딜레마"라는 제목의 5
장 첫머리에서 맥기건이 "이 책의 중요한 비판적 주제"로 설명하는 것
네 가지와 직접적 관련을 맺고 있다.[38] 이에 터너가 맥기건의 논의를 요
약하면서 해 놓은 설명을 덧붙이면 '문화와 정치의 딜레마'를 좀 더 분명
히 이해할 수 있게 된다. 또한 다음의 표와 관련한 논의에서 유념해야 할

---

37   Jim Mcguigan, *Cultural Populism*, Routledge, 1992, p.5. 세 번째 요점에서 '엘리트주의'
      는 프랑크푸르트 학파, 특별히 아도르노를 겨냥하고 있는 것으로 보인다.

38   Ibid., p.171.

것 하나는 맑스와 그의 사상이 부활의 조짐을 보인다는 것이다.[39]

〈표 1〉『문화 포퓰리즘』: 문화와 정치의 딜레마

	맥기건	터너
1	현시대 문화연구에서 무비판적인 포퓰리즘의 추이가 확인됐다.	
2	문화 포퓰리즘이 보통 사람과 맺은 결속은 점점 더 정서적으로 돼 갔다. 문화적 장에서, 지배 권력과 경합하는 일에서 퇴각하면서 포퓰리스트들은 아래에서 공간을 차지하는 보통 사람들의 역량과 맺은 연대감의 특질을 분명히 피력한다.	그 결과 점점 더 무정치적으로 되었다.
3	의미의 미시-과정과 정치경제의 거시-과정의 분립이 당연하게 여겨진 것은 문화 포퓰리즘이 설명적 수준에서 갖는 여러 한계의 이유 중 하나다.	문화 포퓰리즘에는 그 과정[의미의 미시-과정]의 정치적 효과를 과대평가하는 경향이 있고, 문화 포퓰리즘은 그 정치적 효과를 추켜세운다.
4	'포스트모던 조건'(아니면, 조금 일상적이기는 하지만 썩 그렇진 않은 표현을 쓰자면 '새로운 시대')에 대한 반응으로 비판의 타당한 이유가 해체됐다.	이 말로 맥기건이 뜻하는 바는 포스트모더니티 관련 이론들이 문화연구의 '소비주의적' 추세를 가중했다는 것이다.

---

39   표의 왼쪽 및 오른쪽 내용의 출처는 각각 다음과 같다. Jim Mcguigan, op cit., pp.171~172
     ─ 강조 원저; Graeme Turner, op cit., p.188 ─ [ ] 글쓴이.

첫째부터 셋째까지는 앞서 살펴본 맥기건의 영국 문화연구 개관 및 문제제기와 깊은 연관성을 띤다. 단 하나, 차이가 나는 것은 바로 포스트모던 관련 논의다. 앞의 세 가지도 중요하지만, 여기선 '신수정주의에 대한 매서운 비판이 겨냥하는 곳'으로 포스트모던을 상정하고 얘기를 이어 나간다. 맥기건은 계속해서 자신의 주장을 펼친다.

> … 포스트모더니즘과 신수정주의 간의 연계는 오직 암암리에 이뤄졌다. … 리오타르(Jean-Francois Lyotard, 1984)가 '거대 서사'의 붕괴, 특별히 맑스주의뿐 아니라 '진보' 전반에 걸친 계몽적 발상의 붕괴를 공표한 일에(1984) 최근의 문화 포퓰리즘이 공명하고 있다. 하지만 세계를 비판하고 변화시키는 것의 합리적 근거에 대한 이 급작스런 패소(敗訴)가 보통 사람의 경험을 어느 정도까지 재현하는지는 불분명하다. 내가 이미 시사했듯이 연구 영역의 무비판적 이행은 대부분 혹평(hyper-criticism)의 전도에서 비롯하는데, 이는 현대 매체 및 대중문화와 관련한 지배 이데올로기 테제로 예증된다.[40]

여기서 뚜렷이 목격할 수 있는 것은 문화 포퓰리즘으로서 문화연구가 맞닥뜨린 위기다. 1980년대, 신수정주의가 맑스주의와 거리를 둠으

---

40   Jim Mcguigan, op cit., p.172.

로써 이론의 사회적 기능인 비판과 그것을 근거로 한 실천 및 사회 변혁의 추동력을 상실한 데서 찾아온 위기다. 더군다나 냉전(冷戰)의 공식적인 종식으로 승전(勝戰)한 자유주의-자본주의는 '역사의 종언' 테제를 주창하고 그 와중에 신자유주의는 한층 더 강력한 맹위를 떨치기까지 한다. 그 와중에 보통 사람(the ordinary), 노동자는 더더욱 힘겨운 나날을 살게 된다. 특별히 영국의 경우, 1990년 대처의 사임은 그 사람들의 삶에 별다른 영향을 끼치지도 못했다. 이른바 영국병(British Diseases)을 상징하던 탄광노조의 해체(1984~1985), 또 와핑 사태(1986)를 통한 인쇄노조의 해체를 겪는 동안 노동자의 삶은 이미 피폐해질 대로 피폐해져 있었고, 그 반대급부로 머독(Rupert Murdoch) 같은 미디어 재벌, 신자유주의의 괴물이 탄생한다. 이런 국면에서 신수정주의가 일찌감치 사장된 계급투쟁 테제에 더해 이데올로기 논의까지 전면 폐기하다시피 하면서 노동자의 삶을 이론의 장에 출현시키지 못한 것은 어찌 보면 당연한 일이다. 한번 더 말하지만, 그 무기력함에 일군의 포스트모던 논객이 큰 역할을 담당했음은 명백하다. 그랬기에 포스트모던에 대한 신랄한 비판이 등장한 것도 무리는 아니었던 것이다. 예를 하나 더 들어 보면, 1993년, 사이드(Edward Said)는 BBC TV 교양강좌 시리즈[Leith Lectures]에서 포스트모더니즘을 아주 강력하게 비판한다.[41]

---

41 사이드가 푸코와 맺고 있는 이론적 관계 때문에, 또 그 관계를 바탕으로 한 그의 포스트

지식인의 행위에는 인간의 자유와 지식을 향상시키기 위한
의도가 담겨 있어야 합니다. 이 점은 여전히 옳다고 나는 믿습니다.
프랑스의 현대철학자 리오타르가 지나간 "근대" 시기와 연관된 영
웅적 야심이라고 말했던 "해방과 계몽에 대한 거대 담론"이 오늘날
과 같은 포스트모더니즘의 시대에는 더 이상 유효할 수 없다는 비
난의 목소리가 커지고 있는 현재에도 말이지요. 이 비난의 목소리
에 따르면 거대 담론은 지역적인 여러 상황과 언어 게임으로 대체됐
다고 합니다. 이제 포스트모던 시대의 지식인은 진리나 자유와 같은
보편적 가치가 아니라 경쟁력을 중요시하게 되는 것입니다. 나는 리
오타르와 그의 동료들이 포스트모더니즘 이후에도 여전히 지식인들
한테 남겨진, 매우 광범위한 일련의 가능성을 검토하기보다는 그들
스스로 게으르고 무능력하다는 점을, 아마도 지식인의 역할에 대해
관심조차 없음을 인정하고 있다고 생각합니다. 여전히 많은 국가가
국민을 억압하고 있고, 심각한 오심(誤審)이 벌어지고 있고, 권력자는
지식인을 포섭하고 길들임으로써 이들의 목소리를 효과적으로 잠재

콜로니얼 이론 때문에 그를 포스트모던 계열에 놓고 보는 시각이 지배적일지도 모르겠
다. 하지만 적어도 지성인의 역사사회적 역할, 곧 인류의 보편적 가치를 찾고 그것을 추
구하는 그 사명만 놓고 따져본다면 그는 오히려 모더니스트에 가까울 것이다. 맑스주의
의 계급투쟁 노선을 견지하는 것 같진 않지만 포스트콜로니얼리즘의 맥락에서 그람시의
'유기적 지식인' 개념을 적극 수용하고 있기 때문이다.

웁니다. 이에 따라 지식인이 자신의 소명에서 벗어나는 일이 흔하게 벌어지고 있습니다.[42]

이것이 비단 영국 문화연구의 문제인 것만은 아니었다. 1990년대 이후부터 지금에 이르기까지, 이론과 지성인의 사회적 역할 자체가 크게 흔들리게 되면서 좁게는 좌파 지성인, 넓게는 지성인 전반이 무기력해져 있다. 물론 지금껏 봐 온 것처럼 문화연구와 지성계의 자성적 움직임이 현시점까지도 꾸준히 이어지고 있음 또한 사실일 것이다. 그런데도 상황은 크게 나아지지 않았다. 지금 이 순간조차 신자유주의의 거센 바람은 노동자의 살을 에고 있다. 현시대의 문화연구자를 비롯한 지성인, 특별히 자신을 좌파 지성인으로 규정하는 사람 또한 자신의 삶에서 마주해야만 하는 그 광풍을 견디기 위해 고군분투(孤軍奮鬪)하고 있다. 그 사람들 대다수도 노동자이거나 산업예비군이기에 노동자 계급 전체를 아예 죽지도 살지도 못하도록 들들 볶는 이 시대에 아파하고 있는 것이다. 이 비극을 두고 하비(David Harvey)는 이렇게 정리한다.

자신의 과거와 아무런 급진적 단절도 이뤄내지 못하는 무능,

---

42 Edward Said, *Representations of Intellectuals: 1993 Keith Lectures*, Vintage Books, 1994, pp.17~18; E. 사이드, 최유준 역, 『지식인의 표상: 지식인이란 누구인가?』, 마티, 2012, 31~32면.

아니면 저성장·정체·고실업률의 불만스런 위기와 채권소유자에 대한 국가 주권 상실에서 실현가능한 출구를 규정하지 못하는 무능이 비단 자본주의 엘리트와 그네들을 떠받드는 지적·학적 시종들한테 있기만 한 것은 아니다. 전통 좌파 세력(정당과 노조)도 자본의 권력에 확고한 반대를 전혀 시작하지 못한다는 점에서는 똑같이 무능하다. 삼십 년 동안 우파한테서 받은 이데올로기적·정치적 공격에 그 사람들은 두들겨 맞아 부서졌고, 그러는 동안 민주적 사회주의는 믿음을 잃었다. 실재하던 공산주의는 낙인이 찍힌 채 붕괴했고, 엎친 데 덮친 격으로 1989년 이후 '맑스주의의 죽음'으로 상황은 더욱 악화했다. 지금 급진 좌파한테 남아 있는 것은 대부분 제도적이거나 조직된 저항 경로 바깥에서 작동하는 것이다. 소규모 행동과 지역 행동주의가 궁극적으로는 만족할 만한 거시적 대안이 될 수 있다는 믿음을 가진 채 말이다. 이 좌파, 이상하게도 반국가주의라는, 자유지상주의적이면서 심지어는 신자유주의적이기까지 한 그 윤리에 공명하는 이 좌파는 예컨대 미셸 푸코, 그리고 포스트모던의 파편들을 재조립한 모든 사람의 손에 컸으며, 그 모두는 대부분 불가해한 포스트-구조주의, 곧 정체성 정치는 선호하고 계급분석은 회피하는, 그 주의의 기치 아래 모여든 이다. 자율주의적·아나키즘적·로컬리즘적 관점과 행동은 어디에서나 분명히 두드러진다. 하지만 이 좌파가 힘을 거머쥐지 않은 채 세계를 바꾸려고 노력하는 한, 그 결과는

점점 더 확고해진 금권정치의 자본주의 계급이 제약 없이 세계를 지
배하는 자신의 능력에 도전 받지 않은 채 남아 있는 것이 된다. 이 새
로운 지배계급은 보안국가와 감시국가의 도움을 받는데, 그 국가는
모든 형태의 반대를 대테러주의의 이름으로 진압하기 위해 자신의
공권력을 쓰는 일에 아무런 거리낌이 없다.[43]

　월리엄스가 「문화는 평범한 것이다」에서 영국 노동자들이 교육 기회
를 제공 받지 못한 채 "무지한 대중"이 돼 버렸다고, 그래서 그 사람들이
"영국 문화에서 제외됐다고 계속 말하는 것은 넌센스다"고 말한 지, 또
"맑스주의자들이 우리는 죽어가는 문화 속에서 살고 있으며 대중은 무
지하다고 말할 때 나는 그 사람들한테 물어야 한다. … 도대체 그 사람들
이 어디에 살았느냐고. 죽어가는 문화, 그리고 무지한 대중은 내가 알고

43　David Harvey, *Seventeen Contradictions and the Of Capitalism*, London: Profile Books,
　　2014, pp. xii-xiii; D. 하비. 황성원 역, 『자본의 17가지 모순: 이 시대 자본주의의 위기와
　　대안』, 동녘, 2014. 정말이지 뼈아픈 현실이다. 당장이라도 지금 이 글이 쓰이고 있는 컴
　　퓨터 화면 앞을 박차고 일어나 다시는 책과 연필을 집어 들고 싶지 않다. 다시는 백지를
　　채워나가야 한다는 짓눌림과 그것에 따른 두려움도 느끼고 싶지 않다. 하지만 그런 만큼,
　　아니 오히려 그 마음보다 더더욱 강한 마음으로 현실을 직시해야 한다. 당장은 짓누르고
　　옥죄기만 하는 그 백지를, 두려움 가득한 그 백지를 마주해야 한다. 이 모순에서 한 발짝
　　이라도 걸어가야 한다. 그렇지 않으면 안 그래도 불안한 정신이 자본에 몽땅 잡아 먹혀버
　　릴 지도 모른다. 정말이지 정신 바짝 차리고 이 백지를 마주해야 한다.

있고 보는 것이 아니다"고 말한 지 반세기가 훌쩍 지났다.[44]

톰슨이 『영국 노동계급의 형성』의 「머리말」에서 "나는 계급을 어떤 역사적 현상으로 이해하고 있다. 그것은 생생한 경험자료상으로나 의식상으로나 서로 분리돼 있고, 서로 연결돼 있지 않은 것처럼 보이는 여러 사건을 하나로 통합하는 현상이다", "계급이란 개념엔 역사적 관계란 개념이 뒤따른다", "계급적 경험은 사람이 태어나면서부터 맺게 되는, 바꿔 말하면 자신의 의도와는 상관없이 그 속에 들어가게 되는 그러한 생산관계에 따라 주로 결정된다. 계급의식이란 이러한 경험이 문화적 맥락에서 조정되는 방식, 곧 전통·가치체계·관념·여러 제도적 형식 따위로 구체화되는 방식이다"고 말한 지도 얼추 반세기가 지났다.[45]

그동안 세상은 이루 말로 다 할 수 없을 정도로 변했다. 당시 윌리엄스와 톰슨이 고급문화와 저급문화의 경계를 지우고, 영국의 경험론적 전통과 맑스주의를 절합하려 애쓰면서 찾아보고자 했던 것은 대중문화의 자발적 생성 가능성이었다. 그 후 영국 문화연구에서 맑스와 맑스주의는 거의 자취를 감추다시피 했고, 신자유주의와 포스트모더니즘이 기승을 부리던 1980년대 말과 1990년대 초, 그 정도는 극에 달했다.

---

44 Raymond Williams, op cit., pp.7~8.

45 Edward P. Thompson, *The Making of the English Working Class*, Pelican, 1963; E. P. 톰슨, 나종일 외 역, 『영국 노동계급의 형성』(상), 창작과 비평사, 2000, 6~7면.

하지만 그 정점에서 맑스와 그의 사상이 부활의 조짐을 보이기 시작했다는 점 또한 부인하기 힘들다.[46] 이제 다시 맑스를 볼 차례다.

3. 맑스와 문화산업론

3.1. 일상생활, 역사, 계급투쟁: 생산관계와 생산력들의 변증법

문화연구에서 역사가 사라져 버린 지금, 계급투쟁 테제의 중요성도 함께 사라져 버렸다. 부르주아지와 프롤레타리아트라는 두 계급 간의 투쟁이 논의 대상에서 자취를 감춰 버린 것이다. 그렇기에 역사 없이, 계급투쟁의 당위성 확보를 위한 노력 없이, 일상생활만 들여다보기 일쑤인 문화연구의 행태는 비판적으로 고려돼야 마땅하다. 문화연구의 일상생활 접근에 대해 '메타 비판'이 필요한 까닭이 바로 여기에 있다. 우선은 맑스·엥겔스한테서 그 실마리를 찾아본다.

---

46   '대안 따위는 없다(TINA: There is no alternative.)'는 말이, 정말로 귀에 못이 박혀 버릴 정도로 들려 온 이 시대에 '정말 대안 따위는 없는 것일까?' 하는 자문에서 '어떻게든 대안을 찾아 내고야 말겠다!'는 다짐까지, 그 모든 것은 가슴에 피멍이 들 정도로 고통스럽기만 하다.

우리의 출발점이 되는 전제들은 결코 자의적인 전제들이 아
니고, 독단들도 결코 아니며, 오직 상상 속에서만 도외시될 수 있을
현실적 전제들이다. 그것은 현실적 개인들, 그들의 행동 및 그들의
물질적 생활 조건들 — 기존의 생활조건들뿐만 아니라 그들 자신의
행동에 의해서 산출된 생활 조건들까지 — 이다. 이러한 전제들은 따
라서 완전히 경험적인 방식으로만 확인될 수 있다.[47]

맑스와 엥겔스가 「독일 이데올로기」(1845~1846)에서 전제하고 있는
것, 이것이 바로 일상생활이다. '현실적 개인들, 그들의 행동 및 그들의
물질적 생활 조건들'을 '일상생활'이란 말로 풀지 않으면 대체 어떤 다
른 말로 풀 수 있을까. 더욱더 중요한 것은 역사의 변증법적 전개, 그것
도 중층적인 전개다. 맑스와 엥겔스는 자의성·과학성, 선험성·경험성,
추상성·구체성 사이의 모순을 만들어 내며 그것을 역사 발전과 관련한
주요 논의의 추동력으로 삼고 있다. 바로 이런 까닭에 "몇몇 맑스주의자
가 이 방법론적 지점, 곧 현실에 토대를 두고 있는 것이 전부일 뿐 아니
라 추상적 과정과 구체적 삶 사이에 존재하는 여러 관계 — 여러 분리 —

---

47   K. 맑스·F. 엥겔스, 최인호 역, 「독일 이데올로기」, 『칼 맑스·프리드리히 엥겔스 저작 선
      집』 제1권, 박종철출판사, 1992, 196~197면.

를 극복하는 것이 전부인 이곳을 가슴 속 깊이 받아들이게 된" 것이다.[48] 일상생활을 통해선 방법론적 거점이 도출되고, 거기선 역사 파악의 전거, 곧 사회적 관계의 총체성(ensemble)이 마련된다.

역사는 사회적 관계의 총체성에서 파악돼야 한다. 그리고 그것은 "역사의 유물론적 구상"에서 첫발을 내딛는다.[49] 그렇다면 역사를 유물론적으로 구상한다는 것은 과연 무슨 뜻일까? 그것은 "의식(das Bewußtsein)은 결코 의식된 존재(das Bewußte Sein) 이외의 어떤 것일 수 없으며, 인간들의 존재는 그들의 현실적 생활 과정이다"는 말, "의식이 생활을 규정하는 것이 아니라 생활이 의식을 규정한다"는 말을 깊이 새기는 것과 같다.[50] 이것이 선결돼야 한다. 그래야 이데올로기, 곧 탈역사적이고 비과학적인 지배계급의 이데올로기가 걷히고, 그렇게 나타난 현실 속에서 노동자의 삶·현실·일상생활은 비로소 참모습을 드러낸다. 요컨대 인류라는 유적 존재의 가장 중요한 특질 중 하나인 '노동'을 설명할 수 있는 역사는 오직 '역사의 유물론적 구상'에서 시작해야 하는 것이다.

---

48 Kanishka Goonewardena, "Marxism and Everyday Life: On Henri Lefebvre, Guy Debord, and Some Others", *Space, Difference, Everyday Life: Reading Henri Lefebvre*, K. Goonewardena et al. (eds.), Routledge, 2008, p.118.

49 Gareth Stedman Jones, "Preface", *The Communist Manifesto* (Penguin Classics), Penguin Books, 2002a, p.7.

50 맑스·엥겔스, 최인호 역, 앞의 책, 202면.

하지만 그렇다고 해서 역사를 깔끔히 설명할 수 있게 되는 것은 결코 아니다. 자본주의라는 역사사회적 조건이 있기 때문이다. 이 조건에서 두 가지 중대한 모순이 생겨나고, '변증법적 역사 전개'는 그 둘에 힘입어 설명할 수 있게 된다. 먼저 자본주의 사회에서 말하는 노동자가 어떤 사람인가? 자신의 생산수단을 모조리 박탈당해 자신의 몸뚱이 말고는 아무것도 갖고 있지 않은 사람, 대부분 도시로 떠밀려 와 일을 하면서 자신의 몸을 스스로 갉아 먹는 사람, 그 대가로 임금을 받아먹고 사는 사람, 그 사람이 노동자다. 몸은 노동자의 유일한 생산수단이다. 하지만 그 생산관계 속에서 노동자의 몸은 더 이상 자신의 것이 아니다. 자본가의 것이다. 이 생산수단 소유의 비합리적인 전도가 바로 생산수단 소유의 모순이며, 이 모순의 결과가 바로 소외. 자본주의적 생산관계에 포섭된 노동자는 결국 자신한테서 소외된 인간인 것이다.

그렇다고 해서 이 소외를 극복할 수 있는 방법이 전혀 없는 것도 아니다. 인류로서 노동자가 바로 사회적 존재이기 때문이다. 노동자는 결코 혼자가 아니다. 그 사람은 다른 노동자와 함께 있다. 하지만 혼자 힘만 갖고는 도저히 그 생산관계를 전복할 수 없기 때문에 각각의 노동자는 자신의 생산력을 다른 노동자의 그것과 합쳐 힘을 모으게 된다. 이것이 바로 자본주의의 사회적 생산력'들'이다. 자본주의 사회에서 자본주의적 생산관계를 유지하려는 부르주아지와 사회적 생산력들을 키우고 모으려는 프롤레타리아트는 갈등·대립·투쟁할 수밖에 없다. 이것들은 자본주의 사회의 '내재적' 모순, 곧 생산관계와 생산력들의 모순에서 비롯한다. 그리고 이 모순에서 생산력들이 부조리한 생산관계를 뒤집어엎을 만큼 커 가고 또 모여 갈 때, 정체된 생산관계를 생산력들의 운동이 앞지르게 될 때, 생산관계와 생산력들 간의 이 모순, 곧 구조와 주체의 이 모순이 극에 달할 때, 주체는 이미 구조를 전복하기 위해 필요한 물질적 조건 모두를 확보한 상태에 놓이게 된다. 여기까지가 바로 맑스가 말하는 인간 사회의 전사(prehistory), 자본주의 사회가 끝장나기 직전의 역사, 비인간적 사회에서 인간적 사회로 넘어가기 직전의 역사, 혁명으로 새로이 열리게 될 인간적 사회 직전의 역사, 인류가 해방을 맞이하기 직전의 역사, 모순이 지양의 턱밑까지 와 있는 역사다. 이 모두를 맑스는 『정치경제학 비판을 위하여』, 「서문」에서 아주 자세히 설명하고 있다.

> 인간들은 자신들의 생활을 사회적으로 생산하는 가운데, 자신들의 의지로부터 독립되어 있는 일정한 필연적 관계들, 즉 자신들의 물질적 생산력들의 일정한 발전 단계에 조응하는 생산관계들에 들어선다. 이러한 생산관계들의 총체가 사회의 경제적 구조, 즉 그 위에 법률적 및 정치적 상부구조가 서며 일정한 사회적 의식의 형태들이 그에 조응하는 그러한 실재적 토대를 이룬다. 물질적 생활의 생산 방식이 사회적, 정치적, 정신적 생활 과정 일반을 조건 짓는다. 인간들의 의식이 그들의 존대를 규정하는 것이 아니라 거꾸로 그들

의 사회적 존재가 그들의 의식을 규정한다. 사회의 물질적 생산력들은 그 발전의 특정 단계에서, 지금까지 그것들이 그 내부에서 운동해 왔던 기존의 생산 관계들 혹은 이 생산 관계들의 법률적 표현일 뿐인 소유 관계의 모순에 빠진다. 이러한 관계들은 이러한 생산력들의 발전 형태들로부터 그것들의 족쇄로 변전한다. 그때에 사회혁명의 시기가 도래한다. 이러한 변혁들을 고찰함에 있어서 사람들은 자연과학적으로 정확히 확인될 수 있는 경제적 생산 조건들에서의 물질적 변혁과, 인간들이 이러한 충돌들을 의식하고 싸워서 해결하는 법률적, 정치적, 종교적, 예술적 혹은 철학적, 간단히 말해 이데올로기적인 형태들을 항상 구별해야만 한다. 한 개인이 무엇인가 하는 것을 그 개인이 자신을 무엇이라고 여기는가에 따라 판단하지 않듯이, 그러한 변혁의 시기가 그 시기의 의식으로부터 판단될 수는 없으며, 오히려 이러한 의식을 물질적 생활의 모순들로부터, 사회적 생산력들과 생산 관계들의 사이의 현존하는 충돌로부터 설명해야 한다. … 인류는 언제나 자신이 풀 수 있는 문제들만을 제기한다. 왜냐하면, 더 자세히 고찰해 볼 때, 문제 자체는 그 해결의 물질적 조건들이 이미 존재하고 있거나 적어도 형성 과정 중에 있을 때에만 생겨나기 때문이다. … 부르주아적 생산 관계들은 사회적 생산 관계의 마지막 적대 형태인데, 여기서 적대적이라고 말하는 것은 개인적 적대에서가 아니라 개인들의 사회적 생활 조건들로부터 싹터 온 적대

라는 의미에서이다. 그러나 부르주아 사회의 태내에서 발전하는 생
산력들은 이러한 적대의 해결을 위한 물질적 조건들을 창출한다. 이
사회 구성체와 더불어 인간 사회의 전사(前史)는 끝을 맺는다.[51]

계급투쟁, 그것은 실질적으로 생산관계와 생산력들의 모순에서 비롯
하는 가장 중대한 관계적 양상(relational mode)이다. 이 양상을 고려하지
않은 채 자본주의 역사를 설명한다는 것은 어불성설이다. 그리고 그 양
상은 오직 노동자의 현실적 삶을 과학적으로 조망할 때만 파악할 수 있
는 것이다. 역사의 유물론적 구상과 노동하는 인류의 일상생활, 생산관
계와 생산력들의 모순으로 펼쳐지는 역사, 그리고 이 모두에서 절대로
빼 놓을 수 없는 계급투쟁. 맑스의 관점에서 바라본 자본주의 역사였다.

이제 문제는 인간 사회의 전사, 그 끝자락에서 반드시 갖추어야 할
'적대의 해결을 위한 물질적 조건의 창출'이다. 이 문제의 해결책을 제시
하는 데까지 나아가 있진 않지만 문화산업론의 논의 또한 이 문제에서
출발했다는 것만큼은 틀림없어 보인다. 자, 이제 문화산업론이다.

---

51   K. 맑스, 최인호 역, 「정치경제학의 비판을 위하여 - 서문」, 『칼 맑스·프리드리히 엥겔스
저작 선집』 제2권, 박종철출판사, 1992, 477~478면.

3.2. 일상생활과 문화산업: 부정 변증법과 계몽의 변증법

'이 시대의 일상생활은 문화산업과 함께한다'고 해도 지나치지 않을 만큼 그 둘은 불가분의 관계를 맺고 있다. 여기선 문화산업을 자본주의적 생산관계의 상징적 구조로 파악한다. 그것은 일상생활의 생산력 강화와 응집을 있는 힘껏 가로막고, 그 결과 생산관계와 생산력들 간의 내재적 모순 그 자체를 아예 생성조차 못 하게끔 한다. 여기서는 이런 관점에서 문화산업을 상정하고 논의를 이어나간다. 먼저 문화연구에서 문화산업론은 프랑크푸르트 학파, 그 중에서 아도르노 및 호르크하이머와 함께 묶여 곧잘 설명되곤 한다. 하지만 얘기의 첫 단추는 그 학파의 이론을 한데 모아 '비판이론'으로 부른다는 데서 꿰인다.

단도직입적으로 묻자. '비판'은 무엇에 쓰이는가? 그것은 '부정 (negation)'하는 데 쓰인다. 무엇을 부정하는가? 인류라는 유적 존재의 특질을 부정하는 모든 것이다. 비판의 역사사회적 효용은 인류를 부정하는 모든 것을 부정하는 데 있다. 이것이 부정 변증법의 핵심이다. 지나치게 간단히 말하는 감이 없지 않아 있긴 하지만, 이 말을 한 번 곱씹어 보면 어떨까 싶다. 아도르노의 얘기다.

… 부정의 부정은 부정을 없애는 것이 아니라 부정이 충분히 부정적이지 못했다는 점을 증명한다. … 부정적인 것은 사라질

때까지 부정적이다. … 비동일자의 표현인 변증법적 모순을 동일
성으로써 다시 매끄럽게 다듬는 것은 그 표현이 의미하는 바를 무
시하고 순수한 일관성사유(Konsequenzdenken) 속으로 돌아가는 것을
뜻한다. 부정의 부정이 긍정성(Positivität)이라는 주장은 만유개념성
(Allbegrifflichkeit)으로서의 긍정성을 이미 출발점에서부터 상정하는
자만이 옹호할 수 있을 뿐이다. … 변증법의 경험내용은 … 동일성
에 대한 타자의 저항에 있다. 바로 여기서 변증법의 힘이 나온다.[52]

　부정의 부정은 긍정이 아니다. 그것이 형식논리학에선 진리치가 될
지 몰라도 변증법적 역사 전개에선 유사-진리치에 불과하다. 부정의 부
정은 부정 대상의 부정성(不正性)을 충분히 부정하지 못했음을, 그래서
부정 대상을 긍정할 가능성이 남게 됨을 자인하는 데서 시작하기 때문
이다. 물론 그에 앞서 부정의 부정은 곧 긍정이라는 유사-진리치를 떨쳐
내야 한다. 부정 대상의 부정성은 그것이 사라질 때까지 부정돼야만 한
다. 만약 그리되지 않으면, 부정 대상의 부정성은 긍정의 대상이 된다.
이때, 비판이 그것의 역사사회적 기능을 다하지 못하게 됨은 자명하다.
아울러 이 부정의 철학적 방법은 호르크하이머한테도 비슷한 의미를 지
닌다. "부정은 '거짓 상'을 진리로 수용하지 않고, '거짓 상의 이념과 대

52　T. 아도르노, 홍승용 역, 『부정변증법』, 한길사, 1999, 237~238면.

결'하려는 인식태도와 관련되는 개념이다(GS5, 46)", "부정의 철학적 방법론이 사회역사적 맥락에서 작동하는 경우 그러한 부정은 "다시금 지배 이데올로기가 요구하는 절대성에 대한 부정과 현실이 요구하는 뻔뻔한 주장에 대한 부정"의 형식을 갖는다(GS6, 182)"[53].

이를 문화연구의 맥락에서 생각할 때, 신수정주의에 대한 맥기건의 비판이 떠오르는 것은 왜일까? 문화연구가 별 무리 없이 생산으로 소비로 옮겨갈 수 있게끔 한 그 무비판성, 그것은 '가혹한 비판의 전도에서 비롯하며 현대 매체 및 대중문화와 관련한 지배 이데올로기 테제로 예증된다'고 했던 그 비판 말이다. 분명히 문화산업에 대한 엄밀한 부정을 염두에 두고 한 말일 것이다. 그렇다면 아도르노와 호르크하이머의 입장에서 볼 때, 신수정주의는 소비가 '충분히 부정적이지 못했다는 점을 증명'하는 데 실패한 나머지 소비를 '긍정'하는 실수를 저지른 것이다.

아도르느와 호르크하이머가 보기에 "인류는 진정한 인간적 상태에 들어서기보다 새로운 야만 상태에 빠졌"다. 이 야만 상태는 문화산업이 초래한 것이다. 흔히 문화산업은 어떤 역사사회적 지표로서 계몽이라는 인류 문명의 진보적 양상을 드러내 준다고 여겨지기 마련이다. 하지만

---

53   이종하, 『호르크하이머의 비판이론』, 북코리아, 2012, 171면. 참고로 'GS'는 Max Horkheimer, *Gesammelte Schriften*, A. Schmit & G. S. Noerr (Hg.), Frankfurt: a. M, 1987을 가리킨다. 이종하, 앞의 책, 347면.

이는 문화산업의 겉모습에 지나지 않는다. 문화산업이 "'계몽의 지칠 줄
모르는 자기 파괴'"를 동력으로 삼아 끝도 없이 증식해 가기 때문이다.
이는 '이성의 도구화', "학문의 자기 망각적 도구화"와 결코 무관하지 않
다. "승리한 사상이 기꺼이 비판적 요소를 포기하고 단순한 수단이 되어
기존 질서에 봉사하기 시작할 때, 그것은 자기 의지와는 반대로 예전에
선택했던 긍정적인 무엇을 부정적이고 파괴적인 것으로 변질시키게 된
다." 여기서 '승리(勝利)한 사상'이란 계몽사상이며, '예전에 선택했던 긍
정적인 무엇'은 비판정신이다. 그리고 이 비판정신을 '자기 의지와는 반
대로 부정적이고 파괴적으로 변질'시키게 되는 까닭은 바로 이데올로기
에 있다. 계몽사상엔 비판정신이 가득했다. 하지만 이 정신이 부르주아
지의 지상 최고 목표인 자본 축적을 위해 복무할 때, 그 목표를 달성하기
위한 이데올로기의 개발과 확산에 복무할 때, 그것은 부정(不正)적인 것
으로서 부정(否定)의 대상이 된다. 이로써 정신조차 물신화된다. 정신의
물신화는 정신의 파멸을 가져온다. 곧 "'정신'이 문화상품으로 고정되고
소비를 위한 목적으로 팔아넘겨질 때 '정신'은 소멸할 수밖에 없다."[54]
그렇기에 정신은 이 정신의 물신화, 정신의 부정, 반(反)-계몽을 부정해
야만 한다. 그것이 계몽의 진정한 역사사회적 사명이다. "'정신'의 진정

---

[54]   T. 아도르노·M. 호르크하이머, 김유동 역, 『계몽의 변증법: 철학적 단상』, 문학과 지성
        사, 2001, 12~17면.

한 속성은 물화에 대한 부정이다"는 말은 바로 이 암울한 상황에서 정신이 해야 하는 부정의 부정, 반-계몽으로 변질해 버린 계몽을 계몽하는 것에 대한 당위성을 역설한다. 『계몽의 변증법』에서 「문화산업: 대중기만으로서의 계몽」은 자본주의에 깃들어 있는 정신의 모순, 곧 계몽과 반-계몽, 반-계몽과 계몽 간의 내재적 모순을 드러내기 위해 기획된다.[55] 그럼 이제부터 문화산업을 본격적으로 검토해 보도록 하자. 여기서 살펴볼 글은 아도르노의 「문화산업 재고」다. 여기서도 생산관계와 생산력들 간의 내재적 모순을 염두에 두고 핵심만 간추리도록 한다.

아도르노는 기본적으로 문화산업을 '상부의 계획에 따라 소비자를 통합하는 체제'로 본다. 이 체제에서 "대중은 일차적이지 않고 이차적이며 계산의 대상"이 된다. 자본주의를 돌리는, 문화산업이라는 "기계의 보잘 것 없는 일부"인 것이다. 문화산업에서 이 대중은 주체가 아니다. 다만 소비라는 것을 하기 때문에 자신을 주체로 여기고 있을 뿐이다. 소비하는 대중주체, 이것이 바로 문화산업이 생산·유포하는 이데올로기다. 그것은 고급문화와 저급문화를 뒤섞어 각각이 갖고 있는 사회적 특성을 흐리게 만듦으로써 작동한다. 문화산업에서 "고급예술의 진지함

---

55 여기서 한 가지 유념해야 할 것은 문화산업론이 "진리에 역사성을 부여하는 이론"의 일환으로 고안됐다는 점이다. 그리고 그 역사성 파악의 핵심은 계몽과 반-계몽 간의 모순이 단선적으로 지양하는 데 있지 않고, 계몽과 반-계몽 간의 모순이 다시 반-계몽과 계몽의 모순으로 이어지며 순환적으로 전개한다는 데 있다. 인용은 위의 책, 9면.

은 그것의 능률(efficacy)에 대한 숙고 속에서 파괴되고, 그것보다 더 낮은 것의 진지함은 특유의 반역적 저항에 부과된 문명적 제약들로 말미암아 소멸한다." 이로써 문화산업은 문화의 사회적 특질 자체를 변질시키는 데, 이때 문화의 사회적 특질이란 "인간 존재에 순응했을 뿐 아니라 그 와 동시에 늘 돌처럼 딱딱하게 굳은 관계들(petrified relations)에 맞서서 시위까지 일으켰"던, 그런 문화에 깃들어 있는 것이다. 문화산업은 순응의 강화와 저항 가능성의 소멸을 통해 대중, 특별히 노동자를 자본주의의 석화(石化) 관계, 곧 생산관계 속으로 통합하고, 그에 따라 노동자를 자신 한테서 소외한다. 그 결과 사회적 생산력들은 향상·강화·응집하긴커녕 고립·분산적으로 파편화할 뿐이다. 결국 문화산업은 사회적 생산력들 의 운동 가능성을 미연에 차단하면서 그것을 끊임없이 생산관계 속으로 포섭한다. 모순과 그것의 발생 가능성은 "무비판적 합의"의 보편화, 또 그 합의를 세계에 표상하는 "광고"의 화려함에 묻혀버린다.[56]

　문화산업의 효과는 '산업'과 '질서의 관념성'으로 보장된다. 아도르노 는 문화산업의 대표 격인 영화산업의 작동방식을 예로 들고 있다. "문화 산업의 중심 분야인 영화에서, 생산과정은 여러 기술적 양식과 닮았는 데, 그것들은 광범위한 분업, 기계의 사용, 생산수단에서 노동자를 분리

56　Theodor W. Adorno, "Culture Industry Reconsidered", A. G. Rabinbach (tr.), *New German Critique* Vol.6 (Autumn), 1975, pp.12~13.

하는 것 속에서 작동한다 — 그 양식들은 영화산업에서 활동 중인 예술
가와 그 산업을 통제하는 사람 간의 영원한 갈등 속에서 표현된다." 하
지만 이 갈등이 표출되기란 쉬운 일이 아니다. 바로 '질서의 관념성' 때
문이다. "질서의 개념들, 그것[문화산업]이 인간존재한테 박아 넣는 그
개념들은 늘 현상유지와 관련한 것들이다. 그것들은 문제제기를 당하
지 않은 채, 분석되지 않은 채, 비변증법적으로 상정된 채 남아있다." 그
결과 문화산업의 정치적 효과는 이렇게 드러난다. "그것은 선언한다. 넌
[네 자신을] 일치시켜야 해(you shall conform). 무엇에 일치시켜야 하는지
와 관련한 지침은 없어. 존재하는 것, 모든 사람이 문화산업의 권력과 편
재성의 반영으로 여기는 것에 어쨌든 일치시켜." 이 같은 "문화산업의
정언명령"은 칸트(Immanuel Kant)의 그것과는 하등의 관계도 없이, "자
유"와도 전혀 무관하게, 오직 순응과 일치를 향할 뿐이다. 문화산업은
"질서를 추상적으로(in abstracto) 극찬"하지만, 이는 문화산업이 전하는
메시지의 무기력과 허위를 입증"하는 반-계몽의 효과일 뿐이다.[57]

　　그렇다면 이 모든 얘기는 또 어떻게 정리할 수 있을까? 아도르노의
논의가 막바지로 향한다. 「문화산업 재고」의 맨 끝이다.

　　　　문화산업의 총체적 효과는 반계몽의 하나이며, 그 속에서, 호

57　　Ibid., pp.14~17 — [ ] 글쓴이.

르크하이머와 내가 주목했듯이, 계몽, 곧 자연에 대해 진보적인 기
술의 지배는 대중 기만이 되고 의식에 족쇄를 채우기 위한 방편으
로 바뀐다. 문화산업은 자율적·독자적 개인, 스스로 의식적으로 판
단하고 결정하는 개인의 성장을 저해한다. 그러나 이러한 점들은 민
주사회의 전제조건이 될 것이며, 그 민주사회는 자신의 지속과 발전
을 위해 다 큰 어른들을 필요로 할 것이다. 만약 위쪽에서 대중을 대
중으로 불공평하게 매도한다면 문화산업에는 그 사람들을 대중으로
가공하고, 또 그러고 나서 그 사람들을 경멸하는 데 대한 책임이 전
혀 없다. 그러는 동안 **문화산업은 해방을 가로막지만, 인간 존재는
그 시대의 생산력들이 허용하는 해방만큼이나 성숙해진다.**[58]

　일부로 강조해 놓은 부분이 있다. '생산관계와 생산력'들' 간의 모순'
과 '계급투쟁'을 골자로 하는, 이 작업 전체의 틀을 짜는 데 결정적 실마
리를 제공한 부분이다. 이 틀에서 볼 때, 문화산업의 이데올로기는 자본
주의적 생산관계의 과정이자 효과이며, 그것들은 사회적 생산력들을 자
본주의적 생산관계로 끊임없이 회유하고 포섭한다. 이 생산관계가 '돌
처럼 굳어지면 굳어질수록' 사회적 생산력들이 설 자리는 없어지며, 그
결과 혁명과 인류 해방의 가능성 또한 점점 희박해질 수밖에 없다. 문화

58　Ibid., pp. 18~19 — 강조 글쓴이.

산업이 이런 자본주의적 생산관계의 상징적 구조이기 때문에 계몽의 변
증법은 결국 문화산업으로 대변되는 반-계몽-부정을 계몽-부정하는 '부
정 변증법'이 되며, 그것으로 인류 해방을 향한, 조금은 낙관적인 전망을
내어 놓게 되는 것이다. 여기까진 좋다. 하지만 모두(冒頭)에서 밝혔듯이
부정의 부정을 위한 비판, 곧 생산관계와 생산력들 간의 모순을 드러내
기 위한 비판에 너무 치우친 나머지 '일상생활에서 적대의 해결을 위한
물질적 조건을 어떻게 창출해 낼 수 있을 것인가' 하는 문제를 숙고하지
못한 것은 문화산업론의 결정적 한계라 하겠다. 그래도 이것만큼은 확
실히 유념하자. "지성이 정신의 적대자와 같아지는 현상"을 놓치지 않
기 위해 끝없이 애써야 한다는 것, 그러기 위해 "진보 앞에서도 멈추지
않는 비판적 사유"을 쉼 없이 갈고 닦아야 한다는 것.[59]

4. 연패 탈출을 위하여: 일상생활 비판과 도시공간

문화산업론의 결정적 한계를 '적대의 해결을 위한 물질적
조건의 창출'을 숙고하지 못한 것으로 봤기 때문에 르페브르의 일상생
활 비판과 그람시의 헤게모니론을 좀 더 꼼꼼히 살펴봐야 할 필요가 있

---

59   아도르노·호르크하이머, 김유동 역, 앞의 책, 10면.

다. 이로써 자본주의적 생산관계에 편입되어 있으나 그것과 갈등·대립·투쟁하고 그것을 극복해야만 하는 사회적 생산력들을 제고하고 그 실천적 방안을 일상생활에서 모색할 수 있는 이론적 토대가 조금은 더 탄탄히 마련될 수 있을 것이다.

현시대 일상생활의 사회적 생산력들을 키우고 모을 수 있는 공간, 혁명과 해방을 상상할 뿐 아니라 그 상상의 실현을 위해 뭐라도 실천할 수 있는 공간이 필요하다. 바로 도시공간이다. 도시공간은 매개한다. 그곳은 수많은 사회적 생산력들의 사이, 상상과 실천 사이에 있다. 또한 일상생활과 혁명 사이에 있기도 하다. 도시혁명이 필요한 까닭이다. 여기서 펼칠 논리는 이런 것이다. "일상생활의 혁명 없이는 그 어떤 도시혁명도 있을 수 없고, 도시혁명 없이는 그 어떤 혁명도 있을 수 없다."[60]

연패의 사슬을 끊을 수 있을까? 끊지 못해도 상관없다. 작업의 연속만큼은 이뤄져야 하니까. 그래서 그런가? 다음 작업이 벌써 기대된다.

---

60   Kanishka Goonewardena, op cit., p.131.

관련 어휘

전기 戰記
war writing

1. 운동 경기나 전투 따위에서, 재빨리 몰아쳐 싸움.

승전 勝戰
victory; win

1. 싸움에서 이김. = 개가 凱歌, 승리 勝利, 승첩 勝捷, 전첩 戰捷, 전승 戰勝 ↔ 패전 敗戰, 전패 戰敗

참고문헌

원용진, 『새로 쓴 대중문화의 패러다임』, 한나래, 2010.

이종하, 『호르크하이머의 비판이론』, 북코리아, 2012.

I. 벌린, 안규남 역, 『칼 마르크스: 그의 생애와 시대』, 미다스북스, 2012.

K. 맑스, 최인호 역, 「정치경제학의 비판을 위하여 - 서문」, 『칼 맑스·프리드리히 엥겔스
저작 선집』 제2권, 박종철출판사, 1992, 474~480면.

K. 맑스·F. 엥겔스, 최인호 역, 「독일 이데올로기」, 『칼 맑스·프리드리히 엥겔스 저작 선
집』 제1권, 박종철출판사, 1992, 191~264면.

T. 아도르노, 홍승용 역, 『부정변증법』, 한길사, 1999.

T. 아도르노·M. 호르크하이머, 김유동 역, 『계몽의 변증법: 철학적 단상』, 문학과 지성사,
2001.

Charles Comte, *Traité de Législation*, Paris, 1826, Book II, p.91; Gareth Stedman Jones,
"Notes", *The Communist Manifesto* (Penguin Classics), Penguin Books, 2002a,
p.262, Note 18에서 재인용.

Dick Hebdige, *Subculture: The Meaning of Style,* Routledge, 1979; D. 헵디지, 이동연 역,
『하위문화: 스타일의 의미』, 현실문화연구, 1998.

Don Mitchell, *Cultural Geography: A Critical introduction*, Blackwell, 2000; D. 미첼, 류
제현 외 역, 『문화정치, 문화전쟁: 비판적 문화지리학』, 살림, 2011.

Edward P. Thompson, *The Making of the English Working Class*, Pelican, 1963; E. P. 톰슨,
나종일 외 역, 『영국 노동계급의 형성』 (상), 창작과 비평사, 2000.

Edward Said, *Representations of Intellectuals: 1993 Keith Lectures*, Vintage Books, 1994;
E. 사이드, 최유준 역, 『지식인의 표상: 지식인이란 누구인가?』, 마티, 2012.

Gareth Stedman Jones, "Preface", *The Communist Manifesto* (Penguin Classics), Penguin
Books, 2002a, pp.3~13.

_____, "Notes", *The Communist Manifesto* (Penguin Classics), Penguin

Books, 2002b, pp.259~275.

Graeme Turner, *British Cultural Studies: An Introduction* (3rd ed.), Routledge, 2003.

Henri Lefebvre, *Critique of Everyday Life Vol. I: Introduction*, J. Moore (tr.), Verso, 1991 [*Critique de la vie quotidienne I : Introduction*, Grasset, 1947].

Jim Mcguigan, *Cultural Populism*, Routledge, 1992.

John Fiske, *Television Culture*, Routledge, 1987.

Kanishka Goonewardena, "Marxism and Everyday Life: On Henri Lefebvre, Guy Debord, and Some Others", *Space, Difference, Everyday Life: Reading Henri Lefebvre*, K. Goonewardena et al. (eds.), Routledge, 2008, pp. 117-31.

Karl Marx & Friedrich Engels, *The Communist Manifesto* (Penguin Classics), Moore, S. (tr.), Penguin Books, 2002.

Meaghan Morris, "Banality in Cultural Studies", *Logics of Television: Essays in Cultural Criticism*, P. Mellenkamp (ed.), The British Film Institute, 1990, [Originally published in *Block* Vol.14, 1988].

Michel de Certeau, *The Practice of Everyday Life*, S. Rendall (tr.), University of California Press, 1984 [*L'Invention du quotidien 1: Arts de faire*, Gallimard, 1990 (1re éd. 1980)].

Michel Foucault, *The History of Sexuality 1: The Will to Knowledge*, R. Hurley (tr.), Penguin Books, 1998 [*Histoire de la sexualité, tome 1 La volonté de savoir*, Gallimard, 1976]; M. 푸코, 이규현 역, 『성의 역사 1: 앎의 의지』, 나남, 2004.

Raymond Williams, "Culture is Ordinary", *Resources of Hope: Culture, Democracy, Socialism*, R. Gable (ed.), Verso, 1989, pp.3~18 [Originally published in *Convictions*, N. McKenzie (ed.), MacGibbon & Kee, 1958, pp.93~120].

Roland Barthes, *The Pleasure of the Text* (23rd printing, 1998), R. Miller (tr.), Hill & Wang, 1975 [*Le Plaisir du texte*, Seuil, 1973]; R. 바르트, 김희영 역, 『텍스트의 즐거움』, 동문선, 1997.

Stuart Hall, "Notes on Deconstructing "the Popular"", *Essential Essays: Foundations of Cultural Studies Volume 1*, D. Morley (ed.), Duke University Press, 2019, pp.347~361 [Originally published in *People's History and Socialist Theory*, R. Samuel (ed.), Routledge & Kegan Paul, 1981, pp. 227~240].

Theodor W. Adorno, "Culture Industry Reconsidered", A. G. Rabinbach (tr.), *New German Critique* Vol.6 (Autumn), 1975, pp.12~19 [Originally published in Theodor W. Adorno, *Ohne Leitbild*, Frankfurt am Main, 1967].

설전, 필전, 논전

- 공간으로 풀어 본 구조-주체의 문제와 그 현시대적 함의

핵심 어휘

설전 舌戰 war of words	1. 말로 옳고 그름을 가리는 다툼.
필전 筆戰 paper warfare	1. 글로써 옳고 그름을 서로 겨룸.
논전 論戰 disputation	1. 서로 다른 의견을 가진 사람들이 각각 자기의 주장을 말 이나 글로 논하여 다툼. ≒ 논쟁 論爭

'자유의 왕국'에서 사상과 이념은 더 이상 모순의 지형과 투쟁의 필연성 위에서 탄생할 수 없다. 현재, 철학자, 곧 실천 철학자는 이처럼 일반적으로 단언하는 일만 할 수 있을 뿐 거기에서 무엇을 더 할 수는 없다. 철학자는 모순이 일어나고 있는 그 현

장에서 도망갈 수 없으며, 일반적 방식이 아닌 다른 방식으로는 모순 없는 세계를 단언할 수도 없다. 직접 어떤 유토피아를 건설해 내지 않는다면 말이다.[1]

안토니오 그람시

1. 전투기, 관전평, 참전기

이 작업은 일종의 전투기(戰鬪記)이자 관전평(觀戰評)이다. 알튀세와 르페브르, 이 둘 사이에서 벌어진 설전·필전·논전의 기록이자 그 격전(激戰)에 대한 논평이기 때문이다.[2] 실지로 그 둘 간의 교전(交戰)은 난전(難戰)이자 분전(奮戰)·사전(死戰)의 양상을 띤다. 난전인 까닭은 1970년대를 전후한 당시, 오래전부터 자본주의와 대적(對敵)한 채 펼쳐지고 있던 그 지구전(持久戰)의 전세(戰勢)·전국(戰局)·전황(戰況) 따위가 불리해

---

1 Antonio Gramsci, *Selections from the Prison Notebooks*, Q. Hoare & G. Nowell-Smith (eds. & trs.), International Publishers, 1971, p.405; A. 그람시, 이상훈 역, 『그람시의 옥중수고 2 — 철학·역사·문화편』(제3판 제4쇄), 2007, 거름, 267면.

2 둘 간의 관계를 르페브르의 입장에서 볼 때, 그것은 '프랑스산(産) 이데올로기로서 구조주의'라는 한 마디로 집약된다. 한층 더 자세한 내용은 S. 엘든, 전국조 역, 『앙리 르페브르 이해하기: 이론과 가능한 것』, 경성대학교출판부, 2018, 49~57면을 볼 것.

지는 가운데서도 맑스주의의 한계라는 난제를 극복하려 했기 때문이고, 분전이자 사전인 까닭은 그 극복 과정에서 둘 각자 또는 서로가 있는 힘을 다해, 죽기를 각오하고 자본주의에 항전(抗戰)했기 때문이다. 실지로 그 둘은 그람시에 이어 맑스·엥겔스 이후의 맑스주의 및 맑스주의 연구사(histories of Marxism and Maxologies)에서 큰 족적을 남기기도 했거니와 그람시의 변증법적 계승에서 현격한 입장차를 보인다. 따라서 이 작업에선 그 셋, 그람시·알튀세·르페브르(Antonio Gramsci, Louis Althusser, Henri Lefebvre)의 사상과 실천에 대한 검토와 더불어 그람시의 계승을 둘러싸고 뒤의 둘 간에서 발생한 입장차에 대한 분석을 주된 목적으로 삼는다. 전장(戰場)은 공간과 도시다.

2. 공간적 전회

1980년대 말 이른바 '공간적 전회(spatial turn)'가 선언된 이래, 지금을 아예 '공간의 시대'로 불러도 좋을 만큼 공간은 많은 사람의 관심을 불러일으키고 있다. 그 전회가 세상에 모습을 드러낸 배경에는 당시 서구 지리학계, 또는 문화지리학계에 큰 바람을 몰고 왔던 여러 포스트 주의, 예컨대 포스트구조주의, 포스트식민주의, 포스트맑스주의, 포스트모더니즘, 또 그 모두와 많은 영향을 주고받았던 문화연구 같은

것이 자리 잡고 있었다.[3] 이런 까닭에 같은 세기 전반에 일었던 시간의
문제[4]와 후반에 일었던 공간의 문제, 이 모두를 함께 숙고하며 맑스주의
의 입장에서 '현시대의 역사'를 진지하게 논의할 장은 크게 만들어지지

---

3   이 'post'라는 말을 "연대순을 의미하는 다의적인 접두어 이상도 이하도 아닌 것"으로 평
     가하고 있는 앤더슨(Perry Anderson)의 입장은 눈여겨 볼만하다. P. 앤더슨, 김필오·배익준
     역, 『역사 유물론의 궤적』, 2010, 62면.

4   이러한 경향을 보여주는 대표적 사상가로 베르그송(Henri Bergson)을 말할 수 있는데, 케
     이시는 그의 1997년 저서 『장소의 숙명』 서문에서 베르그송의 자리를 '시간중심주의
     (temporocentrism)'의 계보 속에 잡으면서 다음과 같이 말한다. "18세기와 19세기를 거
     치는 동안 장소는 절대적이고 보편적인 것으로 봤던 시간, 사실상 칸트의 위엄 있는 언
     급에서도 나타나듯이 "그것이 무엇이든 모든 외양이 갖고 있는 형식상의 **선험적 조건**"
     으로 봤던 시간의 지배를 또한 받게 되었다. "외부 감성"의 형식으로 여겨졌던 공간조
     차 시간적 결정의 지배를 받게 되었다. 물체의 움직임이 발생하는 위치들로 환원한 장소
     는 거의 모두 시간중심주의(이는 시간이 거머쥐고 있는 헤게모니에 대한 믿음을 뜻한다)의 시
     대에 눈앞에서 감쪽같이 사라져 버렸는데, 이 같은 시간중심주의는 헤겔, 맑스, 키에르
     케고르, 다윈, 베르그송, 윌리엄 제임스의 뒤를 좇아 지난 이백년 동안 철학을 지배해 왔
     다." Edward S. Casey, "Preface", *The Fate of Place: A Philosophical History*, University of
     California Press, 1997, p.x — 강조 원저. 같은 쪽 각주 1에서 케이시는 칸트가 인용된 출
     처를 다음과 같이 밝히고 있다. Immanuel Kant, *Critique of Pure Reason*, N. K. Smith
     (tr.), Humanities, 1965, A34B50, p.77. 참고로 그 맥락을 간단히 소개하면 다음과 같다.
     "시간은 다름 아닌 내감의 형식, 다시 말해 우리 자신과 우리의 내적 상태를 직관하는 형
     식이다. 왜냐하면 시간은 외적 현상의 규정일 수 없기 때문이다[B50]. … 시간은 모든 현
     상들 일반의 선험적인 형식적 조건이다. 모든 외적 직관의 순수 형식으로서 공간은 선험
     적인 조건으로서는 순전히 외적인 현상들에만 제한된다[A34]". I. 칸트, 백종현 역, 『순
     수이성비판 1』, 아카넷, 2006, 254면.

않았다.[5] 물론 '역사-지리적 유물론(historical-geographical materialism)'과 '급

---

5   소자(Edward Soja)의 시각이 대표적일 텐데, 그는 '공간적 선회'를 얘기한 그의 1989년 저
서 *Postmodern Geographies*에서 푸코가 "의심의 여지없이 자신이 포스트모던 지리학자
로 불리는 것을 거부했을 것"인데도 "자신의 의사와는 상관없이 … 포스트모던 지리학
자였"음을 주장하며 그 까닭을 "자신의 선구적인 **공간적 선회**를 역사적 통찰력의 찬란
한 선풍 속에 묻어 두었기 때문"이라고 밝히고 있다. E. 소자, 이무용 외 역, 『공간과 비판
사회이론』, 시각과 언어, 1997, 28면. 하지만 이러한 입장은 소자가 비록 르페브르의 공
간 사상까지 다루며 역사-지리적 유물론을 지지하는 입장을 펼치고 있다손 치더라도, 곳
곳에서 반박의 논리를 만들어 내기도 한다. 예컨대 앤더슨은 언뜻 보기에도 '역사와 사
회'를 강조하는 논조로, 먼저 푸코의 고고학적 접근에 대해서는 "푸코의 초기 저작에서
각각의 에피스테메는 동질적인 단일체로 취급되는데, 그 역시 연속되는 에피스테메들
사이의 급작스런 변동에 대해 설명할 수는 없었다. [따라서] 뒤에는 사건들의 지배자로
서 **우연**의 역할에 대한 점증하는 찬양에 의존하게 된다"고 말하고, 그의 계보학적 접근
에 대해서는 "후기 푸코에 의해 출현한 의지의 무한한 흐름 속에서, 사회적 관계들 또는
역사적 사건들을 인식할 수 있다는 필연성으로서의 인과성은 자취를 감추었다. 상호간
의 투쟁은 무조건적이고, 그 결과는 오직 우연적일 뿐이다. 이러한 설명에서 권력은 사건
의 **공백**이다"고 말한다. 이러한 입장에서 우리가 배울 수 있고, 또 배워야 하는 것은 구조
와 주체가 "항상 범주적으로 상호의존"이기 때문에 "주체에 대한 대대적인 공격은 머
지않아 구조도 멸망시키게 마련"이라는 것, 그리고 "이러한 과정의 종착점은 최종적으
로 오직 제멋대로 날뛰는 주관성이 될 뿐"이라는 것이다. 앤더슨, 김필오·배익준 역, 앞
의 책, 80~87면 ─ 강조 및 [ ] 원저. 하비(David Harvey) 또한 다음과 같은 비판적 시각에
서 푸코의 '헤테로토피아(heterotopia)'를 얘기하고 있다. "헤테로토피아를 통해 푸코는
'수많은 파편적 가능 세계'가 '불가능한 어떤 공간' 안에 공존할 수 있음을 말하고 있다.
더 단순히 말하면, 서로 나란히 놓여 있거나 겹쳐 있는 통약불가능한 공간들을 뜻하는 것
이다. 구성원들은 '어떻게 중심부의 미스터리에 붙어 있는 라벨을 떼고 그 가면을 벗길
까'라는 문제를 두고 더 이상 고민하지 않으며, '어느 세계가 이것인가? 그 안에서 무엇
이 이루어지는가? 내 자아 가운데 어느 것이 그 일을 해야 하는가?' 하는 의문을 대신 던
지도록 요구 받는다." David Harvey, *The Condition of Postmodernity: An Enquiry into*

진지리학(radical geography)' 영역에서 맑스주의에 바탕을 둔 비판적 시각
으로 신자유주의의 심각성을 그 뿌리부터 파헤치는 연구가 꽤 있긴 하
다.[6] 하지만 맑스주의의 밑바탕에 깔려 있는 구조와 주체 사이의 모순을
공간적(또는 지리적)으로 다루려는 시도, 그 가운데서도 지난 세기에 크나
큰 발자취를 남긴 맑스주의자들의 사상에 담긴 핵심 개념을 공간의 차
원에서 비교·대조하는 연구는 생각보다 많지 않다.

　따라서 이 작업의 주된 목적은 맑스주의에 내재하는 '구조와 주체 사
이의 모순'[7]을 공간적으로 풀어 봄으로써 그렇게 풀린 것들이 이 신자유

---

the Origin of Cultural Change, Blackwell, 1989, p.48; D. 하비, 구동회·박영민 역, 『포
스트모더니티의 조건』, 한울, 73면. 이처럼 푸코에 대한 비판적 입장을 언급하는 까닭이
그의 이론적 유산이 갖는 가치 그 자체를 깎아 내리려는 의도에 바탕을 두고 있는 건 전
혀 아니다. 특별히 근래에 비판문화지리연구(critical cultural geographies)의 영역이 자리를
잡기까지 그의 이론적 유산이 끼친 영향은 실로 대단하다. 다만 여기서 짚어 두고자 하
는 것은 '구조와 주체 사이의 모순', 한 발 더 나아가 '표면과 심층 사이의 모순'이라는 틀
에서 역사와 사회를 사유하려는 유물론적 역사 탐구의 입장에서 볼 때, 그가 모든 이질
적 공간이 흩어진 채 공존한다는 모델, 곧 분산의 공간(l'espace d'une dispersion)이라는 모
델을 제시하고 표면과 심층 모두를 표면화하는 해 버리려고 시도함으로써 놓치게 된 부
분이 있다는 점이다. 참고로 푸코가 비판문화지리연구에 끼친 영향과 관련해서는 David
Atkinson et al., "Preface", *Cultural Geography: A Critical Dictionary of Key Concepts*, D.
Atkinson, et al. (eds.), I.B. Tauris, 2005, pp. vii-xviii; D. 앳킨슨 외, 이영민 역, 「서문: 문
화지리학과 비판지리학에 대하여」, 데이비드 앳킨슨 외 편저, 이영민 외 역, 『현대 문화
지리학: 주요개념의 비판적 이해』, 논형, 2011, 9~29면을 볼 것.

6　　각 영역을 대표하는 지리학자로 하비와 미첼(Don Mitchell)이 있다.

7　　이 '구조와 주체 사이의 모순'은 맑스주의 전체를 관통하는 문제의식이다. 그리고 그 모

주의 시대엔 어떻게 유효하며 그 유효성엔 또 어떤 함의가 있는지를 살
펴보려는 데 있다. 목적 달성을 위해 이 작업은 지금 적어내려 가고 있
는 부분은 빼 놓고, 모두 네 부분, 곧 다음 장의 세 절과 마지막 장으로 이
뤄진다. 우선 다음 장 각 절의 구성은 먼저 그람시, 알튀세, 르페브르 각
각이 20세기 서구 맑스주의 지형도에서 차지하고 있는 위상을 검토한
뒤 제목으로 제시된 내용을 다룬다는 공통된 구조를 갖고 있다. 더 구체
적으로, 첫 번째 절에선 그람시가 당시까지 이어져 온 맑스주의의 한계
를 지적한 곳은 어딘지와 그것을 극복하기 위해 취한 입장은 또 어떠한
지를, 두 번째와 세 번째 절에선 알튀세, 르페브르 각자가 맑스와 그람시
를 재사유한 방식은 어떠한지를 알아본다. 이 같은 구성상의 공통분모
는 '상부구조 관련 연구', '이론주의', '염세주의'를 특징으로 갖는 20세

순은 현시대에 이르러 과거 어느 때보다 더욱더 치열하게 사유해야 하는 것이기도 하다.
모던 자본주의가 신자유주의의 확산과 지배를 통해 부르주아지의 계급 권력(class power)
과 계급력(class force)을 강화함과 동시에 확고히 하고 있는 이 상황, 사람들이 도통 숨을
쉴 틈을 주지 않는 이 절박한 상황에서 그 문제의식이 갖는 유효성 또한 과거 그 어느 때
보다 크다고 볼 수 있다. 이런 측면에서 볼 때, "이제 이 둘 [구조와 주체] 각각의 지위와
위치라는 수수께끼는 맑스주의 이론에서 주변적이거나 국지적인 불확실성의 영역이 아
니다. 실제로 그것은 인류 문명의 발전을 설명하고자 하는 역사유물론에서, 항상 가장 중
심적이고 근본적인 문제들 중 하나를 구성해 왔다."는 앤더슨의 말은 『역사유물론의 궤
적』(*In the Tracks of Historical Materialism*, 1983)이 출간된 지 40년이 다 돼 가는 지금도 여
전히 유효하다 하겠다. 앤더슨, 김필오·배익준 역, 앞의 책, 54면 ─ [ ] 원저). 참고로 20
세기 서구에서 맑스주의와 (후기)구조주의가 치렀던 이론적 투쟁의 맥락에서 '구조와 주
체의 모순'을 살펴보려면, 위의 책 제2장 「구조와 주체」, 51~88면을 볼 것.

기 서구 맑스주의의 틀에서 만들어지고, 그 틀에서 그 세 사람 각각이 어
떻게 비슷하고 어떻게 다른지를 짚어보는 데 있다.[8]

일단 이렇게 포문(砲門)을 연 뒤 각 절은 다음의 내용을 다룬다. 첫째,
그람시의 헤게모니 장치 개념과 그것이 고안된 당시의 역사적 상황을
자세히 살펴보고, 이 일이 현재 신자유주의 시대에도 여전히 유효함을
밝힌다. 둘째는 '구조'다. 여기선 알튀세가 「이데올로기와 이데올로기
적 국가 장치」("Idéologie et appareils idéologiques d'État", 1970)에서 그리고 있
는 공간을 '디스토피아'로 상정함과 동시에 그가 '헤게모니 장치'를 '이
데올로기적 국가 장치'로 다시 그려 내면서 해방을 향한 주체의 열망을
잠재워 버린 효과를 검토한다. 그리고 그 효과가 국가와 도시, 또는 공적
공간과 사적 공간이라는 서로 다른 공간적 층위를 엄밀히 구분하지 않
은 채 '계급투쟁의 가능성을 열어 줄 현실 공간'을 '이론적 공간'의 지층
으로 포함해 버린 모순을 지적한다. 이 모순은 세 번째 절인 '주체'의 문
제로 이어진다. 여기선 르페브르의 『도시혁명』(La révolution urbaine, 1970)
을 살펴보면서 그가 그람시의 헤게모니 장치를 도시 공간으로 불러내는
과정을 살펴본다.[9] 그리고 그 공간에서 살아가는 모든 도시 노동자가 도

8　'왜 하필이면 그람시, 알튀세, 르페브르 이 세 사람이냐?' 하고 되물을 사람이 있을지도
　　모르겠다. 대답은 작업이 진행됨에 따라 차차 될 것으로 보인다.

9　구태여 이 두 글을 고른 이유는 둘이 세상에 나온 해가 같기 때문, 그래서 적어도 알튀세
　　와 르페브르가 68혁명이 휩쓸고 간 당시 유럽에서 어떤 이론적·실천적 입장을 견지하고

시에 대한 권리를 주장하며 도시혁명을 시도하는 일이 결국 자신을 해방될 주체로 상정하지 않고서는 결코 이루어질 수 없음을, 또한 그렇게 자신을 해방될 주체로 자리매김하는 도시 노동자야말로 유토피아주의자이며 그렇게 가꿔 가는 도시 공간이야말로 유토피아가 될 것임을 보인다. 마지막 장에선 '구조와 주체 사이의 모순'을 공간적으로 풀어 볼 때, 그것은 결국 디스토피아와 유토피아 사이의 모순에 놓여 '도시 공간'에 있는 것과 다름없으며, 그 도시 공간을 지치지 않고 들여다보는 것, 그리하여 이 신자유주의 시대가 우리한테 부리는 온갖 술수를 알아차리고 그것에 맞서서 시민 사회를 조직하는 문화실천을 쉼 없이 고안하는 것이 절실하게 필요하다는 입장을 내어 놓으며 작업을 마무리한다.

있었는지, 또 그 두 입장엔 어떤 구체적 차이가 있는지가 잘 드러날 것이라고 생각했기 때문이다.

3. 헤게모니 장치, 이데올로기적 국가장치, 도시혁명

3.1. 헤게모니 장치: 구조와 주체의 모순

안토니오 그람시. '헤게모니'로 잘 알려진, 20세기 전반의 서구 맑스주의를 대표하는 이론가이자 정치실천가다. 그의 위상은 20세기 맑스주의의 지형에서, 아니 지금 이 글을 써 내려가고 있는 바로 이 순간에도 간과할 수 없을 정도로 중요하다. 신자유주의가 사람의 삶 전체를 옥죄고 있는 이 시대, 무엇보다도 사회 변혁이 필요한 이 시대, 그렇다고 해서 마냥 힘으로 밀어붙일 수만은 없는 이 시대, 조직과 실천으로서 문화가 과거 어느 때보다 절실히 필요한 이 시대에 그의 삶과 가르침은 시간이 지날수록 그 무게감을 더하고 있다.

물론 일각에서는 이런 입장에 의심의 눈초리를 보내기도 한다. 예컨대 "네그리(Tony Negri), 하트(Michael Hardt), 할러웨이(John Holloway)처럼 아우또노미아와 아나키즘에 자신의 입장을 둔 채 반지구화 운동을 주시하고 있는 사람들은 가끔씩 그람시가 과연 이 시대에도 의의를 갖는가 하는 의구심을 갖기도" 한다.[10] 더군다나 이런 분위기 속에서 "그람시가

---

10   Stefan Kipfer, "How Lefebvre Urbanized Gramsci: Hegemony, everyday life, and
      difference", *Space, Difference, Everyday Life: Reading Henri Lefebvre*, K. Goonewardena

죽었다"는 선언마저 이뤄졌다는 점은 더욱더 의미심장하다.[11] "그람시한
테서 영감을 받은 정치적 실천의 여러 모습이 레닌주의적 국가중심주의
에 너무 단단히 매여 있어서 그것들이 지칠 대로 지쳐버렸다"는 것이 그
까닭이다.[12] 하지만 과연 그럴까?

　먼저 그람시한테 내려진 다른 평가를 보자. 앤더슨은 20세기 서구
맑스주의를 가로지르는 가장 중요한 흐름 가운데 하나로 **상부구조 관
련 연구**"를 꼽고 있다.[13] 그람시는 바로 그 물꼬를 튼 사람이다. 이는 그
람시가 「자율적 과학으로서 정치」("Politics as Autonomous Science")에서 얘
기하는 "역사적 블록, 곧 자연과 정신(구조와 상부구조)의 통일, 반대와 차
이(distincts)의 통합"이라는 표현, 아울러 「구조와 상부구조」("Structure
and Superstructure")에서 "구조와 상부구조는 '역사적 블록'을 형성한다.
곧, 복잡하며, 모순적이고 불협화음 같은(discordant), 상부구조의 **총체**
(*ensemble*)는 생산과 관련한 사회적 관계의 **총체다**"는 표현에 잘 드러난

---

　　et al. (eds.), Routledge, 2008, p.193.

11　　Richard J. F. Day, *Gramsci Is Dead: Anarchist Currents in New Social Movements*, Pluto
　　　Press & Between the Lines, 2005; Stefan Kipfer, op cit., p.193에서 재인용.

12　　Ibid., p.193.

13　　P. 앤더슨, 장준오 역, 『실천적 마르크스주의를 위하여』, 이론과 실천, 1986, 115~134면
　　　─ 강조 원저.

다.[14] 그람시 눈에 토대가 상부구조를 결정한다는 입장은 더 이상 합당해 보이지 않았다. 생산력과 생산관계의 모순이 있다 해도, 또 자본주의 사회가 견딜 수 없을 만큼 그 모순이 커져가도 자본주의를 전복할 만한 혁명은 여전히 일어나고 있지 않았다. 오직 성공한 것이라곤 기동전을 앞세운 볼셰비키 혁명이 다였다. 이런 상황에서 토대와 상부구조를 분리해서 생각한다는 것 자체가 시대착오적으로 여겨졌을 것이다.[15] 그래서 그가 시선을 돌린 곳이 바로 '문화'였고, 그것을 통해 그는 헤게모니와 진지전을 비롯한 투쟁의 새로운 분석 대상과 전술(戰術)을 제시한다.

　하지만 상부구조로 관심을 옮겼다고 해서 그람시가 계급투쟁의 중요

14　Antonio Gramsci, op cit., p.137— 강조 원저, p.366. 이때 '구조(structure)'는 '토대(base)'를 가리킨다. 잘 알려져 있다시피, 그람시는 옥중에서 맑스의 용어를 있는 그대로 쓸 수 없어 그 가운데 몇몇을 바꾸어 쓰기도 했는데, '구조'는 그 중 하나다. 토대를 가리키는 다른 말로는 "사물 세계(society of things)"가 있다. Ibid., p.193; 그람시, 이상훈 역, 앞의 책, 199면. 이 점은 르페브르가 그람시를 어떻게 받아들이는가 하는 점에서도 아주 중요하다. 자세한 논의는 2.3.에서 계속한다.

15　이를 뒷받침하는 외부적 요인으로 제2인터내셔널이 제1차 세계대전의 발발로 무너졌고, 이로써 프롤레타리아트의 국제적 연대 또한 물거품이 되고 말았다는 것은 익히 알려져 있다. 게다가 이탈리아의 내부적 요인 몇 가지, 곧 남부의 농민들은 북부의 공업지대로 일하러 가고, 파시스트는 적어도 겉으로 보기엔 손에 피 한 방울 묻히지 않은 채 대중의 지지를 이끌어 내고 있었다. 계급투쟁의 길은 점점 더 멀어지는 듯했고, 이에 그람시는 상부구조의 지배 메커니즘을 분석하여, 강제, 그리고 설득과 합의에 기초한 헤게모니론, 헤게모니 장치, 진지전, 또 그것을 가능케 하는 민속, 언어, 철학, 조직으로서 문화, 유기적 지성인과 같은 여러 개념틀을 고안해 내기에 이른다.

성을 가벼이 여긴 것은 결코 아니었다. 실지로 그는 늘 계급투쟁을 염두에 두고 있었고, 그것의 성공을 위해선 투쟁의 완급을 조절해야 한다고 믿었다. 그래서 나온 전술이 '기동전(機動戰, war of manoeuvre)'에 앞서 반드시 승리로 이끌어야 하는 '진지전(陣地戰, war of position)'이었다. 헤게모니, 또 곧이어 얘기할 '헤게모니 장치'의 개념화는 그러한 전술의 이론-실천적 장치(theoretico-praxical apparatus)로 고안된 것이었다. 중요한 것은 20세기 서구 맑스주의의 지형도에서 그람시는 "계급투쟁의 주요문제를 직접적으로 다룬 최후의 사상가"로 자리 잡고 있다는 점이다.[16]

이 모두를 종합해 볼 때, 그람시는 1890년대, 또 1910년대~1920년대에 걸쳐 나타나는 맑스주의의 두 주요 동향 사이에서 균형을 잃지 않기 위해 무던히도 애쓴 사상가 및 실천가로 이해할 수 있을 텐데, 그것들은 다음을 일컫는다. 첫째, 경제결정론에 입각한 자본주의 자동붕괴론, 곧 '기회주의(opportunism)', 또는 레닌이 일컬은 바에 따르면 '혁명적 대기주의'에 치우쳐 있던 카우츠키 식의 우편향 맑스주의(구조의 모순적 측면 강조), 그리고 둘째, '혁명적 모험주의(revolutionary adventurism)'에 치우쳐 있던 레닌 식의 좌편향 맑스주의(주체의 실천적 측면 강조).

아울러 그람시는 20세기 서구 맑스주의가 **"이론주의**(theoreticism)"의 성향을 강하게 띠게끔 하는 데도 일정 역할을 담당했다. 그 자신, 마키아

---

16 앤더슨, 장준오 역, 앞의 책, 115면.

벨리의 『군주론』과 크로체의 역사주의에 기대고 있다는 것 또한 잘 알려져 있는 얘기다. "'조합주의적'(corporative) 사고방식"에 대한 "통렬한 비난", "프롤레타리아와 농민 간의 '역사적 블록'", "'지역(territory)', '권위(authority)', '합의(consent)'라는 세 가지 요소"로 구성되는 "국가 체계의 유형론", 이 모두는 특별히 마키아벨리를 참조한 것으로 볼 수 있다. 이로써 "서구 맑스주의에서 가장 위대하고 가장 비전형적인 그람시조차도 그 [이론주의적] 전통의 생성법칙에 따르고 있음"을 파악할 수 있다.[17] 이를 유념하면서 지금부턴 방금 말한 '서구 맑스주의에서 가장 위대하고 가장 비전형적인 그람시'의 모습을 찾아보도록 한다.

그람시가 과거의 이론을 참조하여 자신의 이론을 형성해 갔다는 데는 의심의 여지가 없다. 그러나 그것은 어떤 이론가한테도 마찬가지일 터이므로 딱히 별난 일은 아니다. 중요한 것은 그가 정치실천가이기도 했다는 점이다. 이를 유념할 때, 그의 이론체계가 갖는 특이성 또한 쉽게 손에 잡힌다. 예를 들어 "그람시의 헤게모니론은 서구 맑스주의 내에서 또 다른 특색"을 보이는데, 그것은 "당시의 정치투쟁에 직접 참여한 경험을 토대로 하고 있었을 뿐 아니라 유럽의 과거 역사에 대한 매우 치밀한 비교 연구에 기반"을 두고 있는 것이기도 했다. 환언하자면, "그것은 사적 유물론의 창시자들이 행하였다는 고전적 의미에서 경험적 자료에

---

17   위의 책, 111면, 103면 ─ 강조 및 [ ] 글쓴이.

대한 과학적 연구의 산물"이었던 것이다. 그람시 사상의 이 같은 특이성
은 그의 사상을 20세기 서구 맑스주의를 관통한 마지막 흐름인 **"염세주
의"**의 범주에 쉬이 집어넣지 못하게끔 하는 곤란함을 초래한다. 물론 맑
스주의가 "1920년에서 1960년 사이에 서구에서 서서히 변색"돼 갔던
것과 마찬가지로 "사적 유물론의 창시자들과 그들의 계승자들이 지녔
던 자신감과 낙관주의" 또한 점점 힘을 잃어갔던 것은 사실이다. 그 결
과 당시 새로운 얘기를 꺼냈던 모든 서구 맑스주의 사상가들 가운데 그
누구도 "희망의 감소와 확신의 상실"을 드러내지 않은 사람은 없었다.
그람시도 마찬가지였다. 실지로 그의 "이론적인 저작을 살펴보면 그는
그의 선배들이 머릿속에 그리고 있었던 것보다 자본주의가 훨씬 더 경
제적 붕괴에 대해 내구력(耐久力)이 있다고 생각하였으며 엄청나게 강력
한 자본주의 권력 구조에 대한 싸움은 뚜렷한 성과도, 최종적인 확실성
도 보장할 수 없는 장기 소모전(消耗戰)이 될 것이라고 전망"했다. 하지만
그람시의 "혁명적 기질"은 늘 "'생각은 비관적으로, 의지는 낙관적으로'
라는 그의 좌우명"이 빚어내는 모순 사이에서 생성하는 것이었기에 "그
는 예기치 못했던 새로운 맑스주의의 전반적 성격이 무엇이 될 것인가
를 미리 인식하고 통제하려고 했던 유일한 인물"이었던 것이다.[18]

---

18   위의 책, 122~136면 — 강조 원저, 한자 글쓴이. 실질적으로 이 글을 시작하게 된 동기는
    이 한마디에서 비롯했다. '지성의 비관(론)과 의지의 낙관(론)'.

이를 토대로 그람시가 20세기 서구 맑스주의 계보에서 차지하는 위상을 점검해 보면, 적어도 '중시조' 정도는 될 것이다. 하지만 '중흥(中興)의 주역'은 아니다. 오히려 그 문턱까지 갔다가 비운의 죽음을 맞이한, 맑스주의의 가운(家運)이 이론과 실천의 균형이라는 정점에 다다르기 직전에 급락한 실패의 아이콘이라면 모를까. 그러나 그가 전개한 이론적 구상의 치열함과 실천적 행보의 과감함엔 현시대에 이르러서도 여전히 맘속에 새겨 둘 만한 가치가 있다. 그리고 그 가치를 정확히 파악하기 위해선 '헤게모니 장치'를 꼼꼼히 살펴봐야 할 필요가 있다.

실지로 '헤게모니 장치'는 '헤게모니'보다 조금은 덜 익숙한 개념이다. 맑스주의는 말할 것도 없거니와 문화연구에서도 그람시와 헤게모니는 얘기를 많이 하지만 그의 헤게모니 장치 개념과 거기서 가지를 뻗어 나간 여러 다른 개념, 또 그것에 바탕을 둔 여러 다른 주장이 갖고 있는 공간적 함의와 관련해서는 그다지 많은 얘기를 하지 않고 있기 때문이다. 하지만 앞서 밝혔듯이 이 작업의 목적이 '맑스주의가 안고 있는 구조와 주체 사이의 모순을 공간적으로 풀어 봄으로써 그렇게 풀린 것들이 이 신자유주의 시대에 어떻게 유효하며 그 의미는 과연 또 무엇인지를 살펴보려는 데 있다'면, 헤게모니 장치는 그 목적을 향한 여정의 시발점으로서 썩 괜찮은 곳이 될 수도 있다. 먼저 검토할 것은 헤게모니 장치의 정의, 성격, 등장 조건이다.

그람시는 "*apparato egemonico* 또는 *apparato di egemonia* [hegemonic apparatus 또는 apparatus of hegemony: 헤게모니 장치] 라는 개념을 갖고서, '지도력'에 이의를 제기하는 사회적 지형(the social terrain[19] on which 'leadership' is contested)을 분석한다".[20] 이를 두고 무엇보다도 먼저 염두에 둬야 할 것은 두 가지 정도로 볼 수 있다. 첫째, 헤게모니 장치라는 것이 어떤 설명을 필요로 하는 궁극적 개념은 아니다. 오히려 그것은 탈환전(奪還戰)의 승리(勝利)를 위한 방법론적 구상에 더 가깝다.[21] 둘째, 그것은 '현실 정치의 지세(地勢) 또는 전세(戰勢)'다. 이 둘은 공통점과 차이점을

---

19   'social terrain'을 더 많이 쓰이는 표현인 '사회적 지형'으로 옮겼지만, 이렇게 옮길 경우 '지형'을 말 그대로 '땅이 생긴 모양' 정도로 여겨 자칫 그것에 담겨 있는 사회적 의미를 놓칠 우려가 있다. '사회적 지형'이라고 할 때 그 지형은 자연과 같은 객관적 대상을 말하는 것이 결코 아니다. 그것은 기본적으로 맑스가 말한 생산관계와 생산력의 모순, 그리고 거기서 비롯하는 계급투쟁의 가능성이 늘 잠재하고 있거나 실지로 그것이 현실로 발현하기도 하는 사회적 공간이자 장소이다. 따라서 그람시 사상의 전반적 맥락에서 보면, 'terrain'은 오히려 '지세', 또는 '토대 위에서, 또 그것을 두고 벌어지는 힘겨루기나 전세'에 가깝다고 보는 쪽이 더 나을 것 같다. 이런 관점에서 '사회적 지형'은 '현실 정치의 지세 또는 전세'로 해석할 것이며, 이와 관련한 논의는 곧 이어진다.

20   Stefan Bollinger & Juha Koivisto, "Historical-Critical Dictionary of Marxism: Hegemonic Apparatus", P. Thomas (tr.), *Historical Materialism*, Vol.17, 2009, p.301 — [   ] 글쓴이.

21   이 구상에 따르면, 우선 기존의 지도력, 예컨대 부르주아 지배에 이의를 제기함으로써 그것에 도전(挑戰)하고 그것과 경합(競合)을 벌인다. 그런 연후, 다른 형태의 지도력, 예컨대 정치적 지도력 뿐 아니라 지적·도덕적 지도력까지 갖춘 지도력, 그에 더해 조직하는 힘으로서 문화 또한 갖춘 프롤레타리아트의 총체적 힘으로 부르주아지 손에 있던 헤게모니를 도로 앗아 와 그것을 거머쥔다.

하나씩 갖고 있다. 공통점은 둘 다 공간적이라는 것, 차이점은 하나가 이론적이라면 다른 하나는 실천적이라는 것이다. 이는 이론과 실천 사이의 모순, 구조와 주체 사이의 모순에서 어떻게든 균형을 잡으려 했던 그람시의 치열한 이론적 사유와 정치적 실천을 잘 드러내 보여준다. 그리고 이로써 헤게모니 장치의 모순적 성격 또한 파악할 수 있게 된다.

헤게모니 장치는 앞서 봤듯이 '헤게모니(*egemonia*)'와 '장치(*apparato*)'의 결합으로 만들어진 말이다. 이는 헤게모니 장치가 "모순적이고 가변적 역동성을 가진 개념"이 되게끔 하는데, "헤게모니가 '설득'과 관련되는 개념인 반면, 장치는 '물리적 억압'과 관련된 개념이기 때문"이다.[22] 아주 간단한 언급이지만 헤게모니 장치가 갖고 있는 이 모순적이면서도 가변적인 특질은 반드시 기억해 둬야 하는데, 이 개념이 알튀세와 르페브르한테서 각각 다르게 나타나기 때문이다. 이렇게 헤게모니 장치의 정의와 성격을 마무리하고, 이제부턴 그람시의 이 같은 노력이 필요했던 당시의 역사사회적 조건을 한층 더 구체적으로 검토한다.

22 곽노완, 「그람시의 헤게모니장치: 현대 정치와 문화의 시공간」, 『마르크스주의연구』 제4권 제2호, 경상대학교 사회과학연구원, 2007, 28면. 실지로 '헤게모니 장치'는 맑스·엥겔스, 레닌, 그람시로 이어지는, 그러니까 '국가-기계(장치)'에서 헤게모니 장치'로 이행하는 과정에 있는 것으로도 볼 수 있다. 맑스·엥겔스의 '국가 기계(장치)' 개념과 그것이 변화하면서 그람시의 '헤게모니 장치'를 선취하는 자료로는 『브뤼메르 18일』의 VII장, 「독일이데올로기」(박종철 출판사, 전집 제1권, 213-214면), 『프랑스의 계급투쟁』에 실려 있는 엥겔스의 1895년 「서문」이 있다.

이루 말로 다 할 수 없을 만큼 아주 복잡다단한 사정이 있겠지만, 크게는 세 가지 정도로 나눠 생각해 볼 수 있다. 첫째, 당시 "이탈리아 노동자 운동이 파시즘에 패퇴"(敗退)했고, 둘째, "포드주의적 생산양식과 삶의 방식이 자본주의를 새롭게 만들고 있었"고, 셋째 "소비에트 연방이 스탈린주의화하기 시작"했다.[23] 첫째 상황은 그람시 "정치사상의 요체 가운데 하나"인 "수동적 혁명"을 통해 엿볼 수 있다.[24] 수동적 혁명은 모던 국민국가가 이뤄질 즈음해서 생겨나는 모순, 곧 정치적 지배가 필수적인 상황과 지적·도덕적 지도가 당위적인 상황 사이에서 생겨난 모순이 지배로 봉합되면서, 그 효과로 능동적 혁명의 기운이 사그라들게 되는 상황을 말한다. 여기서 핵심 기능을 담당하는 것은 "피에몬테(Piedmont)", 곧 "어떤 새로운 세력, 모든 타협이나 조건에서 자유로운 세력"이자 "국가의 결정권자"인 세력으로서 "왕가(monarchy)의 기능", "정당의 기능", 거기에 더해 "군대와 외교 활동 따위를 구비한 사실상의 국가"다. 실지로 "이 사실은 '수동적 혁명'과 관련해서 지극히 중요한 의미"를 갖는데, 피에몬테의 이런 기능으로 말미암아 지도와 지배가 엇갈려 결국 지도가 지배당하는 꼴이 돼 버리고 마는 아주 심각한 문제가

---

23 위의 글, 28면.

24 Antonio Gramsci, op cit., p.46; 그람시, 이상훈 역, 앞의 책, 62면. '수동적 혁명'과 관련한 이 평가는 「이탈리아 역사에 대한 수고」의 '개요'(Introduction, "Notes on Italian History")에 나오는 것으로 이 책을 엮고 옮긴 Hoare와 Nowell-Smith가 내린 것이다.

발생하기 때문이다. 이 문제에 "내포돼 있는 것은 다른 집단들을 '지도'
한 사회집단이 아니라 국가였고, 그 국가가 비록 권력으로서 한계는 갖
고 있었지만 '지도적'이었어야 할 집단을 '지도'했고, 군대와 정치·외교
적 힘의 처분을 국가 자신한테 맡겼다는 사실"이다.[25] 이는 파시스트 정
당이 곧 군사력·정치력·외교력까지 모두 갖춘 군주이자 국가가 되어 사
실상 국가를 지도하는 입장에 놓여 있어야 하는 정당, 곧 대다수 프롤레
타리아트의 조직체로서 현실 정치에 참여하는 그 정당마저 지배하게 된
당시 이탈리아의 형편을 얘기하고 있는 것이다. 이것이 바로 그람시가
당시의 현실을 꿰뚫어 본 결과로 개념화한 '수동적 혁명'이다. 여기서 놓
쳐선 안 될 것은 이 수동적 혁명의 메커니즘이 파시스트 정당 그 자체가
군주의 권위와 함께 군사력까지 갖춘 국가 노릇을 함으로써 가능한 '강
제', 그리고 그 사회세력이 갖고 있는 모든 국가의 강제적 기능을 정당으
로 포장하고 있음으로써 가능한 '설득'에 기초하고 있다는 점이다.

　두 번째 상황은 그람시가 '미국주의'로 부른 것의 핵심을 이루는 '포
드주의'와 그것에서 비롯한 노동자의 삶이 만들어가고 있었던 당시 자
본주의의 새로운 모습이다. 그는 그 모습을 다음과 같이 그리고 있다.

　　… 포드가 수행했던 실험과 그의 회사가 제품의 수송과 분배

25　Ibid., p.105; 위의 책, 137면.

를 직접 경영함으로써 이룰 수 있었던 절약을 생각해 보라. 이러한 절약은 생산비용에 영향을 끼쳐 높은 임금과 낮은 판매가격이 실현될 수 있게끔 했다. 이러한 예비 조건이 역사적 진화로 말미암아 이미 합리적으로 바뀐 채로 존재했기 때문에, 강제(지역에 기초한 노동계급의 조합주의 파괴)와 설득(고임금, 다양한 사회적 혜택, 지극히 미묘하여 퍼뜩 감지하기 힘든 이데올로기적·정치적 선전)을 기술적으로 결합하여 생산과 노동을 합리화하는 일은 상대적으로 쉬웠다. 그 결과 국민의 전체적 삶이 생산을 축으로 하여 돌아가게끔 하는 데 성공한다. 여기서 헤게모니는 공장 안에서 태어나며, 헤게모니의 행사에 요구되는 전문가의 정치적·이데올로기적 매개물(intermediaries)은 아주 적은 양만 갖고도 충분하다.[26]

솔직히 포드주의가 어떤 모습을 띠고 있는지만 말하려고 했으면 굳이 위와 같은 긴 인용을 할 필요가 없었을 것이다. 너무도 잘 알려져 있기 때문이다. 그렇기에 여기서 중요한 것은 그람시가 포드주의의 작동 방식을 어떻게 파악하고 있는가 하는 점이다. 실지로 그는 강제와 설득이 교묘하게 뒤섞인 헤게모니의 메커니즘이 분석·설명될 때, 포드주의

---

26   Ibid., p.285; A. 그람시, 이상훈 역, 『그람시의 옥중수고 1 — 정치편』 (제3판 제5쇄), 거름, 2006, 342~343면.

체제하의 노동자 삶은 물론 그것이 창출하고 있던 당시 미국의 새로운
자본주의 또한 비로소 참 모습을 드러낸다는 것을 아주 잘 보여주고 있다.

그렇다면 세 번째 상황은 어떠할까? 강제와 설득이라는 이 문제틀
은 소비에트 연방이 스탈린주의화하고 있었다는 당시 상황에서 어
떻게 마련될 수 있을까? 실마리는 「국제주의와 일국(一國)적 정책」
("Internationalism and National Policy")이라는 노트에 있다.[27] 여기서 그람시
는 1920년대까지 이어지고 있던 맑스주의, 곧 그 자신이 '실천철학(the
Philosophy of Praxis)'으로 명명한 그것에 기초하여 당시 트로츠키의 국제
주의와 스탈린의 일국주의를 둘러싼 논쟁에 대해 자신의 입장을 밝히고
있다.[28] 다시 말해서 그는 "실천철학에 입각해서 (그것이 자신을 정치적인 방

27   앤더슨은 1924년 레닌이 죽은 뒤 이루어진 스탈린의 집권이 향후 "수십 년 동안에 걸친
     사회주의와 맑스주의의 운명을 결정하고 말았다"면서 이렇게 얘기한다. "스탈린의 지배
     하에 있는 정치적인 기구들은 적극적으로 러시아 자체 내의 혁명적인 대중 실천을 진압
     하였으며 점점 더 소련 밖의 대중적인 혁명적 실천도 방해하고 파괴하였다. 노동자 계급
     위에 군림하는 특권적인 관료 계층은 점점 더 잔인해지고 광폭해지는 경찰 정권에 의해
     그 위치가 견고하게 강화되었다. 이러한 상황 하에서는 고전적인 볼셰비즘을 가능케 해
     주었던 이론과 실천의 혁명적인 통일이 어쩔 수 없이 파괴당하여야 했다. 그 나라의 권
     력을 송두리째 장악한 관료계층은 밑으로부터 올라오는 대중의 의사 전달을 금지하였고
     대중의 자발성을 모두 소멸시켰다." 앤더슨, 장준오 역, 앞의 책, 35-36면.
28   그 논쟁은 1917년 10월 혁명 이후 사회주의 운동의 국제적 확산에 꾸준히 힘을 기울였
     던 레닌이 1924년 죽음을 맞고 그것을 고비로 점점 그 동력을 잃으며 고립된 처지가 돼
     가고 있던 소비에트 연방의 향후 노선을 둘러싸고 벌어진 것이었다.

식으로 드러내 보이듯이), 그것이 창설자[맑스]가 공들여 표현한 것이든 아
니면 특별히 가장 최근의 위대한 이론가[레닌]가 재조명한 것이든, 국제
적 상황은 일국적 관점에서 어떻게 고려돼야 하는가" 하는 문제를 설득
과 지도로서 헤게모니라는 틀에서 설득력 있게 파헤치고 있는 것이다.

　　　실지로 어떤 나라건 내부적 관계는 '독자적'이고 (어떤 뜻에서
는) 하나밖에 없는 결합의 산물이다. 따라서 내부적 관계를 지배·지
도하려 한다면, 그 관계를 독자성과 유일성이라는 측면에서 이해·
파악해야 한다. 물론 발전 방향은 국제주의를 지향한다. 하지만 출
발점은 '일국적'인 것이며 시작해야 할 곳은 바로 이 출발점이다. 하
지만 그와 동시에 그 전망은 국제적이며 다른 것일 수는 없다. 결국
국제적 계급[프롤레타리아트]이 앞으로 지도하고 발전시켜 나가야
할 국민적 세력의 결합을 정확히 연구하는 일은 필수적이며, 그 연
구는 국제적 전망과 방향[예컨대 코민테른의 그것]에 따라 이뤄져
야 한다. 사실, 지도 계급은 오직 이러한 결합을 정확히 해석할 때 진
정 지도하는 계급일 수 있다. 아울러 그 계급 자신이 그 결합의 한 구
성요소이며, 또 그것을 정확히 하는 계급이라야 운동이 일정한 전망
안에서 방향을 잡고 나아가게끔 할 수 있다. 내 생각에 다수파 운동
[볼셰비즘]의 해석가인 레오 다비도비치(Leo Davidovitch)[트로츠키]
와 비사리오노비치(Vissarionovitch)[스탈린] 간의 근본적 의견 충돌이

맞물려 있는 곳은 바로 여기다.[29]

1920년대 후반 사회주의운동의 지리적 규모를 두고 벌어진 이 논쟁에서, 그람시의 입장은 역시 설득과 합의의 중요성에 토대를 두고 있다. 먼저, 각 나라의 지도 계급은 그곳 역사적 특수성을 바탕으로 하여 생성시킨 지적·도덕적 지도력으로 프롤레타리아트를 설득하고 그 사람들의 동의를 얻는다. 다음, 그것을 국제적 규모로 넓혀나가 결국 프롤레타리아트가 주인이 되는 사회를 만들고, 또 그 사회가 전개하는 인류 보편의 역사로 나아가도록 한다. 그렇지 못할 경우 사회주의운동 그 자체는 고전(苦戰)을 면치 못할 것이며, 이는 결국 프롤레타리아트가 부르주아지한테 예속되는 결과를 낳을 뿐이다. 사회주의운동의 국제적 확산이라는 당면과제에서 설득과 합의가 중요한 것은 바로 그 때문이다. 그람시는 그 과제를 사이에 두고 맞선 스탈린의 일국주의적 성향과 트로츠키의 국제주의적 성향 모두를 날카롭게 비판하고 있는 것이다.[30]

---

29 Antonio Gramsci, op cit., p.240; 그람시, 이상훈 역, 앞의 책, 283면 — [ ] 원저.

30 만약 이런 시각이 타당해 보인다면, 이 글이 참조하고 있는 곽노완의 2007년 논문, 「그람시의 헤게모니장치: 현대 정치와 문화의 시공간」에서 저자가 보여주는 입장은 한 번쯤 비판적으로 곱씹어 볼 만 하다. 그는 그람시의 '헤게모니장치' 논의에 두 가지 문제가 있다고 지적한다. 첫째는 그것이 "일국주의적 경향"을 갖고 있어서 "신자유주의적 지구화와 대안지구화운동이 경쟁하는 시대에" 분명한 "한계"를 드러내 보이고 있다는 것이고, 둘째는 "헤게모니가 다분히 계몽주의적인 설득과 동의에 기초"하고 있어서 "지적·

이로써 당시의 세 상황, 곧 이탈리아 노동자 운동이 파시즘에 밀려 뒤
로 물러난 일, 포드주의를 기반으로 하여 새로운 미국식 자본주의가 등
장한 일, 끝으로 소비에트 연방이 스탈린주의화하면서 사회주의운동의

도덕적·문화적 우월성에 입각한 설득과 동의를 기초하여 구성된다고 보는 근대적 순
진성을 담고 있다"는 것이다. 곽노완, 앞의 글, 39~40면. 여기서 굳이 이런 얘기를 하는
까닭은 다른 여러 문제, 예컨대 민속과 철학, 상식과 양식, 링구아(lingua)와 링구아지오
(linguaggio), 유기적 지성인, 조직으로서 문화와 같은 문제는 놔두고서라도 논문의 저자
가 살피지 못하고 있는 '역사'의 문제를 짚어보려는 데 있다. 저자는 21세기의 역사·사
회·지리적 조건을 바탕으로 한 채 적어도 70여 년 전의 이론 체계를 검토하고 있다. 이럴
경우, 연구 대상이 되는 이론체계와 실천방안이 객관적 검토를 거치지 못하는 경우가 가
끔 생기기도 한다. 지금 얘기하고 있는 논문 또한 『옥중수고』를 쓸 당시의 그람시가 갖고
있었던 지리적 상상의 규모를 깊이 있게 성찰하지 못한 채 내린 결론을 꽤 성급하게 제시
하고 있는 것처럼 보인다. 적어도 맑스주의를 바탕으로 하여 연구를 진행하고 있는 사람
이라면 논의의 대상으로 삼고 있는 이론체계와 실천방안이 생기게 된 여러 조건, 그 가운
데서도 특별히 당대의 역사·사회적 조건과 그것이 허락하는 지리적 상상의 스케일을 유
념해야 한다는 생각이다. 그렇다면 그람시의 지리적 상상력이 과연 국가에 머물러 있기
만 했을까? 그렇지 않다. 「'언어', 말과 상식」(""Language", Lanuguages and Common sense")
이란 노트에서 그람시는 누구든 다른 사람한테 선생이 될 수 있고, 또 누구든 다른 사람
의 제자가 될 수도 있다는 '교육적 관계'를 그의 헤게모니론으로 확장하면서 "모든 '헤게
모니'적 관계는 필연적으로 교육적 관계이며, 이는 한 나라, 곧 한 국가를 구성하고 있는
여러 세력 사이뿐 아니라 국제적이며 전 세계적인 영역, 다시 말해서 국가 간·대륙 간에
도 타당하다"고 말하고 있다. Antonio Gramsci, op cit., pp.349~351; 그람시, 이상훈 역,
앞의 책, 2007, 194~196면. 곽노완이 얘기하듯이 '헤게모니장치'(또는 알뛰세의 '이데올로
기적 국가장치')가 기본적으로 한 국가의 지리적 스케일에서 작동하는 것임에는 분명하지
만, 만약 이것을 실질적으로 지금, 신자유주의 시대에 적용해 보려 했다면 그 한계를 짚
는 데 집중하기보다는 오히려 전 지구적 스케일에서 그 개념을 적용하여 이 시대에 적합
한 것으로 '절합'하려는 노력을 기울였어야 하는 게 아닐까 싶기도 하다.

국제화를 외면하려던 일 모두에서 중요한 것이 헤게모니라는 점은 분명해졌다. 좀 더 구체적으로 첫 번째, 두 번째 상황에서 그람시가 부르주아지의 지배 헤게모니를 분석하고 있다면, 세 번째 상황에선 부르주아지 지배에 맞선 대항헤게모니의 실천적 함의를 주장하고 있다.

이제 이를 유념하면서 지도력에 이의를 제기하는 사회적 지형, 곧 헤게모니론 전개를 위한 방법론적 구상이자 현실 정치의 지세 또는 전세로서 헤게모니 장치로 다시 돌아와서 생각해 보자. 그러면 헤게모니 장치라는 개념이 무엇에 쓰일 수 있는지를 좀 더 정확히 이해할 수 있다. 그것의 목적은 조금 전까지 살펴봤던 "지배의 여러 차원과 형태, 또는 예속된 여러 계급의 세력을 정복하는 일을 분석"하는 데 있으며, "그것들은 (폭력이나 폭력의 위협에 직접적으로 기초하고 있는 것이 아니라) 합의에 기초"하고 있다.[31] 이렇게 볼 때, "헤게모니 장치는 한 계급이 다른 여러 계급에 대해 갖고 있는 헤게모니를 조직·매개·확인하는 모든 제도, 장소, 또는 행위 주체로 정의"할 수도 있다.[32]

요컨대 신자유주의가 한층 더 공고해진 현재에 이르러 헤게모니 장치 개념이 갖는 중요성은 실로 점점 커질 수밖에 없다. 이는 여태껏 "시

---

31   Stefan Bollinger & Juha Koivisto, op cit., p.301.

32   Gianni Francioni, *L'Officina Gramsciana: Ipotesi sulla struttura dei "Quaderni del carcere"*, Bibliopolis, 1984, p.175; Stefan Bollinger & Juha Koivisto, op cit., p.301에서 재인용.

민사회가 이룩해 왔던 수많은 성취에도 '소수'에 대한 '다수'의 하위주
체성(subalternity)이 점점 커가고 있는 상황"에 직면한 지 오래됐기 때문
이다.[33] 이 같은 맥락에서 헤게모니 장치가 그람시 이후 20세기 후반의
서구 맑스주의자들한테서 어떤 모습으로 드러나는지를 살펴보는 일은
상당히 중요하다고 할 수 있다. 그럼 지금부턴 앞서 밝힌 바와 같이 그
사람들 가운데 알튀세와 르페브르가 그람시의 헤게모니 장치를 어떻게
수용하고 재개념화하는지를 살펴보도록 한다.

3.2. 이데올로기적 국가 장치: 구조, 디스토피아적 국가,
호명된 주체로서 국민

20세기 전반 서구 맑스주의 지형에서 획기적인 사실 하나는 1844
년의 『파리수고』(이하 『수고』)가 "뒤늦게 세상에 알려진 일"이었다. 이
를 두고 알튀세와 르페브르의 입장이 확연히 나뉘게 된다. 알튀세는
『수고』의 발견에 그다지 동요하지 않았다. 오히려 헤겔의 "역사주의
(historicism)"에 철저히 반대하는 입장을 가졌던 그는 다음과 같은 까닭
으로 역사주의를 비판한다. 첫째, 역사주의는 "사회를 단순히 순환적인
'표현적' 총체성으로 간주하게 하고, 역사를 동질적인 일직선적 시간의

---

33   Stefan Bollinger & Juha Koivisto, op cit., p.301.

흐름으로 생각하게" 한다. 둘째, 그것은 "계급투쟁을 집단적 '주체'의 싸움으로, 또한 자본주의를 본질적으로 소외에 의해 규정되는 세계로 여기게 만들"어 "공산주의를 소외를 극복한 진정한 휴머니즘의 상태로 쉽사리 생각하게 만드는 이데올로기"다.[34] 이로써 알튀세는 그 같은 역사주의의 영향이 나타나는 청년 맑스(the Young Marx)의 저작, 예컨대 『헤겔 법철학 비판』, 『수고』, 심지어 『독일 이데올로기』 같은 작업에 결별을 고한 뒤, 원숙한 맑스(the Mature Marx)의 저작인 『자본론』에 집중한다.[35] 그것이 과학적 맑스주의를 정립하는 길이라 믿었기 때문이다. 그 믿음과 더불어 그는 맑스주의의 "과학적 성격을 격렬하게 재강조"함과 동시에 맑스의 저작 가운데 "『자본론』이 차지하고 있는 비중을 매우 높게 평가"한다. 이로써 알튀세는 "소외에 관한 주제가 헤겔주의의 주요 내용을 이룬다고 주장하면서 과학적 유물론을 세우기 위한 전제조건으로서 그런 주제를 거부해야 한다"고 단언하기에 이른다.[36]

하지만 알튀세는 자신이 생각한 만큼 맑스의 초기 저작에서 자유로

---

34 앤더슨은 이 근거를 *Reading Capital*, pp.119~143에서 갖고 오고 있다고 밝히고 있다. 앤더슨, 장준오 역, 앞의 책, 107면.

35 이미 잘 알려져 있듯이 이런 알튀세의 입장에 영향을 끼친 사상은 가스통 바슐라르(Gaston Bachlarde)의 이른바 '인식론적 단절(rupture épistémologique)' 개념이다. 자세한 내용은 위의 책, 89~90면을 볼 것.

36 위의 책, 79, 107, 109면.

울 수 없었다. 다시 말해서 그가 구조주의적 관점에서 맑스의 한계를 짚고 넘어서서 맑스 사상의 과학성을 입증하기 위해 '반인간주의'적 입장을 내어놓기는 하지만, 이조차 맑스의 초기 저작을 딛고 서 있는 것이었기 때문이다.[37] 더욱이 비록 맑스의 초기 저작에 바탕을 둔 채 맑스를 읽어 내는 것에 반대하며 실증적이고 과학적 이론을 펼치려는 노력을 기울였다손 치더라도 "그런 노력 역시 초기 저작들이 출현하기 전에는 알려지지 않았던 테크니칼한 철학적 차원에 계속 머물러 있었다"는 점은 새겨둘 만하다. 이렇듯 알튀세가 맑스와 맺은 관계로 미루어 볼 때, 알튀세 또한 철저히 '이론주의'적 입장에 있었으며, 이는 "이론은 특수한 유형의 실천('이론적 실천'[theoretical practice])이며 실천의 개념 그 자체는 반드시 이론에 의해 규정되어야 한다"는 그의 주장에 아주 잘 나타나 있다.[38] 소략하긴 하지만, 이것이 알튀세가 맑스와 맺었던 관계의 대강이다. 그렇다면 알튀세가 그람시와 맺은 관계는 어떠했을까?

---

37 알튀세의 '반인간주의'는 그의 이데올로기론과 깊은 관련이 있다. 곧이어 집중적으로 검토·분석하게 될 「이데올로기와 이데올로기적 국가 장치」에서 그는 "'이데올로기는 구체적 개인을 구체적 주체로 부르거나 호명한다'. 이데올로기는 '구체적 개인을 주체로 구성하는 기능을 갖고 있다"고 주장한다. 이런 주장은 알튀세의 반인간주의가 갖는 한 측면이기도 한데, 그에 따라 주체는 자기구성적 행위자(a self-constituting agent)가 아니라 오히려 구조의 '효과'로 간주'돼 버리는 모순에 봉착한다. Chris Barker, *Cultural Studies* (3rd ed.), SAGE, 2008, p.63.

38 앤더슨, 장준오 역, 앞의 책, 81, 111면 — [] 원저.

만일 그람시의 "가장 심원하고 독창적인 업적"이 "교육의 사회적인
성격, 계급과 계급 사이를 단단히 결합시키는 매개적 이데올로기 역할,
그리고 지식인들이 역사적으로 형성되고 분할되는 것에 대한 제도적 분
석에 있었다"는 앤더슨의 주장이 타당하게 들린다면, 알튀세야말로 그
람시의 적자(嫡子)로 볼 수 있다. 그의 「이데올로기와 이데올로기적 국
가 장치」가 그람시의 이론적 유산을 거의 빠짐없이 받아들인 결과로 탄
생한 것이기 때문이다. 그람시가 "정치적인 문제로서 문화적 상부구조
의 자율성과 효율성"을 다루고, "사회질서를 유지하거나 전복시키는 문
제와의 관련 하에서 상부구조" 그 자체를 "이론화"한 것과 마찬가지로,
알튀세 또한 "상부구조적인 문제를 연구"하여 "이 방면에 관해 그가 쓴
가장 긴 논문", 곧 "이데올로기와 교육"을 집중적으로 분석한 그 논문을
1970년에 발표하였던 것이다. 이렇게 볼 때, 알튀세 또한 그람시가 열어
놓은 상부구조 관련 연구의 길을 걸었음이 틀림없다. 심지어 알튀세는
"연극이나 미술(Brecht, Cremonini) 그리고 예술의 본질"을 논의하는 한편,
"철학 고유의 분야 이외에서 그의 관점이 어느 정도의 수준을 유지한 채
전개된 유일한 분야"인 "문학 이론" 영역에서도 활동했다.[39]

지금껏 알튀세 또한 20세기 서구 맑스주의를 가로지르는 큰 흐름 세
가지 가운데 두 가지, 곧 이론주의와 상부구조 관련 연구의 동향 속에 놓

---

39   위의 책, 119면.

여 있음을 살펴봤다. 그러면 그의 염세주의적 성향은 어디서 발견할 수 있을까? 그가 실지로 염세적이긴 했을까? 해답의 실마리는 「이데올로기와 이데올로기적 국가 장치」에 대한 공간적 분석에서 이끌려 나올 듯하다. 그 분석은 역시 헤게모니 장치에서 이데올로기적 국가 장치로 전환하는 가운데 생기게 되는 모순과 한계를 공간적 틀에서 조망함으로써 그 효과를 점검하는 것에 초점을 맞춘다. 그리고 그 결과, 공간적으로 볼 때 알튀세가 그람시의 적자라는 인식이 익히 알려진 만큼 타당한 것은 아니라는 점을 제시하게 될 것이다. 분석에 앞서 먼저 던져봐야 하는 질문은 이런 것이다. 헤게모니 장치와 국가의 관계, 또 이데올로기적 국가 장치와 국가의 관계는 어떠한가? 그 둘의 공간적 규모는 어떤 차이를 보이며, 그 효과는 과연 무엇인가? 그 규모의 차이와 효과가 헤게모니 장치의 그것들과 다른 점은 또 무엇인가?

우선 「이데올로기와 이데올로기적 국가 장치」의 공간 관련 논의를 맑스주의 이론 전반 또는 이 텍스트의 구체적 맥락에서 검토해 보면 알튀세는 우선적으로 맑스주의의 이데올로기론에서 가장 중요한 틀인 '토대'와 '상부구조'의 공간적 비유를 타고 넘어갈 것을 제안한다. 이로써 알튀세는 자신의 논의가 단순한 기술에 머무르지 않고 설명, 곧 이론 그 자체로 전환하는, 그리하여 기존의 맑스주의가 상정하고 있던 국가 기계(machine, 장치)와 이데올로기의 상관관계를 국가 장치와 이데올로기라는 새로운 문제틀로 옮겨 맑스주의의 이데올로기론을 과학적으로 이론화하는 국면을 발생시키려고 시도한다.

　… 우리는 맑스주의의 범론, 즉 건물의 공간적 비유(토대와 상
부구조)의 커다란 이론적 이점은, 그것이 결정(또는 효과지표)의 문제가
중요함을 보게 함과 동시에 모든 건물을 최종심에서 결정하는 것은
토대임을 보여준다는 것, 따라서 상부구조에 고유한 '부차적 효과
의 유형에 대한 문제를 제기하도록, 즉 맑스주의 전통이, 상부구조
의 상대적 자율성과 상부구조의 토대에 대한 반작용이라는 결합된
표현 아래 지시하고자 했던 바를 사고하도록 강제한다는 것이라고
말할 수 있다. … 모든 사회의 구조를 건물이라는 공간적 비유 속에
서 나타내는 이러한 표현의 가장 커다란 부적합성은 명백하게, 그것
이 은유적이라는 점, 즉 기술적(descriptive)으로 남게 된다는 점이다.
… 그때부터, 우리에게 그것들은 다르게 표현되는 것이 바람직하며
또한 가능한 것으로 보인다. 우리말을 잘 이해해야 한다. 우리는 고
전적 비유를 거부하는 것이 전혀 아닌데, 왜냐하면 그것 자체가 우
리로 하여금 그것을 넘어서도록 강제하기 때문이다. 그리고 우리는
그것을 낡아빠진 것으로 내던지기 위해 넘어서는 것도 아니다. 우리
는 단지, 그것이 기술이라는 형태 하에 우리에게 제공한 것을 생각
해 보고자 할 따름이다. … 우리가 생각하기에, 상부구조의 존재의
본질과 본성을 특징짓는 것을 생각하는 것이 가능하고 필요한 것은,

재생산의 관념에 입각해서다. 건물이라는 공간적 비유가 개념적 해답을 제공함 없이 그 존재를 나타내고 있는 여러 가지 문제를 해명하기 위해서는, 재생산의 관점에 서는 것으로 충분하다. … 우리의 근본적인 테제는, 이 문제들을 제시하는 것이 (따라서 그것에 대답하는 것이) **재생산의 관점에서가** 아니고서는 불가능하다는 것이다.[40]

알튀세는 토대와 상부구조의 공간적 비유가 기술적이기 때문에 그 한계를 뛰어넘어 이론적·과학적 국면으로 진입하면서 **"생산관계들의 재생산"** 과 "사회"를 설명하고자 한다. 먼저 생산관계들의 재생산에 적극 관여하고 그것을 사회적으로 보장하는 것은 전통적 맑스·레닌주의에서 말하는 "억압 '기구'(machine)", 곧 억압적 **"국가장치"** 하나(l'appareil (répressif) d'État), 그리고 그 곳곳에 퍼져 있는 다수의 '이데올로기적 국가장치'(appareils idéologiques d'État; AIE)다. 하지만 알튀세가 제안하는 이 새로운 '공간적 모델', 곧 그람시의 헤게모니 장치에 내재하는 특질인 모순과 가변적 역동성 모두가 국가의 이데올로기적 영토성으로 환원되어 버린 이 모델은 오로지 국가가 관장하는 생산관계들의 사회적 생산과 재생산에 봉사하는 역할만 그려 내고 있을 뿐, 실질적으로 대항헤게모니

---

40   L. 알튀세, 김동수 역, 「이데올로기와 이데올로기적 국가 장치」, 『아미엥에서의 주장』, 솔, 1991, 82~83면 — 강조 원저.

를 조직할 수 있는 문화의 역능은 사전에 차단하고 있다. 게다가 이 효과
는, 비록 알튀세 자신은 의도치 않았던 것이라 할지라도, 그가 공적영역
과 사적영역의 구분선을 지워버리는 곳에서 더욱 두드러진다. "AIE를
구성하는 기구들이 '공적'인가 '사적'인가 하는 것은 별로 중요치 않"은
데, 이는 중요한 것이야말로 "그것들의 기능이"며 "사적인 기구들도 이
데올로기적 국가장치로서 완벽하게 '기능'할 수 있"기 때문이다. 좀 더
자세히 밝혀보면 알튀세의 주장엔 다음과 같은 근거가 있다. 공적영역
과 사적영역의 구별조차 "부르주아적 법 내부의 구별이며, 부르주아적
법은 그 '권력들'을 행사하는 (종속된) 영역들 속에서만 유효"하다. 그렇
기에 "지배계급의 국가인 국가는 공적이지도 않고 사적이지도 않으며
그것은 반대로 공적인 것과 사적인 것 간의 모든 구별의 조건"이 된다.[41]

그러나 이 같은 근거에선 심각한 모순이 발생한다. 알튀세가 **"어떠
한 계급도 이데올로기적 국가장치들 위에 그리고 동시에 그 속에 그들
의 헤게모니를 행사하지 않고서는 지속적으로 국가권력을 보유할 수 없
다"**고 하면서도 AIE를 다시 계급투쟁의 '토포스'로 보고 있기 때문이다.

> 이 마지막 지적은 우리로 하여금 이데올로기적 국가장치들
> 이 단순히 계급투쟁의 목적일 뿐 아니라 또한 그 장소이기도 하다는

---

41   위의 책, 84, 90면 — 강조 원저.

것, 그리고 자주 계급투쟁의 격렬한 형태를 띤다는 사실을 이해할 수 있게 해준다. 권력을 쥐고 있는 계급 (또는 계급동맹)이 (억압적) 국가장치에서 만큼은 쉽게 이데올로기적 국가장치 속에 법을 만들 수는 없다. 그것은 단지 이전의 지배계급이 오랫동안 그 강한 지위를 유지할 수 있기 때문이 아니라 또한 피착취계급의 저항이, 그 속에 존재하는 모순들을 이용하거나 그 속에서 투쟁을 통해 전투진지들을 장악함으로써, 그 속에 자신을 표현시킬 방도와 기회를 발견할 수 있기 때문이기도 하다.[42]

여기서 인용 속의 '장소'를 굳이 '토포스(topos)'로 바꾼 까닭은 그것이 '토픽(topic)'과 깊은 관계를 맺고 있기 때문이다[43]. 만약 알튀세가 지적한 바와 같이 AIE를 계급투쟁의 목적이자 장소라고 할 수 있다면, 그것은 제각각 다른 계급의 이해나 이해관계에 상충하는 여러 토픽이 난무하며 그것들이 모순·갈등·대립을 불러일으키는 역동성 가득한 전장(戰場)이 돼야 한다. 그리고 그 같은 모순·갈등·대립이 해결되지 않고 오히려 증폭할 경우, 그것은 '투쟁(鬪爭)'으로 이어지게 되고, 그 투쟁은 곧 '전투진지(戰鬪陣地)'를 형성·장악하고 '그 속에서 투쟁 주체인 계급 자신을 표현

---

42   위의 책, 92~93면 — 강조 원저.

43   나카무라 유지로[中村雄二郎], 박철은 역, 『토포스 — 장소의 철학』, 그린비, 2012, 8~11면.

할 방도와 기회를 발견'하려는 사회적 노력이 된다. 그렇다면 이 모든 과
업을 담당할 영역은 대체 어디가 될 것인가?

투쟁을 통해 타도(打倒)해야 할 대상이 국가 장치 그 자체라면, 그 전투
진지를 생성시킬 역량을 갖고 있는 곳은 바로 사적영역의 '시민사회', 더
구체적으론 "'시민적 헤게모니(civil hegemony)'", 곧 대항헤게모니를 조직
할 수 있는 시민사회가 된다. 물론 그람시의 헤게모니론에서 국가와 시
민사회의 관계가 늘 대치하는 것만은 아니다. 앤더슨이 "국가는 시민사
회에 맞서"기도 하고(State contrasts with Civil Society), "국가는 시민사회를
아우르"기도 하도(State encompasses Civil Society), "국가는 시민사회와 똑
같"기도 하다(State is identical with Civil Society)고 말한 것을 굳이 떠올리지
않더라도 국가와 시민사회의 관계는 실로 복잡다단하다.[44]

이 신자유주의 시대에 우리가 고심해서 조직해야 할 것이 바로 국가
에 '맞설 수 있는' 시민사회라는 점, 또 그 시민사회란 것이 사적영역 고
유의 역능에서 발현한다는 점은 자명하다. 이렇게 볼 때, 그람시의 헤게

---

44 Perry Anderson, "The Antinomies of Antonio Gramsci", *New Left Review*, Vol.I, No.100
(November-December), 1976, pp.12~13; P. 앤더슨, 「안토니오 그람시의 이율배반」, 김현
우 외 편저, 『안토니오 그람시의 단층들』, 갈무리, 1995, 50~52면. 앤더슨의 이 같은 분석
을 포함, 시민사회와 도시사회를 현시대 문화정치의 변증법적 주체로 논의한 것과 관련
해선 전국조, 「속도와 리듬의 변증법적 관계에 기초한 새로운 도시사회 및 그 주체의 가
능성: 식민적 질주권 부산의 사회적 생산과 탈식민화의 가능성을 중심으로」, 박사학위논
문, 경성대학교 문화기획·행정·이론학과, 2017, 80~85면을 볼 것.

모니 장치 개념은 표면적으론 공적영역과 사적영역이 국가라는 공적영역으로 봉합되어 있는 정태적 양상을 띠면서도 심층적으론 국가가 공적영역과 사적영역으로 이뤄져 있어 그 둘이 늘 모순을 빚어내는 동태적 공간의 모습을 갖고 있다는 것을 보여준다. 하지만 그 헤게모니 공간이 이데올로기적 국가 장치로 전환하면서 국가는 일종의 '디스토피아'로 그려지고 있고, 거기선 해방을 향한 주체의 열망 또한 잦아들 수밖에 없다. 해방'될' 시민이 호명'된' 국민으로 전락하고 마는 것이다. 비록 알튀세가 AIE를 투쟁의 토포스로 그려 내고 있다 할지라도 말이다. 이는 한 번 더 말하지만 국가와 시민적 헤게모니, 곧 공적영역과 사적영역이라는 서로 다른 공간적 층위를 엄밀히 구분하지 않은 채 계급투쟁의 가능성을 열어 줄 현실 공간을 이론적 공간의 지층으로 포함해 버린 알튀세의 모순이자 한계가 된다. 그리고 그 모순과 한계를 생각해 볼 때, 결국 알튀세 또한 20세기 서구 맑스주의의 중대한 경향인 '염세주의'에서 자유로울 수 없었다는 잠정적 결론을 내릴 수 있다.[45]

끝으로 알튀세가 보여주고 있는 이론적 공간화 또는 공간의 이론화의 한계 세 가지만 더 얘기하고자 한다. 먼저 "이데올로기는 그들의 실재 조건에 대한 개인들의 상상적 관계를 표현한다"는 테제에 따르는 효과, 곧 "이데올로기는 개인들을 주체로서 호명한다"는 알튀세의 주장에

---

45   이 같은 결론은 곧이어 르페브르를 논의하면서 더욱 분명해 질 것이다.

대한 검토다.[46] 여기서 핵심적인 것은 '무의식'이며, 무의식을 얘기할 때
반드시 짚어봐야 하는 것은 그것이 '어떤 관념적 지층화의 모델(a model
of ideal stratification)'을 기반으로 한다는 것이다. 기본적으로 무의식을 언
제든 의식의 지층으로 떠오를 수 있는 것으로 볼 때, 그 둘의 상관관계는
'잠재와 현시(latency and manifestation)'라는 의식적 지층화의 모델을 상정
하고 있다. 이는 알튀세가 '토대와 상부구조'의 공간적 비유, 현실의 물
적 토대와 그것을 지배하는 상부구조로 구성된 건축술적 모델(물론 이론
적 틀이기도 하지만)을 뛰어넘는다고 하면서 다시 다른 형태의 공간적 비유
를 이론의 공간 안에서 재전유하고 있음을 보여준다. 물론 이것이 '기술
에서 설명으로'라는 그의 목적에 부합할는지는 모르겠지만, 실지로 이
둘 사이의 차이가 그다지 커 보이지 않는 까닭은 그것이 토대와 상부구
조의 모델이든 의식과 무의식의 모델이든 기본적으로 상대적 자율성의
동학을 보여준다는 데 있기 때문이다.

둘째, "이데올로기는 물질적 존재를 갖는다"는 테제에 대한 검토
다. 여기서 아쉬운 점은 알튀세가 '이데올로기가 물질적으로 구현된다
(embodied)'고 할 때, 다시 말해서 의식의 차원에 머무르고 있는 이데올로
기가 실질적 몸을 얻는 물질적 구현을 통해 발현된다고 할 때, 그것이 현
실 공간에선 어떻게 드러나는지, 그것의 공간적 배치가 현실적으론 또

---

46   알튀세, 김동수 역, 앞의 책, 107, 115면.

어떻게 이뤄지는지를 적확히 짚어 내지 못했다는 것이다.[47] 또한 여기서 중요한 점은 알튀세가 얘기하고 있는 AIE, 예컨대 학교는 말할 것도 없거니와 매스미디어를 중심으로 한 "커뮤니케이션 장치", "종교장치", "가족장치" 따위가 집중적으로 모여 있는 현실 공간,[48] 또 그것들을 통한 주체화가 벌어지는 공간이 바로 '도시공간'이라는 점이다. 이는 알튀세 자신이 도시에 살면서도 그 도시 곳곳에 배치되어 있음과 동시에 도시 곳곳으로 스며드는 AIE를 파악하지 못했다는 말과 같다. 이 같은 한계는 곧 이어질 르페브르 관련 논의와도 아주 밀접한 관계를 맺는 것으로서, 알튀세가 얘기한 공적영역과 사적영역, 곧 국가라는 이데올로기적 공간과 그 속에서 시민적 헤게모니를 위한 투쟁을 벌여야 하는 시민사회가 잠재적이나마 자리 잡고 있는 도시공간을 엄밀히 구분하지 못하고 있다는 관점에서 충분히 비판할 만하다.

마지막으로 생각해 볼 것은 "이데올로기 **일반**은 역사를 갖지 않는다"는 입장이다.[49] 물론 이데올로기 자체가 신화이기에 그것이 초역사적이라는 말, 따라서 역사를 갖지 않는다는 말은 맞다. 또한 설령 사회

---

47   실지로 이는 알튀세의 영향을 받은 푸코가 고고학적 방법론을 통한 역사 접근에서 계보학적 방법론으로 전환하면서 세상에 내어 놓은 기념비적 저작인 『감시와 처벌』에서 이뤄지고 있다.

48   위의 책, 110, 99면.

49   위의 책, 105면 — 강조 글쓴이.

주의 사회가 온다고 해도 그곳마저 끊임없이 이데올로기를 생산할 것이
라는 말도 맞다. 하지만 아무리 그렇다고 쳐도 이데올로기를 그 '일반(in
general)'이라는 말로 환원하면서 철학적 관념화의 영역으로 끌고 들어가
버릴 때 생기는 현실적 모순은 어떻게 되는 건가? 그러니까 이데올로기
의 주체화 전략에 맞서고자 하는 '주체'가 할 수 있는 일은 아무것도 없
게 되는 모순, 드 세르토(Michel de Certeau) 식으로 말하자면, 그 전략에 맞
서고자 하는 주체의 전술같은 건 그 어디에서도 찾을 수 없게 되는 이 모
순은 과연 또 어떻게 되는 건가 말이다.[50]

  그렇기에 역사를 붙들고 씨름하려면, "이데올로기들은 그 자신의 역
사를 갖는다"는 말을 마음에 담아 둬야 한다.[51] 이는 사람들이 만들어 가
는 역사적 국면에 따라 등장하는 상이한 복수의 이데올로기를 분쇄하고
그 효과를 할 수 있는 만큼 막아보기 위해서라도 꼭 필요하다. 그리고 그
각각의 이데올로기가 다른 모습을 한 채 드러나는 공간의 배치, 그 배치
가 가장 극적으로 구현되는 현실의 도시공간, 그 공간의 역사적 변화를
추적해 갈 필요성 또한 절실하다. 이는 표면과 심층 사이에 놓인 채 하루

---

50   이는 구조주의 전반에 나타나는 한계다. 그리고 구조주의가 사르트르가 초창기에 손을
      잡았던 현상학(현상학적 실존주의)과 헤어지고 맑스주의를 접하면서 내놓았던 휴머니즘
      적 실존주의에 맞서기 위해 1950년대 프랑스 사상계의 무대에 등장했던 것을 떠올리면
      될 것 같다.

51   위의 책, 105면 ― 강조 글쓴이.

하루 당최 이해할 수 없는 모순에 직면하고 있는 도시 노동자인 우리 자신이, 단지 누가 커튼 뒤에서 음흉한 미소를 띤 채 있는지를 아는 데 그치지 않고, 그 커튼이 걷힐 때 두려움에 몸을 웅크린 채 눈치만 살피고 있을 그 사람들을 직접 눈으로 확인하려는 움직임을 위해서라도 꼭 필요하다. 그렇다면 그 가능성은 이제 누구의 얘기에서 찾을 것인가? 이제 시선을 르페브르한테 돌릴 차례다.

3.3. 도시혁명:
주체, 유토피아적 도시 공간, 해방될 주체로서 도시 노동자

『수고』를 두고 알튀세와 상반하는 접근 태도[52]를 보이는 르페브르는 20세기 서구 맑스주의 지형도에서 일반적으로 알려진 것보다 훨씬 더 일찍 등장한다.[53] 이미 1930년대 전반에 『수고』의 번역을 책

---

52 르페브르 사상 및 실천의 핵심엔 헤겔·맑스·니체가 자리 잡고 있다. 철저한 변증론자였던 그는 심지어 헤겔에서 맑스로 이어지는 과정조차 변증법적 발전으로 봤으며, 그런 맑스와 니체 또한 변증법적으로 절합한다. 실지로 이 절합을 통해 당시 맑스주의의 여러 한계를 극복하고자 했던 인물이 바로 르페브르다. 그렇기에 헤겔과 맑스 간의 단절을 주창했던 알튀세와는 입장이 다를 수밖에 없었던 것이다.

53 이는 '이론의 여행'에 따른 한국 학계의 현실로 볼 수도 있겠는데, 르페브르의 저작 가운데 국내에 소개된 건 정말이지 몇 권 안 된다. 『현대사회의 일상성』(*Critique de la vie quotidienne*, 1947), 『모더니티 입문』(*Introduction à la modernité: Préludes*, 1962), 『공간의 생

임지게 된 것이다. 더 구체적으로 "파리에서 르페브르는 수고를 맨 처음
번역하는 작업의 책임을 맡고 있었다. 구테르만(Norbert Gutermann)과 공
동작업으로 그가 수고를 번역, 편집하여 간행한 것은 1933년"이었으며,
『수고』에 "나타난 사상적 관점에서 전체적인 마르크스 저작을 새롭게
재구성하기 위해 노력한 첫 번째 주요 이론적 작업"은 그가 "1934~35년
에 걸쳐 쓴 『변증법적 유물론』이란 저술이었다."[54] 하지만 그가 프랑스
공산당에 가입한 1928년은 "국제공산주의운동이 마지막으로 스탈린주
의화 되었던 제3시기와 일치하였기 때문"에 그의 지적 호기심을 채우는
이론적 작업은 처음부터 쉽게 이루어질 수 있는 것이 아니었다. 다시 말
해서, 당시 "이론적 작업"은 "엄격한 정치적 규제"를 받아야 했다. "자본
주의의 발전분석 및 계급투쟁의 행동분석에 관한 모든 중심적 문제"가
프랑스 공산당 지도부에 그치지 않고 "러시아 자체 내의 코민테른에서
도 언급이 유보되는 영역"이었기 때문이다. 그런 상황에서도 그는 함께
입당했던 당시의 지식인, 예컨대 『수고』 번역의 책임을 함께 졌던 구테

산』(*La production de l'espace*, 1974), 『리듬분석』(*Éléments de rythmanalyse: Introduction à la connaissance des rythmes*, 1992) 정도다. 최근 들어 영미권에선 활발한 번역 및 소개가 이뤄
지고 있는 것으로 보이는데, 그래도 꽤 늦은 편이다. "1990년대"가 돼서야 비로소 시작
했기 때문이다. Stuart Elden, "Politics, Philosophy, Geography: Henri Lefebvre in Recent
Anglo-American Scholarship", *Antipode*, Vol.33, No.5, 2001, p.809.

54 실지로 그가 『수고』의 프랑스어 번역을 책임졌다는 점은 아주 의미심장하다. 자세한 논
의가 곧 이어진다.

르만 같은 사람에 견주어 봤을 때 "비교적 높은 수준의 질적, 양적 저술"을 냈고, 그러는 동안 프랑스 공산당을 향한 "공적인 충성심" 또한 계속 지켜나가고 있었다. 이런 상황에서 그는 연구가 거의 금지되다시피 한 자본주의의 발전 양상이나 계급투쟁의 행동 따위를 분석하는 연구, "곧 혁명적 전략의 중심적 문제"에선 멀찍이 떨어진 채 철학적 연구에 매진하게 된다. 『변증법적 유물론』(*Le matérialisme dialectique*, 1939)은 그런 배경에서 세상에 나온 것이었다. 이러한 철학적 연구에 더해 『미학시론』(*Contribution à l'esthétique*, 1955)까지 저술함으로써 그 또한 '상부구조 관련 연구'라는 당시 서구 맑스주의의 흐름 속에 자리 잡고 있었다.[55] 아울러 이는 그가 '이론주의'의 큰 흐름 속에 있었음을 보여주기도 한다.

그렇다면 그의 이론주의적 성향은 알튀세의 그것과 비교했을 때 어떤 독특한 모습을 띠는가? 그리고 그 모습은 그를 비관론자로 보게 할 것인가, 아니면 낙관론자로 보게 할 것인가? 여기서 주목해야 할 것은 그가 1930년대 초 이미 『수고』의 프랑스어 번역을 도맡았다는 점이다. 실지로 이는 청년 맑스의 저작을 거부하고 반인간주의·반역사주의를 바탕으로 한 알튀세의 과학적 맑스주의와 달리, 르페브르의 맑스주의가 다분히 인간주의적·역사주의적 성향을 띠게 됨을 뜻하는 것이기도 하

---

55 앤더슨, 장준오 역, 앞의 책, 80, 59~60, 117면 — 강조 글쓴이. 여기서 르페브르 저술의 원저명 및 출판년도는 엘든, 전국조 역, 앞의 책, 427~428면을 참조, 수정한 것이다.

다. 적어도 공간과 관련한 그의 사상, 1960년대가 후반이 되어서야 슬슬 물이 오르기 시작한 것으로 보이는 그것을 통해서 엿볼 수 있는 '시민주체'의 생성 가능성은 어쩌면 『수고』를 바탕으로 해서 맑스 사상 전체를 새롭게 재구성하려 했던 1930년대의 『변증법적 유물론』에서 일찌감치 그 노정을 예견하고 있었는지도 모를 일이다. 아울러 헤게모니와 헤게모니 장치로 나 있는 쪽으로 갈려 뻗어나감으로써 그 여행길은 그의 공간 사상을 둘러싼 이론과 실천의 경관을 더욱더 풍성하게 만든다.

르페브르의 도시혁명 테제와 그것의 현시대적 함의를 검토하기에 앞서 그람시에서 르페브르로 넘어오는 이 작업이 조금은 생뚱맞다고 생각할지도 모를 사람도 있을 것 같아 몇 마디 덧붙였으면 한다. 한편으론 두 사람 모두 20세기 서구 맑스주의의 큰 틀 안에서 볼 수 있다는 측면에서 당연하다고 여겨질 수도 있겠지만, 다른 한편으론 두 사람 사이의 관계와 관련한 연구가 생각보다 많지 않기 때문이다. 실상 "르페브르한테서 그람시의 울림(resonances)을 찾는 일이 놀라운 것으로 비칠지도 모른다. 그람시의 맑스주의가 현시대 저항의 정치학(oppositional politics)에 대해 갖고 있는 연관성을 두고 치열한 경합이 벌어지고 있기 때문"이다. 하지만 르페브르가 "『공간의 생산』을 시작하며 던진 질문(공간을 건드리지 않고 놔둔 채 헤게모니가 행사되는 것을 상상하는 일이 가능한가? is it "conceivable that the exercise of hegemony leaves space untouched"?)"을 다시 생각해 볼 때,[56] 그가 그 람시를 염두에 두고 있었음은 거의 확실해 보인다. 그리고 이는 심지어 "그람시의 헤게모니론을 **철저히** 도시화하는 데 필요한 초대장"으로 여 겨질 수도 있다.[57] 키퍼(Stefan Kipfer)는 그람시가 20세기 후반 서구 지성 계에 다방면으로 끼친 영향력의 지형도를 그리는 가운데 르페브르와 그 람시가 맺고 있는 관계의 특이성을 보여준다.

> 그람시와 르페브르 사이에 있는 그 혈통(lineage)은 … 그 둘 각 자가 레닌주의를 딛고 넘어서려 한 시도, 또 메트로폴리탄 자본주의 가 갖고 있는 모든 다차원적(정치·경제·문화적) 형식 속에서 그 자본주 의가 만들어 내는 불균등 발전에 집중하는 열린 맑스주의를 구축하 려 한 시도에 놓여 있다. … 르페브르한테 그람시의 헤게모니론은 맑스주의를 실천철학으로 개념화하려는 레닌주의적 구상 그 너머 를 가리켰다. … 르페브르의 눈에 그람시의 정치이론은 '레닌에 대

56　원문은 "Is it conceivable that the exercise of hegemony might leave untouched?"("헤게모 니는 어떤 식으로 공간을 도외시하는가?")이다. Henri Lefebvre, *The Production of Space*, D. Nicholson-Smith (tr.), Blackwell, 1991, p.11; H. 르페브르, 양영란 역, 『공간의 생산』, 에 코리브르, 2011, 51면.

57　Stefan Kipfer, op cit., pp.193~194 — 강조 원저. 참고로 르페브르가 『공간의 생산』에서 애기하고 있는 그람시와 헤게모니론은 르페브르, 양영란 역, 앞의 책 50~52면을 볼 것.

한 혹독한 비판'을 **함의한다**. 그리고 그것은 맑스주의를 그 끝이 열려 있고 비객관주의적 방식으로 이해하는 결과를 낳기도 하는데, 그 같은 그람시의 정치이론은 르페브르 자신의 것과 비슷했다. … 르페브르가 지적하듯이, 토대와 상부구조는 그람시가 역사적 블록으로 부른 긴장국면의 형성 과정 속에 녹아들게 된다.[58] 이는 맑스주의 그 자체를 자기반성적이고 역사화한 방식으로 구상하도록 이끈다. … 맑스주의는 이미 그 형태를 갖춘, 기성의 이론·전략체(already-formed, ready-made body of theory and strategy)로 볼 수 없다. 오히려 그것은 부르주아 사회의 삶과 사상에 있는 헤게모니적 형식과 성공적으로 관계를 맺느냐 마느냐 하는 것에 달려있다.[59]

그렇다고 해서 르페브르가 그람시의 입장을 무조건적으로 수용하거나 비판하거나 한 것은 아니다. 그는 그람시의 입장을 비판적으로 수렴함과 동시에 거기에서 다시 분기한다.[60] 르페브르가 보기엔 그람시 이전

---

58   Henri Lefebvre, *De l'État, tome II*, Union Générale d'Editions, 1976, pp.378~380; Stefan Kipfer, op cit., p.196에서 재인용.

59   Ibid., pp.195~196 — 강조 원저.

60   르페브르가 그람시의 입장을 절합해 가는 과정은 르페브르가 얘기하는 '도시혁명'과 관련하여 곧 이어나갈 얘기의 측면에서도 아주 중요하기 때문에 특별히 한 번 쯤은 짚어볼 만하다.

에 '혁명'과 관련한 "두 가지 틀(two schemas)", 더 구체적으로 정치적 혁명
과 문화적 혁명을 둘러싼 두 틀이 있다. 하나는 마오와 레닌이 보여준 것
으로 "문화적 혁명이 정치적 혁명을 **뒤따른다**"는 것이고, 다른 하나는
서구, 특별히 헤겔한테서 엿볼 수 있는 것으로 "문화적 혁명이 정치적
혁명에 앞선다"는 것이다. 맑스의 경우, "(노동) **계급** 개념을 도입하면서
헤겔의 기획, 곧 "부르주아-민주주의적" 실현과 이 단계에서 나타나는
역사의 종언을 비판"한다.[61]

　　나중에 그람시는 깊숙이 자리 잡은 권력의 헤게모니를 전진
적으로 획득하는 가운데 문화와 문화적 혁명이 맡는 역할을 계속 간
직한다. 그 결과 새로운 문제들이 나타난다! ⋯ 20세기, 또는 동세기
후반이 이들, 지금은 고전적 틀이 되어 버린 이 두 틀 가운데 이것 아
니면 저것과 일치한다는 것은 분명한가? 원인과 결과로 이루어진 이
과정 말고 다른 가능성들은 전혀 없는가? 하지만 이 가능성은 다만
존재하고 있을 뿐 아니라 우리 눈앞에서 실현되기까지 한다. ⋯ 우
리는 이 같은 두 엄청난 운동, 곧 사회적-정치적인 것과 문화적-과학

61　Henri Lefebvre, "Revolutions", G. Moore et al. (trs.), *State, Space, World: Selected Essays*,
　　N. Brenner & S. Elden (eds.), G. Moore et al. (trs.), University of Minnesota Press, 2009,
　　p.295 — 강조 원저.

적인 것이 이루고 있는 동시성과 **변증법적** 상호관계를 해명하는 어떤 환원된 목록에 겸손한 방식으로 만족해야 한다. 분명히 사회적-정치적인 것과 문화적-과학적인 것은 '진리 대 이데올로기' 또는 차라리 '현실 대 반영', '합리적 대 비합리적' 따위 (하지만 물론 사회적-정치적인 것과 문화적-과학적인 것은 따옴표로 엮인 것들을 포함한다) 의 고전적 관계로 환원될 수 없다. 따라서 그 목록은 문화적인 것과 정치적인 것이 서로 덧붙어 있지 않고 갈등을 일으키는 어떤 세계(통일성 대 모순) 안에서 **이어져 있음**을 보여준다.[62]

이를 통해 말하고 르페브르가 말하고 싶었던 것은 어쩌면 이런 게 아닐까 싶다. 지금의 역사·지리적 조건에 비추어 과거의 이론 체계나 실천 방안을 비판적으로 다루기는 쉽다. 하지만 같은 조건에서 과거의 것에서 지금에도 유효한 것을 빼내어 갖고 와 지금의 현실에 빗대어 보는 것, 이것이 바로 역사를 겸허하게 들여다봐야 하는 주된 이유다. 하지만 그 겸허함은 마냥 고개를 숙이는 그런 비굴함과는 전적으로 다른 것이다. 그것은 역사를 비판적으로 바라보는 것과 그리하려는 노력 모두를 아우른다. 또한 그것은 역사를 변증법적으로 바라본다는 것, 그리해서 발견되는 역사·사회적 모순을 사유의 출발점으로 삼는다는 것, 그 사유의 여

---

62   Ibid., p. 295 — 첫 번째 생략 및 강조 원저.

정은 그 종착지를 미리 정해놓고 가는 움직임이기보다 오히려 목전의
모순을 하나씩 해결해 나가는 과정 그 자체라는 것, 그렇게 해서 사회적
총체성(ensemble)을 향해 한 발짝 한 발짝 내딛는 것, 이 모두를 아우르기
도 한다. 그런 방식으로 역사를 겸허하게 받아들일 때 우리는 비로소 혁
명의 가능성을 가늠할 수 있다. 그리고 르페브르한테 그 가능성을 타진
할 현실 공간은 바로 '도시'다.

　이런 측면에서 르페브르의 도시혁명 테제는 아주 중요한 의의를 갖
는다. 「이데올로기와 이데올로기적 국가 장치」와 『도시혁명』, 이 둘은
쌍둥이다. 세상에 나온 해가 같다. 하지만 이란성이다. 아주 다르다. 그
차이가 68혁명이 휩쓸고 간 당시 유럽에서 만들어진 것이기에 그것은
더더욱 의미심장하다.[63] 주체의 잠재적 역능이라는 측면에서 알튀세가
비관적 입장을 갖고 있다면, 르페브르의 그것은 '낙관적'이다. 이 차이
는, 공간적 측면에서 볼 때, 르페브르야말로 헤게모니 장치를 좀 더 그람
시답게 재전유하고 있다는 데서 드러난다. 예컨대 "르페브르는 (『옥중수
고』에서 이뤄진) 헤게모니에 대한 그람시의 고찰을 1919년 토리노에서 일
어난 노동자 봉기와 관련해 그가 쓴 글을 통해 읽을 것을 제안"한다. 사
실 이는 "스탈린주의적 국가 강령이 남긴 유산, 곧 레닌이 갖고 있던 두
가지 혁명적 개념, '(국가사회주의에서 불멸의 것이 되어버린) 프롤레타리아트

63　각주 9를 볼 것.

독재'와 '(무한히 연기된) 국가의 사멸', 이 둘의 연결고리를 효과적으로 끊어내 버린 그 유산에서 배울 것"이었다.[64] 그 결과, "르페브르한테 후자는 마치 정언명령과도 같은 **유일한** 책무(*the* imperative)"가 되는데, 그것은 "대항헤게모니의 전망" 속에서 "역동적으로 구상"된 것이었다.[65] 이것이 바로 르페브르가 헤게모니 장치를 비판적으로 수용한 결과로 나타난 것이며, 그 전망과 구상의 실현, 곧 '혁명'을 향한 과정적 실천이 펼쳐질 현실 공간으로 그는 도시를 봤던 것이다.

그렇다면 『도시혁명』에서 르페브르가 내어 놓고 있는 핵심 주장은 무엇인가? 그는 "산업화의 문제틀, 두 세기가 넘는 동안 여러 자본주의 사회를 지배해 온 그 문제틀이 점점 도시적인 것으로 대체되고 있다. 다시 말해서 '도시적 문제틀'이 우세해지고 있는 것이다"는 분석과 함께 "자본주의적 산업주의의 위기보다 도시사회의 위기라는 측면에서 1968년의 정치적 위기는 더 강렬하고 본질적이었다"는 주장을 내어 놓는다. 이렇게 볼 때 "『도시혁명』은 그 같은 도시 공간과 거리에서 일어나는 혁명적 사회 변화의 가능성에 바치는 찬가다."[66]

이러한 르페브르의 입장을 두고 구네와르데나(Kanishka Goonewardena)

---

64   Stefan Kipfer, op cit., p.197.

65   Ibid., p.197.

66   Neil Smith, "Foreword", *The Urban Revolution*, R. Bononno (tr.), University of
      Minnesota Press, 2003, p.xi, xvi.

는 다음과 같이 묻는다. "이제 우리는 산업화의 동학(상품의 생산) 또는 도
시화(도시공간의 생산)라는 견지에서 사회적 총체성이 갖고 있는 근본적
모순을 이해할 것인가?"[67] 사회적 총체성이 갖고 있는 모순은 어떻게 보
면 자본주의적 산업주의, 곧 상품의 생산과 소비가 만들어 내는 관념적
공간인 디스토피아, 그리고 도시화, 곧 도시 공간의 생산과 소비가 만들
어 내는 현실적 공간인 유토피아의 변증법적 관계에서 비롯하는 것일지
도 모른다. 유토피아가 현실적 공간이라는 것이 언뜻 말이 안 되는 듯 들
릴 수도 있겠지만, 어쨌든 건축가나 도시계획가처럼 실질적으로 공간의
사회적 생산에 관여하는 사람들은 유토피아를 만들어 간다고 믿고 있을
터이기 때문이다. 문제는 이 디스토피아와 유토피아 사이의 모순을 일
상에서 늘 감당하는 사람들이 있다는 점이다. 바로 지금 이 시대의 도시
에서 살고 있는 우리 같은 노동자들 말이다.

　신자유주의 시대에 이 도시 노동자는 새롭게 '프레카리아트(Precariat)'
로 불리고 있다. 이 사람들은 오랫동안 신자유주의가 획책해 온, 이른바
'노동시장의 유연화'에 따라 죽 형성돼 온 이 시대의 새로운 프롤레타라
이트다. 더 나은 이해를 위해 스탠딩(Guy Standing)의 말을 들어 보면,

67　Kanishka Goonewardena, "The Urban Sensoprium: Space, Ideology and the
　　Aestheticization of Politics", *Antipode*, Vol.37, No.1, 2005, p.63.

일용직과 임시직 등 비정규직, 그리고 파견·용역 등 간접노
동으로의 변화는 전 세계적인 경향이다. 노동시장의 급속한 유연화
가 양산하고 있는 새로운 계층이 바로 프레카리아트다. 불안정한 직
업을 가진 사람들, 안정적인 고용 전망을 갖지 못한 사람들, 별다른
직업 경력을 갖지 못한 사람들 등으로 구성된 집단이 증가하고 있는
데 이들을 프레카리아트(Precariat·'불안정한'이란 뜻의 이탈리아어 Precari와
프롤레타리아트 Proletariat의 합성어)라고 부를 수 있다. 프레카리아트는
전 지구적 변환이 초래한 최근의 사회·경제 위기가 보여주는 핵심
적인 특징이다. 불안정한 직업들을 전전하면서 불안한 노동 생애를
날마다 보내고 있는 프레카리아트는 전세계적으로 수십억 명에 이
른다. 대부분은 '도시 유목민'처럼 자신들이 어디로 가는지, 미래에
어디에 있을지도 모른 채 살아간다. 이들은 정체성도 없고, 일정한
직업도 없고, 자기 인생의 미래를 설계하지도 못한다. 프레카리아트
는 일자리를 갖고 있어도 사내 복지 혜택을 거의 받지 못하며, 국가
가 제공하는 공적연금 복지도 제한적으로만 받는다. 이들은 미래에
대한 희망 없이 비정규직으로 서비스 섹터를 전전하며 살아간다.[68]

---

68 조계완, 「21세기 위험계급 '프레카리아트': 가이 스탠딩 교수 인터뷰」, 『Economy
Insight』, 제5호, http://www.economyinsight.co.kr/news/articleView.html?idxno=289.

이 사람들, 앞서 얘기했던 디스토피아와 유토피아의 모순을 일상에서 감당하는 이 사람들은 현시대의 도시혁명을 일으킬 수 있는 주체의 잠재성을 갖고 있는 사람들이다. 문제는 이 사람들을 조직할 방편이다.

『공간의 생산』에서 르페브르가 확립한 '공간적 삼자관계(spatial triad)' 또는 '공간적 삼항변증법(spatial trialectics)'을 유념하면서 르페브르가 『도시혁명』에서 제안하는 "도시적 전략"을 고려할 필요가 있다. 먼저 르페브르가 『도시혁명』에서 제시하는 다차원적 변증법, 곧 "정치적 실천과 사회적 실천", "일상적 실천과 혁명적 실천", "달리 말해서 구조와 실천", "산업적 실천과 도시적 실천" 사이의 변증법을 두고 도시적 전략을 고안한다.[69] 하지만 이것이 다는 아니다. 여기에 "전 지구적인 것"을 더 해야 한다. 그러면 이제 우리한테는 첫째, '우리', "도시적인 것의 혁명을 가능케 하는 역량을 지닌, 급진-유토피아적 주관성의 저수지"인 우리가 있다. 둘째, "전 지구적인 것을 통한" 수단, 이를테면 전 지구적 네트워크 같은 것이 있다. 셋째, 유토피아적 성향, 늘 도시혁명을 실험할 수 있고 또 그리하려는, 그래서 "일상의 삶이 가꿔가는 도시혁명"의 추동력이 되는 그 성향이 있다.[70] 이런 틀 안에서 어떤 운동을 일으키려 애쓸

---

69   Henri Lefebvre, *The Urban Revolution*, R. Bononno (tr.), University of Minnesota Press, 2003, p.76 — 강조 원저.

70   Kanishka Goonewardena, op cit., p.65 — 강조 원저.

때, 조직이자 조직하려는 실천으로서 문화를 깨워낼 때, 이 시대의 프레
카리아트는 늘 해방될 시민주체로서 각자의 삶을 작품(œuvre)으로, 또 그
작품이 모인 사회적 앙상블을 도시공간이라는 전작(œuvre)으로 기획할
수 있지 않을까? 해방'될' 시민주체라고 했다. 하지만 구조가 나날이 만
들어 내는 수많은 모순, 나날이 증식하는 그 모순 속에 놓인 우리는 결코
해방의 그 순간을 만끽하지도 못한 채 숨을 거두고 말지 모른다. 그렇다
고 해서 그냥 손 놓고, 넋 놓고 있을 것인가?

4. 수렴, 분기, 총체성, 참전기

끝으로 덧붙이고 싶은 말 몇 마디가 있다. 이 글이 갖고 있
는 근본적 입장은 가능하다면 새로운 지도 한 장을 그려내려 애쓰는 일
에 놓여 있었다. 물론 상당히 제한적이고 단편적인, 별 보잘 것 없는 지
도 한 장에 그치고 말 것이라는 데는 의심의 여지가 없다. 하지만 맑스
주의 이론의 역사적 전개 과정이 기본적으로 한 이론이 만들어진 시대
의 물질적·사회적 조건이 다음 시대로 넘어가면서 변화하고 그에 따
라 문제틀 자체가 이동하며 발생하는 절합의 과정으로 본다면, 그리고
그 과정을 추동해 나가는 힘이 맑스주의 이론의 역사적 전개 과정 곳곳
에서 생겨나는 모순에서 비롯한다고 한다면, 그 결과 그 과정이 이론적

수렴(convergence)을 통해 닫히고 마는 것이 아니라 끝없는 이론적 분기(divergence)를 이루며 모순 가득한 어떤 이론적 총체성(ensemble)을 이룸과 동시에 그 총체성이 삶의 공간과 맞닿으면서 또 수많은 모순을 만들어내고, 그 모순이 결국 실천으로 이어지는 다리가 된다고 한다면, 이 글은 그 모순, 그리고 그것이 갖고 있는 잠재력으로 말미암아 우리 도시 노동자 모두가 실천을 향해 한 발짝 더 다가설 수 있는 가능성을 붙들고 씨름하려는 작은 몸부림 정도는 되지 않을까 한다.

정말 마지막으로 한 마디만 더. 이 작업이 관전평이라고 해서 으레 그렇듯 재밌거나 즐겁거나 한 것은 결코 아니다. 오히려 이전 참전용사(參戰勇士)의 삶과 죽음, 때로는 실로 비참하고 참담하기 그지없던 그 삶과 죽음에 대해 누구보다도 공감하며 진행하는 작업이다. 그렇기에 이 일은 관전평의 형식을 빌린 나름의 전투기다. 그 전투(戰鬪)가 여전히 현재진행형이기 때문, 그렇기에 관전자이자 논평자인 '나' 또한 여전히 그 전투에 참전(參戰)하고 있기 때문이다. 그람시부터 보더라도 거의 한 세기에 걸쳐 펼쳐지고 있는 고전(苦戰)이요, 또 언제 종전(終戰)될지 모르는 지구전(持久戰)이다. 언제가 될지 알 수 없는 종전일이 찾아왔을 때, 볼 것이라곤 아무것도 없는 이 전투기도 한 편의 참전기(參戰記)로 기록될 수 있길 바란다. 그리고 이 기대를 끝으로 실전은 잠정적으로 마무리한다.

관련 어휘

전투기 戰鬪記 battle writing	1. 전투의 체험, 견문, 감상 따위를 적은 글.
관전평 觀戰評 war commentary; comment	1. 경기 따위를 관전하고 나서 하는 평.
격전 激戰 fierce battle; ferocious battle	1. 세차게 싸움. 또는 세찬 싸움. = 맹전 猛戰, 격투 激鬪
난전 難戰 tough fight	1. 어려움을 무릅쓰고 싸움. 또는 그런 싸움. = 고전 苦戰, 고투 苦鬪
사전 死戰 fight to die	1. 죽기를 각오하고 싸움. 또는 그런 싸움. = 사투 死鬪
전세 戰勢 progress of battle; situation of war	1. 전쟁, 경기 따위의 형세나 형편.

전국 戰局 war conditions	1. 전쟁이 진행되고 있는 판국.
전황 戰況 status of a battle	1. 전쟁의 실제 상황. = 전상 戰狀
기동전 機動戰 mobile warfare; war of manoeuvre	1. [군사] 부대의 기동력, 화력, 지형 따위를 이용하여 진 지를 옮겨 가면서 벌이는 전투. = 운동전 運動戰, 이동전 移動戰
탈환전 奪還戰 recapture fight	1. [군사] 적에게 빼앗긴 진지나 도시 따위를 도로 빼앗 아 찾기 위하여 벌이는 싸움. 2. 체육 빼앗긴 선수권을 되찾기 위하여 벌이는 경기.
도전 挑戰 challenge	1. 정면으로 맞서 싸움을 걺. 2. 어려운 사업이나 기록 경신 따위에 맞섬을 비유적으로 이르는 말.
참전용사 參戰勇士 war veteran	1. 전쟁에 참가한 용감한 군사. 『우리』

참전 參戰 participation in war	1. 전쟁에 참가함. 2. 운동 경기 따위에 선수로 참가함을 비유적으로 이르 는 말.
종전 終戰 end of war	1. 전쟁이 끝남. 또는 전쟁을 끝냄. = 세병 洗兵 ↔ 개전 開戰
참전기 參戰記 journal of war	1. 전쟁에 참가한 사실을 적은 기록.

참고문헌

곽노완, 「그람시의 헤게모니장치: 현대 정치와 문화의 시공간」, 『마르크스주의연구』 제4
권 제2호, 경상대학교 사회과학연구원, 2007, 26~42면.

나카무라 유지로[中村雄二郎], 박철은 역, 『토포스 ─ 장소의 철학』, 그린비, 2012.

E. 소자, 이무용 외 역, 『공간과 비판사회이론』, 시각과 언어, 1997.

L. 알튀세, 김동수 역, 「이데올로기와 이데올로기적 국가 장치」, 『아미엥에서의 주장』, 솔,
1991, 75~130면.

P. 앤더슨, 장준오 역, 『실천적 마르크스주의를 위하여』, 이론과 실천, 1986.

_____, 김필오·배익준 역, 『역사 유물론의 궤적』, 2010.

S. 엘든, 전국조 역, 『앙리 르페브르 이해하기: 이론과 가능한 것』, 경성대학교출판부,
2018.

조계완, 「21세기 위험계급 '프레카리아트': 가이 스탠딩 교수 인터뷰」, 『Economy
Insight』, 제5호, http://www.economyinsight.co.kr/news/articleView.
html?idxno=289.

Antonio Gramsci, *Selections from the Prison Notebooks*, Q. Hoare & G. Nowell-Smith
(eds. & trs.), International Publishers, 1971; A. 그람시, 이상훈 역, 『그람시의 옥중
수고 1 ─ 정치편』 (제3판 제5쇄), 거름, 2006, 『그람시의 옥중수고 2 ─ 철학·역사·
문화편』 (제3판 제4쇄) 거름, 2007.

Chris Barker, *Cultural Studies* (3rd ed.), SAGE, 2008.

David Harvey, *The Condition of Postmodernity: An Enquiry into the Origin of Cultural
Change*, Blackwell, 1989; D. 하비, 구동회·박영민 역, 『포스트모더니티의 조건』,
한울, 1994.

Edward S. Casey, "Preface", *The Fate of Place: A Philosophical History*, University of
California Press, 1997, pp.ix~xv.

Gianni Francioni, *L'Officina Gramsciana: Ipotesi sulla struttura dei "Quaderni del*

carcere", Bibliopolis, 1984, p.175; Stefan Bollinger & Juha Koivisto, op cit., p.301
에서 재인용.

Henri Lefebvre, *De l'État, tome II*, Union Générale d'Editions, 1976, pp.378~381; Stefan
Kipfer, 2008, p.196에서 재인용.

_____, *The Production of Space*, D. Nicholson-Smith (tr.), Blackwell, 1991; H.
르페브르, 양영란 역, 『공간의 생산』, 에코리브르, 2011.

_____, *The Urban Revolution*, R. Bononno (tr.), University of Minnesota Press,
2003.

_____, "Revolutions", G. Moore et al. (trs.), *State, Space, World: Selected Essays*,
N. Brenner & S. Elden (eds.), G. Moore et al. (trs.), University of Minnesota Press,
2009, pp.290~306.

Immanuel Kant, *Critique of Pure Reason*, N. K. Smith (tr.), Humanities, 1965; I. 칸트, 백
종현 역, 『순수이성비판 1』, 아카넷, 2006.

Kanishka Goonewardena, "The Urban Sensoprium: Space, Ideology and the
Aestheticization of Politics", *Antipode*, Vol.37, No.1, 2005, pp. 46~71.

Neil Smith, "Foreword", *The Urban Revolution*, R. Bononno (tr.), University of Minnesota
Press, 2003, pp.vii~xxiii.

Perry Anderson, "The Antinomies of Antonio Gramsci", *New Left Review*, Vol.I, No.100
(November-December), 1976, pp.5~78; P. 앤더슨, 「안토니오 그람시의 이율배반」, 김
현우 외 편저, 『안토니오 그람시의 단층들』, 갈무리, 1995, 40~137면.

Richard J. F. Day, *Gramsci Is Dead: Anarchist Currents in New Social Movements*, Pluto
Press & Between the Lines, 2005; Stefan Kipfer, 2008, p.193에서 재인용.

Stefan Bollinger & Juha Koivisto, "Historical-Critical Dictionary of Marxism: Hegemonic
Apparatus", P. Thomas (tr.), *Historical Materialism*, Vol.17, 2009, pp.301~308.

Stefan Kipfer, "How Lefebvre Urbanized Gramsci: Hegemony, everyday life, and
difference", *Space, Difference, Everyday Life: Reading Henri Lefebvre*, K.

Goonewardena et al. (eds.), Routledge, 2008, pp.193~211.

Stuart Elden, "Politics, Philosophy, Geography: Henri Lefebvre in Recent Anglo-American Scholarship", *Antipode*, Vol.33, No.5, 2001, pp.809~825.

제3부

──────────   휴전   ──────────

지역전으로서 문화전쟁
- 현시대 축제와 부산: 가상 세계와 현실 세계

핵심 어휘

지역전 (地域戰) local war	1. 일정한 지역에서 벌이는 전투. 『우리』
문화전쟁 文化戰爭 culture war	1. [사회 일반] 서로 다른 문화들이 삶의 전반을 지배하고자 벌이는 경쟁이나 투쟁. 미국의 사회학자 헌터(Hunter, J.)가 제시한 개념이다. 『우리』

1. 부전(赴戰)과 부전(不戰)

이 작업의 근본적인 문제의식은 이런 거다. 축제는 더 이상 축제가 아니다. 祝(빌 축)과 祭(제사 제), 이 두 글자로 이뤄져 있다, 축제는. 하지만 현시대 축제(festival)에선 그 뜻은 물론 그 뜻과 관련한 어떤 것도

찾아볼 수 없다. 빎의 경건함도, 축하의 들뜸도, 제사의 엄숙함과 차분함
도 없다. 단지 현시대 소비사회의 향연(饗宴, feast)만 있을 뿐이다. 축제가
축제인 까닭은 인간의 삶이란 것이 들뜬 가운데서도 차분하고, 차분한
가운데서도 들뜨고, 가벼우면서도 무겁고, 무거우면서도 가볍기 때문인
데, 현시대 축제에선 그런 혼재의 양상을 당최 찾아볼 수가 없다.

　상황이 더 심각한 까닭은 온 지역이 축제의 이상증식, 또 그에 따른
축제의 사라짐에 앞다퉈 동참하고 있다는 데 있다. 너도나도 축제의 문
화전쟁(文化戰場)에 참전(參戰)하면서 축전(祝典) 아닌 축전(祝戰), 제전(祭典)
아닌 제전(祭戰)만 양산하고 있다. 이런 마당에 부전(赴戰)과 부전(不戰)의
대상을 명확히 해 보는 게 일단은 바람직하지 않을까?

2. 얘기 셋

§ 얘기 하나 — 축제
"이곳은 조용한 곳이야. 어떤 사건도 일어나지 않아".[1]

　1967년, 당시 프랑스의 사회적 열망이 그 이듬해의 혁명을 향해 한껏

1　　G. 드보르, 유재홍 역, 『스펙터클의 사회』, 울력, 2014, 175면 ─ 강조 원저.

치달아 가고 있을 즈음, 기 드보르(Guy Debord)가 세상에 내어 놓은 한 권
의 책, 『스펙터클의 사회』(*La Société de Spectacle*)가 보여주는 신도시의 슬
로건이다. 우리가 사는 도시 부산이 결코 신도시인 것은 아니다. 하지만
이곳은 늘 신도시를 욕망한다. '조용한 곳', '어떤 사건도 일어나지 않는
곳'임을 자처하면서. 하지만 동시에 '늘 시끌벅적한 곳', '수많은 사건이
일어나는 곳'임을 과시하면서.

§ 얘기 둘 — 공동체
"분명히 이것은 역설이다.
레고 세트(a Meccano set)처럼, 수천 개의 작은 '세계들'로 부서지는
'세계'를 우리는 제공받고 있다".[2]

기 드보르의 책이 나오기 5년 전인 1962년, 르페브르(Henri Lefebvre)가
자신의 고향 나바렝스(Navarrenx) 근처에 건립되고 있던 신도시, 무렝스
(Mourenx)를 보며 남긴 노트의 한 대목이다. 우리가 사는 도시 부산이 오
직 한 세계로 이루어져 있는 것은 아니다 — 이곳에는 정말이지 수천수

---

2   Henri Lefebvre, "Notes on the New Town", *Introduction to Modernity: Twelve Preludes*,
     J. Moore (tr.), Verso, 1995, p.121; H. 르페브르, 이종민 역, 「어떤 신도시에 대한 메모」,
     『모더니티 입문』, 동문선, 1999, 180면. '메카노'는 프랑스의 인기 완구 브랜드로 지금도
     여전히 출시되고 있다. 한국에선 '메카노 블럭 메카닉 툴박스'로 판매되고 있다.

만 개의 세계, 아니 그것보다도 훨씬 더 많은 세계가 있다. 하지만 이곳은 늘 한 세계를 욕망한다. '수천 개의 작은 세계'로 무너져 내리면서. 하지만 동시에 '늘 한 세계임'을 뽐내면서.

§ 얘기 셋 ― 소외
"세계적인 것의 폭력은 역시 건축물을 거치게 된다.
다시 말하면 유리·강철·콘크리트로 된 이 석관(石棺)들 속에서 일하며
살아가는 두려움을 겪게 된다. 거기서 죽는다는 두려움은
거기서 산다는 두려움과 분리될 수 없다".[3]

르페브르가 무렝스에 대한 자신의 소회를 적어 내려간 때부터 정확히 반세기가 지난 2002년, 보드리야르(Jean Baudrillard)가 메트로폴리스 뉴욕에서 내려앉은 그 두 빌딩을 두고 나직이 읊조리듯 한 말이다. 메트로폴리스 부산에 사는 우리가 항상 이 시대의 세계적 폭력에 시달리고 있는 것은 아니다. 하지만 우리는 늘 그것에 시달릴 것을 욕망한다. '석관들 속에서 일하며 살아가는 두려움'에 벌벌 떨면서. 하지만 동시에 '늘 그 두려움에 아랑곳하지 않는 척'하면서.

이 셋을 촘촘히 짜서 엮어 보는 일, 이 작업이다. 씨실로는 앞서 살짝

---

3   J. 보드리야르, 배영달 역, 『지옥의 힘』, 동문선, 2003, 9면.

풀어놨던 소외·축제·공동체를, 날실로는 가상 세계·현실 세계, 이소토
피아·헤테로토피아, 분리·차등을 삼는다. 날실의 경우, 큰 두 항의 각
각이 2장에서는 가상 세계-이소토피아-분리로, 3장에서는 현실 세계-헤
테로토피아-차등으로 엮이게 된다. 앞서 말한 씨실은 기 드보르·보드
리야르·르페브르의 여러 얘기와 함께 한 번 더 단단히 묶여 주체화-탈
주체화의 변증법적 매듭을 얼개로 하는 새하얀 무명천으로 다시 태어난
다. 그리고 그 천은 부산이 지향해야 할 '새로운 축제'의 실천을, 우리 부
산 사람들 손으로 직접 그려 넣을 수 있는 이론적 바탕이 된다.

　기호-이미지로서 신자유주의적 실천이 이제는 축제의 가면까지 덮어
쓴 채, 현시대의 신자유주의적 메트로폴리스 부산에 범람하고 있다. 이
로써 우리 부산 사람들은 예전에 없던 엄청난 강도의 차이화, 종국엔 상
품의 동질화로 향할 그 차이화에 강제당하고 있다. 축제라는 이미지-기
호의 폭력, 그 세계적인 폭력의 보편성(mondialité)은 우리를 극도로 궁핍
한 소외의 세상, 스펙터클의 범람과 인간성의 궁핍이 모순적으로 만연
하는 세상으로 쑤셔 넣고 있다. 거기는 폭력의 범람과 해방의 빈곤이 함
께하는 세상, 그래서 감히 저항적 실천의 연대 같은 것은 꿈도 꾸지 못할
만큼 처참한 세상이다. 거기서 우리는 하루하루 피가 마르고, 급기야 말
라죽을 지경까지 이르렀다. 이 급박한 상황에서 그 세상을 다시 이 세상
으로 바꾸기 위해, 몇몇 사람이 쥐락펴락하고 있는 그 세상을 다시 우리
모두의 손에 넣기 위해, 우리는 먼저 현시대 부산의 축제를 분석·설명할

수 있는 이론적 틀을 고안하고, 그 틀 안에서 새로운 축제의 대안을 구체적으로 제시하고 실천함으로써 기존의 축제를 '안에서부터(from within)' 깨뜨려 나가는 '내파(內破, implosion)'의 과업을 수행해야 한다. 이 작업은 그 과업을 향한 첫걸음으로 기획된 것이다.

3. 가상 세계: 주체화의 가상적 장으로서 이소토피아

3.1. 소외: 분리의 기술로서 스펙터클

소외는 역사적으로 자본주의적 생산 공간의 이중성을 전제한다. 하나는 모던 자본주의의 생산 공간에 있는 생산성이며, 다른 하나는 포스트모던 자본주의의 생산 공간에 있는 소비성이다. 이 이중성은 또 다른 이중성으로 향한다. 전자는 과잉으로, 후자는 결핍으로. 현시대의 자본주의적 생산 공간은 이 이중성의 틈바구니 속에서, 그 이중성의 양 극단 사이에서 무한한 진자 운동을 벌이고 있다. 무한한 진자 운동, 이것에서 다시 또 다른 형태의 무한한 운동이 분출(分出)한다. 무한한 순환 운동이다. 이것이 잉태·생산하고 번식·소멸시키는 것은 욕망이다. 욕망은 현시대 자본주의의 생산 공간, 신자유주의적 생산 공간이 마련해 놓은 생의 주기를 끝없이 되풀이한다. 욕망의 원환(圓環), 그것은 한편으론 기호-이미지의 이상증식에 따른 기호의 무한한 차이로 욕망 충족을 끊임없이 지연함과 동시에 욕망의 무한한 결핍을 낳아 그것이 또 다른 미래의 욕망으로 잔존할 수 있게끔 하며(욕망의 차연), 다른 한편으론 그렇게 잔존한 결핍의 충족을 한 번 더 무기한 지연함과 동시에 또 다시 지연될 숙명에 놓일 수밖에 없는 욕망을 낳아 그것이 또 다른 미래의 결핍으로 잔존할 수 있게끔 한다(차연의 욕망).

욕망의 원환이 창출해 내는 안과 밖. 그 원환의 안엔 무시무시한 열기를 내뿜는 활화산이 우뚝 솟아 있고, 그 바깥엔 거기서 흘러내린 욕망의 용암으로 거의 초토화되어 버리다시피 한 욕구의 마을이 자리 잡고 있다. 안은 화려하고 밖은 초라하다. 아니, 차라리 안은 화려하다 못해 황홀'할' 지경이며 밖은 초라하다 못해 처참'한' 지경이다. 그 안엔 그 정도의 열기론 끄떡도 않는, 아니 그것을 사랑하며 그것으로 더한 뜨거움을 만들어 내기에 여념이 없는 신족(神族)이, 바깥엔 그 열기가 스치기만 해도 바스러져 사라져 버리는, 마치 얼음조각 같은 인류(人類)가 살고 있다. 신족은 욕망의 활화산을 황홀경으로 내보이기 위해 찬란하기 그지없는 빛을 마을 사람들한테 선사하고 있고, 마을 사람들은 너나 할 것 없이 자신의 가장 기본적인 욕구는 채울 생각도 하지 못한 채, 또 몰락하기 일보 직전에 있는 자신의 차가운 마을은 돌볼 생각도 하지 않은 채, 분화구 주위의 붉은 빛, 멀리 떨어져 있어 어슴푸레하긴 하지만, 그래서 더더욱 유혹적일 수밖에 없는 그 빛만 쳐다보고 있다. 마을 사람들은 자신과 똑같

은 처지에 놓여 있는 다른 사람들의 곤란함엔 미동도 하지 않은 채, 자신
과 다른 사람들한텐 얼음장 같은 얼굴을 하고 차디찬 시선을 쏘지만, 그
분화구를 올려다 볼 때의 그 눈빛만큼은 이글거리다 못해 타들어 갈 정
도다. 이렇게 욕망의 원환은 삼중적인 **"분리의 기술"**로 작동한다.[4] 첫째
는 그 안과 밖을, 그리고 그 안에 사는 신족과 바깥에 사는 인류를, 둘째
는 인류의 자아와 타자를, 셋째는 인류의 자기 자신을 분리한다.

　분리의 기술은 아주 효과적이다. 그것은 공간적 차원과 시간적 차원,
또 이 둘의 관계로 이끌려 가는 사회-역사적 차원 모두에서 발휘된다. 먼
저 공간적 차원이다. 마을 사람들 각자의 욕망은 세 방향으로, 하지만 결
국엔 한 곳으로 수렴되도록 움직인다. 한쪽으론 신족이 되고 싶은 욕망,
곧 다른 마을 사람들과는 달리 더 나은 사람이 되기 위해 돈만 있다면 분
화구 주위의 그 붉은 빛을 소비하고 싶은 욕망, 그도 아니라면 적어도 눈
에 담기라도 하고픈 욕망이, 다른 한쪽으론 그 욕망을 이루기 위해 다른
마을 사람들을 밀쳐냄으로써 자기를 그 사람들한테서 떼어 내려는 욕망
이, 또 다른 한 쪽으론 그리함으로써 자기를 자신한테서 떼어 내려는 욕
망이 움직인다. 그리고 이 세 움직임은 다시 통합으로 드러나는데, 이 경

4　　드보르, 유재홍 역, 앞의 책, 169면 — 강조 원저. 원래 이 표현은 도시계획의 맥락에서 등
　　　장한다. 지금은 소외의 맥락에서 언급하고 있지만 곧이어 도시계획의 일환으로서 축제
　　　의 맥락에서 논의토록 한다.

우 통합은 단지 외양적 결과에 지나지 않으며 그 기저엔 실지로 끝없는 분리의 운동만 있을 뿐이다. 이것이 바로 '통합의 스펙터클'이며, "스펙터클은 현대사회처럼 내분에 입각하여 단일성을 구축한다"는 말이 뜻하는 바다.[5] 통합의 스펙터클 속에서 우리는 무한한 내분을 반복할 뿐이다. 내분은 우리 모두의 소외, 곧 타자에 대한 자신의 소외이자 자신에 대한 자기의 소외와 같다. 통합의 스펙터클은 공동체의 결렬과 와해를 동반하는 소외의 효과를 낳으며, 이는 현시대 신자본주의가 지탱해 나가기 위해 꼭 필요한 분리의 기술이다.

둘째, '내분에 입각하여 구축된 단일성'은 시간적 차원을 구성하기도 한다. 한 마디로 말해, 욕망의 원환은 '소비시간'의 원환이다. 그 원환의 시간적 굴레에서, 소비사회의 소비적 인간으로서 인류는 결코 자신의 발전을 꾀할 수 없다. 이 암울한 시간의 굴레는 오직 소비의 시간으로 뒷받침될 수밖에 없으며, 그 소비의 시간은 다시 그 시간보다 한층 더 암울한 일상생활의 노동시간, 정확하게는 사회적으로 필요한 노동 시간의 대가인 임금, 오로지 그 임금으로써 비로소 보완되기 때문이다. 생산시간은 결국 소비시간에 포섭되고, 인간의 생산적 본질은 소비적 외양으로 드러나기만 할 뿐이다. 이 외양, 소비라는 화려한 역사발전의 외양 저 밑에서, 인류 실질적 역사는 무한한 지체를 겪고 있다. 바꿔 말하면 "인

---

5   위의 책, 53면.

간의 발전이 성취되지 않는 일반적인 시간은 또한 **소비할 수 있는 시간**
이라는 상보적인 모습 아래 존재한다. 이 시간은 **가장된 순환적 시간**으
로 방향 지어진 생산에 입각해서 일상적 사회생활로 복귀"하여 우리를
끝없는 노동 현장 속으로, 또 그 현장이 구획해 놓은 시간 속으로 밀어
넣는다.[6] 더 나은, 더 화려한, 더 황홀한 소비를 위한 노동만큼 값진 게 또
어디 있을까. 이 노동 속에서 우리는 또 한 번 우리 자신을 타자한테서,
또 자기를 자신한테서 소외한다. 이 또한 자본주의의 존속을 위해 필수
불가결한 분리의 기술이다.

　끝으로 사회-역사적 차원이다. 소비 가능한 시간으로 가장한 순환적
시간에선 그 어떤 갈등도 제 모습을 드러낼 수 없다. 비록 찰나에 지나지
않는다 할지라도 소비는 늘, 단 한 번의 예외도 없이, 욕망의 충족을 낳
기 때문이다. 허위 충족의 영원회귀, 곧 소비 시간의 원환은 아무런 차이
도 만들어 내지 못한 채 갈등의 형성과 표출을 미리 차단하기 때문에 그
"순환적 시간은 갈등 없는 시간"이 될 수밖에 없다. 아무런 갈등 없는 평
온한 시간, 또 그것과 늘 함께하는 통합의 스펙터클, 시간적 차원과 공간
적 차원의 각 스펙터클이 만나 스펙터클의 사회를 형성한다. 이 사회는
늘 평온해 보이기만 한다. 아무런 운동도 일어나지 않는 것만 같다. 역사
전개라는 것 자체가 부재하는 듯하다. 소비를 통한 유사 만족감이 무한

6　위의 책, 153쪽 — 강조 원저.

히 증식하는 한, 갈등이 적어도 겉으로 드러날 일 따위는 없을 테고, 그러니 역사를 추동해 갈 수 있는 힘 따위 생길 리 만무하지 않은가. 따라서 이 스펙터클의 사회, 마치 얼어붙은 듯 꼼짝도 하지 않는 이 ""냉각된(가동되지 않는) 사회"는 역사의 몫을 극단적으로 지연시키는 사회"다.[7] 그렇게 자신의 몫이 극단적으로 지연돼도 아랑곳 않는 역사, 이 "역사는 이제 **보편적 운동**", 곧 '운동 없는 운동'이 된다.[8] 이 운동은 '역사의 스펙터클이자 스펙터클의 역사'다. 이 역사에서 시간은 결코 가역적인 것이 될 수 없다. 소비가 모든 것을 대변하는 스펙터클의 사회, 또 그 사회가 생산하는 역사의 스펙터클과 스펙터클의 역사는 거슬러 올라갈 수 없는, 아니 거슬러 올라갈 꿈조차 꾸지 못하는 억압적 시간의 특질을 반드시 확보하고 있어야만 한다. 거슬러 올라갈 수 없는 역사, 그것은 바로 "역진적-전진적(regressive-progressive)" 사유는 물론 그것을 바탕으로 할 때 비로소 가능한 분석과 설명을 허용치 않는 순치의 역사다.[9] 그렇다면 인

---

7   위의 책, 133면.

8   위의 책, 145쪽 — 강조 원저.

9   이 '역진적-전진적 방법론'은 르페브르가 맑스의 역사연구 방법, 사적 유물론의 방법을 심화·확대한 것으로 르페브르의 역사연구 방법론 전반에서 핵심적 지위를 차지하고 있다. 이를 두고 르페브르가 주장하는 바는 다음과 같다. "잇따른 역진적-전진적 단계가 우리로 하여금 가능한 것을 탐구토록 한다고, 또 그 가능한 것은 바꿔 말하면 현재적 가능성의 조건에 대한 역사적 분석이기도 하고, 우리를 미래로, 가능한 것으로 개방하는 혁명적·진보적 분석"이기도 하다. S. 엘든, 전국조 역, 『앙리 르페브르 이해하기: 이론과 가능

간은 무엇에 순치되는가? 바로 사물이다. "불가역적 시간은 또한 **사물
들의 시간**으로 변신함으로써 승리를 쟁취한다."[10] 인간-주체와 사물-객
체라는 모던 인식론 및 존재론적 구도가 전복되는 순간, 역사의 주체로
서 인간이 역사에서 분리되는 순간, 인간이 자기 자신뿐 아니라 역사에
서도 소외되는 순간이 기어이 오고야 만 것이다.

　분리의 기술로서 스펙터클이 가장 스펙터클하게 빛을 발하는 순간,
급기야 소외가 정점에 도달하고 만 순간이 우리 인류한테 닥치고 말았
다. 이제 역사는 인간의 역사가 아니라 사물의 역사가 되고, 그 역사는
모든 공간을 '이소토피아(isotoipie)'[11]로 만들어 버리는 시공간의 세계, 사
물의 기이한 범람이 희뿌연 안개처럼 우리 시야를 가리고 있는 세계, 그
안개의 무게에 압도되어 우리의 시계(視界)는 말할 것도 없고 우리의 사
유 가능성, 그리고 한 발 더 나아가 우리의 존재 그 자체조차 사라질 지
경에 놓인 세계, 곧 가상 세계[12]로 향하는 진입로를 놓는다.

한 것』, 경성대학교출판부, 2018, 75면.

10　드보르, 유재홍 역, 앞의 책, 169면 ― 강조 원저.

11　이소토피아는 "비슷한 장소"와 "**동위체**(동종공간)"로, 참고로 '헤테로토피아'는 "다른 장
　　소"와 "**헤테로토피아**"로 설명할 수 있다. H. 르페브르, 양영란 역, 『공간의 생산』, 에코리
　　브르, 2011, 256, 521면 ― 강조 원저. 이 작업에선 설명을 따르도록 하되 더 적극적 의미
　　나 해석을 부여할 필요가 있을 땐 그리하도록 하겠다.

12　이 '가상 세계'는 흔히 일컫는 인터넷 세상이 아니라, 이데올로기적 주체화를 끊임없이
　　획책하는 '신자유주의적 상품 세계'를 뜻한다.

3.2. 축제: 의사소통의 황홀경 — 사회적 질서의 시뮬라시옹

축제, '그것'은 더 이상 우리 삶의 일부가 아니다.[13] 그것은 이 시대의 기호-이미지가 다 채우다 못해 넘쳐나고 있는 가상 세계의 일부로, 그도 아니라면 그 세계의 수많은 기호-이미지 중 하나로 전락했을 뿐이다. 그렇기에 현시대의 축제는 더 이상 축제가 아니다. 그것은 제의(ritual)도 향연(feast; symposium)도 아닌, 무한한 상품화를 위한 신자유주의적 기획에 따라 개발된 기호-이미지일 뿐이다. 거기서 우리가 기대할 수 있는 것이라곤 아무 것도 없다. 예외는 오직 소비뿐이다. 마찬가지로 거기서 우리가 기대할 수 있는 의사소통 따위도 없다. 여기서도 예외는 상품 판매와 소비를 위한 의사소통뿐이다. 이런 축제가 때와 장소를 가리지 않고 마구 퍼져나가고 있다. 이뿐만 아니다. 우리의 일상생활이 펼쳐지는 현실 세계를 아무런 거침없이, 아예 대 놓고 포식하고 있다. 이런 긴박한 상황에서 일단 우리한테 요구되는 건 모종의 '사유'다.

우선 "여기서 관건은 체계를 그 자체와 모순되게 하는 것(사람들은 체계가 모순의 순환 속에서 개혁된다는 것을 알고 있다)이 아니라 바이러스성의 사유, 즉 비인간적 사유를 침투시켜 체계를 불안정한 상태로 만드는 것"이

---

13 '이것'이 아니라 '그것'으로 일컫고 있음에 한 번 쯤 신경을 써야 할 듯하다. 현시대의 축제는 우리 '몸'에서 멀기만 하다. 이 문제는 다음 장에서 집중적으로 다루도록 한다.

다.[14] 이미 인간-주체와 대상-사물의 관계가 역전된 이 마당에 인간(중심)적 사유는 더 이상 힘을 발휘할 수 없다. 벌써 오래 전에 사물이 역사의 주인이 된 이래 그것이 마치 암처럼 증식하며 역사를 휘젓고 있는 이때에 모순을 사유의 추동력으로 삼는 모던 변증법 또한 더 이상 유효하지 않다. 그렇다면 '이 바이러스성의 사유로 축제를 고찰할 경우 우리는 어떤 결론에 도달할 것인가?' 일단은 이 질문에서 시작하자.

자본주의의 축제는 기본적으로 여가 및 관광산업의 일환으로 고안된다. 그것은 자본축적 기계의 한 부품으로 기능하며, 공간과 장소의 사라짐을 획책한다. 그 결과 우리 눈앞에 펼쳐지는 스펙터클로서 축제는 가상 세계가 된다. 축제가 "소비로 간주되는 인간들의 왕래"로 이뤄지고 그 왕래를 구현하는 "관광"이 "진부한 것을 구경 가는 여가 활동으로 근본적으로 귀착"된다고 할 때, 또 축제가 열리는 "상이한 장소들의 빈번한 방문", 곧 관광에 대해서 이런저런 "가격 조정"이 이뤄지거나 벌써 그리됐다고 할 때, 교환가치의 상징물인 화폐로 재현되는 축제는 "이미 그 자체로 그 장소들의 등가성을 나타내고 있"으며, 이는 "공간의 현실성을 박탈"한다.[15] 이로써 축제의 가상 세계화는 일차적으로 달성된다. 하지만 더 심각한 문제는 그 다음이다. 아직 축제에 기호가치가 덧붙진 않

---

14   J. 보드리야르, 배영달 역, 『불가능한 교환』, 울력, 2001, 23면.

15   드보르, 유재홍 역, 앞의 책, 168면.

앞기 때문이다. 이런 측면에서 여기서 논의한 축제는 '과거'의 축제로 볼수 있다. 만약 이것이 화폐의 교환가치에 입각한 과거 축제의 분석이라면 우리는 발상의 전환을 꾀하고 새로운 질문을 던져야 할 것이다. 왜냐하면 지금 다루고 있는 현시대의 축제라는 이 "대상은 더 이상 과거 그대로가 아"닐 뿐더러 "그것은 모든 영역 속에서 자신의 모습을 감"추고 "가상화된" 스펙터클로서 "일시적 흔적의 형태로만 나타"나기 때문이다. 따라서 현 상황에 시의적절한 질문은 이런 것이 될 듯하다. "주체에게 주체로서의 지위를 상실하게 만드는 대상의 아이러니컬한 복수와, 억제의 전략이 문제가 되는 것은 아닐까?"[16]

축제라는 대상은 더 이상 과거 그대로의 것이 아니다. 현시대 축제는 '가능한 교환의 대상'이 아니라 '불가능한 교환의 대상'이 돼 버렸다. 현시대 축제가 불가능한 교환의 대상이라 함은 그것에 교환가치에 더해 기호가치가 덧붙었음을, 또 그것이 무한히 이상증식하는 이미지가 돼 버렸음을 뜻한다. 비록 화폐의 기만성과 가상성을 수반한다 할지라도 과거의 가능한 교환은 결정성과 확실성의 논리에 바탕을 두고 있었다. 하지만 지금은 그렇지 않다. 그 결정성과 확실성의 시대는 이미 끝나버렸다. 따라서 지금 우리가 해야 할 일은 "모든 것이 불확실성 관계의 영향 아래 놓"이게 된 현시대와 현시대 사회에 대한 "비결정론적 분석"이

---

16   보드리야르, 배영달 역, 앞의 책, 30면.

다.[17] 인간 주체가 주체의 지위를 상실하게끔 만드는 사물의 아이러니컬한 복수, 또 사물이 인간 주체로 하여금 두 번 다시 주체의 지위를 획득하지 못하도록 하는 억제의 전략을 문제시해야 하기 때문이다.

사물로서 축제, 기호-이미지로서 축제는 그것을 향유하고 있다고 착각하고 있는 과거의 인간-주체, 지금은 오히려 사물의 지배 대상이 돼버린 그 인간한테 무자비한 복수를 감행한다. 축제엔 한 층위만 있는 게 아니다. 그것엔 우선 수많은 기호-이미지가 구성하는 층위가 있고, 그 층위에서 그것들은 각자 자신의 지분을 주장하기 위해 기이한 방식으로 증식한다. 이러한 사물의 이상증식 속에서 인간은 이미 또 다른 사물이 돼버린 채 또 다른 층위를 구성하고 있으므로 인간은 더 이상 주체로서 자신의 지분을 요구할 수 없다. 이 기호의 제국에서 인간의 주체적인 축제 향유 따위는 애당초 불가능한 일이다. 그렇기에 축제 향유를 향한 인간의 의지 또한 압도당할 수밖에 없다. 이 축제에 소비와 향유 간의 교환은 처음부터 성립할 수 없는, 아예 불가능한 것으로 내재하고 있었기 때문이다. 이로써 우리는 축제 향유를 위한 소비가 곧바로 향유로 이어지지 않음을, 아니, 오히려 우리가 더 많은 기호-이미지를 소비하면 할수록 우리는 우리 자신이 축제라는 기호의 제국이 만들어 놓은 이미지의 심연, 초과실재의 세계로 빠져들 수밖에 없음을 간파할 수 있다.

---

17   위의 책, 25면.

축제 향유를 향한 인간의 의지를 원인으로 볼 때, 그 결과는 모습을 드러내지 않는다. 원인이 결과로 드러나지 않는 이 상황, 바로 '이스테리지'다. 그러므로 축제는 "우리 시대의 진짜 속임수"이며, 그것은 "'현실'과 현실 원칙", 이를테면 인과 관계학(etiology)에 따위에 대한 과도한 집착, 곧 "이스테리지(hystérésie) 속에 있다".[18]

이 상황에서 인간의 의사소통 따위, 가능할 리 만무하다. 왜 그런가? 현시대의 축제가 향유의 교환 그 자체를 불허하기 때문이다. 예컨대 현재 부산을 대표하는 축제 하나, 부산불꽃축제만 들여다봐도 그곳에 향유의 교환 따위는 결코 발생하지 않음이 더더욱 분명해진다.[19] 먼저 부산불꽃축제의 장관(spectacle)과 그것을 구성하는 물질적 조건들을 한 번 곰곰이 따져보자. 먼저 장소, 광안리 해변이다. 해변이 그곳을 찾는 사람한테 가져다주는 이른바 '정취'라는 것이 과연 무엇인가? 고즈넉함, 쓸쓸히 들려오는 파도소리, 파도의 포말이 모래사장에 부딪히며 그 속으로 스며드는 싸한 소리와 느낌, 백사장을 걷는 이의 마음을 '과거'의 어느 한 곳으로 데려가는, 그이의 향수를 자극하는 그 모든 것들이 광안리 해변에 녹아들어 있다. 다음은 그곳에서 바라보는 광안대교다. 일명 다이

---

18   위의 책, 25면.

19   부산불꽃축제만 예로 드는 것이 부당하다 할지도 모르겠으나, '거버넌스' 담론의 탈을 쓴 관주도 문화정책이 현재 한국과 부산 문화실천의 지배담론이라면 다른 어떤 '공식적' 축제를 예로 들더라도 논지전개는 아주 흡사한 방향으로 진행될 공산이 크다.

아몬드 브리지로도 불리는 그 다리는 그 자체로 스펙터클이다. 끝없이 발전하는 부산, 마치 금문교로 유명한 샌프란시스코라도 되는 것처럼 '미래'지향적 해항도시이자 문화도시인 부산을 대내외적으로 상징하는 기념비적 구조물이 바로 그 다리다. 축제가 시작한다. 축제를 향유하려는 의지로 가득한 사람들이 백사장에 모이고, 폭죽이 다리와 그 앞바다에서 마구 솟아올라 터지기 시작한다. 스펙터클이다. 그 상황에서 향유는 우두커니 앉아 '보고 있는 것(to spectate)'밖에 없다. 향유의 의지로 가득했던 모든 이가 한 순간에 '관람객(spectator)'으로 전락한다. 과거와 미래 사이에서 '현재'는 사라지고, 그 가상의 현장성 속에서 공간의 현실성과 장소성 또한 사라진다. 수많은 기호-이미지가 화려하게 수놓인 가상세계는 그 사라짐 속에서 탄생한다. 아이러니다. 이 세계에서 인간의 의사소통은 결코 구현될 수 없다. 이 축제는 축제가 아니라 "응답의 가능성"을 애초에 "배제"하는 신자유주의적 소외의 '배치(dispositif)'이기 때문이다. 이 배치를 통해 "의사소통의 시뮬라시옹"은 "실재보다 더 실재적인 것으로 소통"되며, 설령 "거기서 어떤 의사소통이나 의사 교환이 이루어지는 것처럼" 보인다 할지라도 그것은 "이러한 의사소통이나 의사교환의 상호성과는 무관"할 수밖에 없다. 결국 스펙터클이자 이미지의 황홀경으로서 부산불꽃축제는 "'의사소통의 황홀경'"인 셈이다.[20]

---

20   배영달, 『사유와 상상력』, 동문선, 2013, 141~142, 153면.

축제의 기호-이미지가 부산 뿐 아니라 한국 사회 도처에 넘쳐나고 있
다. 하지만 이 현상엔 무턱대고 범람하는 기호-이미지, 이상증식하는 기
호-이미지와는 상당히 다른 특질이 내포돼 있다. 그것은 범람이나 이상
증식보다는 체계적 확장을 꾀하는 듯 보인다. 이것이 바로 현시대 한국
사회의 축제가 기호-이미지의 네트워크로 형성되고 있는 까닭이다.[21] 이
네트워크의 세계, 우리한텐 오직 의사소통의 황홀경밖에 선보이지 않는
이 세계는 "증가된 사회성을 나타내"긴커녕 오히려 "'네트워크의 이동
하는 감금(enfermement mobile di réseau)'의 세계"를 선보이며, 차디찬 스펙
터클의 총체성을 구현하고 있다.[22] 네트워크의 개방성과 감금성이라는
이 모순은 결국 의사소통의 불가능성으로 지양되며 인간의 발전과 인류

---

21 그 범람의 조직화에 '국가'가 앞장서고 있음을 유념해야 한다. 보드리야르가 시뮬라르크
    와 시뮬라시옹, 또 황홀경과 관련한 논의를 전반적으로 전개할 때 유독 정치적인 입장이
    유보되고 있는 있다는 듯한 느낌을 받는 독자도 있겠으나, 이는 오해일 수도 있다. 다른
    영역도 마찬가지지만, 특별히 정치영역을 예로 들면, 보드리야르는 정치적인 것의 범람
    이라는 '초정치적인 것(du transpolitique)'의 현상 분석을 통해 정치적인 것의 사라짐을 논
    의하고 있다. 하지만 역설적이게도 이것이 결코 전부가 아니라는 점 또한 분명하다. 정치
    적인 것의 사라짐은 정치적인 것의 '나타남'을 기다리는 과도기적 징후, 곧 여러 포스트
    주의적 징후로 읽힐 수 있기 때문이다. 포스트 시대 이후를 준비해야 하는 우리로서는 이
    과도기적 시기를 하루빨리 마무리하되 그 시기의 공과를 엄격히 따진 후 역사의 다음 단
    계로 진입해야 한다. 더 자세한 논의는 다음 장에서 진행한다.
22 Jean Baudrillard, *Cool Memories II*, Galilée, 2000, p.37, 132; 배영달, 앞의 책, 145면에
    서 재인용.

역사의 진보를 가로막고 있다. 실지로 신자유주의적 스펙터클의 총체
성, 오직 무한한 자본 축적을 위한 자본 축적만 추구·구현하는 장치로서
'축제의 네트워크', 또 그 속에서 벌어지는 "공간의 제의는 폐쇄된 방 안
에서 이뤄지는 감금의 제의와 편안할 정도로 동일하다".[23]

따라서 역사적으로 폐쇄된 이러한 사회적 공간 배치, 축제의 네트워
크는 이소토피아일 수밖에 없다. "이소토피아: 동질감의 장소들, 동일한
장소들. 인접한 질서".[24] 다시 부산의 축제로 돌아가서 이 글귀를 한 번
풀어보자. 부산의 축제, 그것이 부산불꽃축제가 됐든, 부산국제영화제
가 됐든, 부산자갈치축제가 됐든, 그것은 우선적으로 동질감의 장소들
로 작용한다. 그것은 이미 각각의 명칭에 드러나 있듯 '부산 사람'이라는
동일한 지역 정체성의 사회적 함양을 표방하고 있을 뿐 아니라, 설령 그
곳을 찾는 이가 부산 사람이 아니라 하더라도 오직 '관람객-소비자'라는
또 다른 동일한 신자유주의적 정체성만 상정, 허용한다. 그 이외의 어떤
주체도 이 장소는 허락하지 않는다. 그렇기에 그곳은 동일한 장소들이
다. 또한 그곳엔 오직 인접한 질서만 허용되는데, 이는 국가-자본의 연합
체가 고안해 놓은 자본 축적의 **"먼 질서(l'ordre proche)"**가 축제라는 유사-

---

23   Jean Baudrillard, *Cool Memories II: 1987-1990*, C. Turner (tr.). Duke University Press,
      1996, p.57.

24   Henri Lefebvre, *The Urban Revolution*, R. Bononno (tr.), University of Minnesota Press,
      2003, p.128.

의사소통 체제의 **"가까운 질서(l'ordre lointain)"**로 드러날 수밖에 없기 때문이다.[25] 이렇듯 실재하는 먼 질서가, 그 질서보다 더 실재하는 것 같은 가까운 질서로 우리 눈앞에 드러나는 현상, 곧 '사회적 질서의 시뮬라시옹'이 바로 신자유주의적 축제가 창출하려는 현시대적 '주체화'의 가상적 장(場)이다. 지금 이 시간에도 주체화의 가상적 장으로서 가상 세계, 곧 국가-자본의 공모에 고도로 재편된 기호-이미지의 세계이자 상품 세계는 우리 눈앞에서 그 황홀한 자태를 뽐내고 있다.

그 황홀경을 마주한 채, 이젠 우리가 자문할 차례다. 만약 "의사소통의 불확실성이 의사소통의 네트워크의 고도화에서 비롯한다"는 보드리야르의 주장이 "오늘날의 매체와 의사소통과 관련하여 진정한 의사소통을 향한 길을 탐색하는 데 하나의 참조 사항이 될 수 있"다면, 그의 논의를 불빛 삼아 우리가 탐색해 봐야 할 길은 대체 어디에 숨어 있는가?[26] 어쩌면 우리를 가능한 답으로 이끌고 가는 길은 '주체와 사물의 관계 재정립을 시도하는 작업'에 놓여 있을지도 모르겠다. 달리 말해서, 이는 "주체와 사물의 관계에 대한 바람직한 대안적 형태를 고려"하는 작업이

---

25 Henri Lefebvre, *La droit à la ville* (3ᵉ ed.), Anthropos, 2009, p.44 — 강조 원저.

26 배영달, 앞의 책, 160면. 극복에 대한 보드리야르의 이 같은 문제의식은 위의 책을 관통하는 주제이기도 하기 때문에 심심찮게 눈에 띈다. 관련 내용은 위의 책, 46~50, 108~110, 136, 159~160, 186~187면을 볼 것. 특별히 이 질문과 깊은 관련이 있는 내용은 108~110면에 나와 있다.

될 텐데, 다음 장에서 집중적으로 다루려는 문제가 바로 "주체와 사물의 대립과 충돌"이다. 이를 위해 '사물-구조의 초월성'과 '주체-삶의 내재성'을 변증법적 구도에서 파악하는 작업, 이어서 그 초월성을 삶의 대지로 끌어 내리는 작업이 무엇보다도 필요해 보인다.[27]

문제는 구조와 주체 간의 모순, 맑스 자신조차 미완의 기획으로 후세에 남겨 놓은 그 딜레마에 놓여 있을지도 모른다. 그래서 이 글은 그 딜레마 분석의 단초를 제공함과 동시에 포스트 시대의 이후를 준비하기 위해, 그간 등한시되었던 변증법적 역사 이해 방법을 이 시대에 이르러 다시 참조하고자 한다. 역사적인 것·사회적인 것·정치적인 것 같은, 수많은 것의 부재가 현재 신자유주의 시대를 뒤덮고 있다. 이 암담한 시대에 끝끝내 모더니스트로 남아 있길 원하면서 평생토록 변증법과 씨름한 한 사람, 20세기 프랑스 맑스주의를 대표하는 사람이지만 아직 이 땅으로는 본격적 여행을 떠나오지 않은 한 사람, 앙리 르페브르의 축제 관련 논의를 등불 삼아 예의 그 길을 탐색해 보고자 한다.

---

27   위의 책, 108~110면.

4. 현실 세계: 탈주체화의 현실적 장으로서 축제

4.1. 도시사회: 축제를 통한 혁명 주체 생성의 가능성

먼저, 이 '역사 부재'의 비극적 시대 상황을 되짚어보기 위해 1968년의 혁명이 있기까지 르페브르와 많은 교감을 나누었던 기 드보르의 한 마디로 시작하면 어떨까 싶다. "**역사 부재**의 세력들이 자신들만의 풍경을 구축하기 시작하는 것은 틀림없이 도시들에 인도되어야 할 역사가 아직 인도되지 않았기 때문"이다.[28] 현시대의 맥락에서, 이 '역사 부재의 세력들'은 국가-자본의 카르텔로, '자신들만의 풍경 구축'은 그 카르텔이 도시를 떡 주무르듯 하고 있는 것으로 볼 수 있다. 앞서 살펴봤던 상황과 별반 다르지 않다. 그렇다면 지금 문제로 삼아야 할 것은 '틀림없이 도시에 인도돼야 할 역사가 인도되지 않았기 때문이다'는 대목일 텐데, 다시 풀어보면 우선은 '이 시대의 국가-자본 카르텔, 곧 역사부재의 세력이 도시공간과 도시사회를 제멋대로 생산하고 파괴하면서 도시에 인도돼야 마땅한 역사를 여전히 자기네들 손에 거머쥐고 있다' 정도가 될 것이다. 하지만 이렇게 해석하면 역사 부재의 심각성을 또 다시 구조의 탓으로 돌려버리고 마는 꼴이 된다. 나약하기 그지없는 주체는

---

28   드보르, 유재홍 역, 앞의 책, 175면 — 강조 원저.

한 번 더 설 자리를 잃어버리게 되는 것이다. 따라서 마땅히 도시에 인도
됐어야 할 역사가 그렇게 되지 않고 있다는 대목을 한층 더 적극적으로,
주체의 주체적 입장에서 해석해 볼 필요가 있다. '이렇게 상황이 심각한
데도 도시 사람들은 자신의 역사를 탈환하기 위한 노력을 기울이지 않
고 있다'. 이렇게 해야 구조-주체 간 모순은 구조로 봉합되지 않은 채, 비
로소 주체의 탈주체적 실천과 관련한 문제로 이끌려 나오게 된다. 결국
국가-자본이라는 구조에 포섭되는 사회가 아니라 그것에 맞서는 사회가
문제가 되는 것이다. 관건은 국가-자본 '대(對)' 사회의 길항 관계, 더 구
체적으론 국가-자본의 초월적 권력에 맞설 수 있는 도시사회의 내재적
항전(抗戰) 가능성을 우선적으로 상정, 규명하는 데 있다.

르페브르는 자신의 1970년 저서, 『도시혁명』에서 '도시사회'를 두 가
지 의미로 쓴다. 첫째는 "산업화의 결과"로 등장하는 사회, 곧 "농업 생
산을 흡수하는 지배 과정"을 뜻하는 것으로, 둘째는 "'후기산업 사회' ─
산업화로 탄생하여 그것을 계승하는 사회라는 용어 대신" 쓰는 것으로
"기정사실보다는 오히려 경향, 방향, 잠재성"을 일컫는다. 여기서 중요
한 것은 '도시사회'가 결과적·정태적인 방식보단 과정적·동태적인 방식
으로 읽혀야 한다는 점이다. 다시 말해서 도시사회는 좌표평면이나 위
도·경도 사이에 놓인 한 점, 곧 추상적 공간이 아니라 경향·방향·잠재
성·가능성을 지닌 채 끝없이 운동하는 과정, 곧 사회적 생명체라는 점이
다. 그것이 **"잠재적 대상"**이자 **"가능한 대상"**으로 파악될 수 있을 뿐 아

니라 그 대상의 "성장과 발전" 또한 "과정과 **실천**(*praxis*, 실천적 행위)의 관계에서 분석"될 수 있기 때문이다.[29] 따라서 도시사회는 기존의 사회가 아니라 잠재적이고 가능한 사회, 곧 유토피아적 사회다. 하지만 그것은 영원히 탄생하지 않을 '존재하지 않는 장소(u-topia)'가 아니라 주체의 탈주체적 노력으로 능히 성취할 수 있는 그런 사회다. 그리고 그 가능성은 도시사회의 잠재성과 실현 가능성의 역사적 조건을 '역진적'으로 분석하고, 이를 토대로 미래에 현재를 개방하는 '전진적' 발생의 가능성 탐색을 통해 마련된다.[30] 그리고 그 핵심은 역시 '실천'이며, 르페브르는 자본주의적 생산관계와 사회적 생산력들 간의 모순에서 후자의 승리, 곧 '혁명'의 가능성을 축제의 실천에서 찾고 있다.

축제에 대한 르페브르의 관심은 그의 나이 20대부터 시작한다. 이와 관련해선 당시 그가 초현실주의자들과 함께 결성한 『철학』 동인 단체(*Philosophies* Group)[31]의 입장이 흥미로운데, 그의 '역진적-전진적 역사탐구 방법'을 뒷받침하는 측면에서 간략히 살펴볼 필요가 있다. 당시 『철학』 동인의 의의는 이렇게 정리할 수 있다. 다분히 도시적 색채를 띠었기 때문에 "농민이 죽 알고 있던 것, 이를테면 민속예술의 생산, 춤과 자

---

29   Henri Lefebvre, op cit., 2003, pp.2~3 — 강조 원저.

30   각주 9를 볼 것.

31   대략 1924년에서 33년까지 대략 10년 정도 이어진 것으로 보인다. 자세한 내용은 엘든, 전국조 역, 앞의 책, 120~121면을 볼 것.

기조직적 축제의 형식"에 대해 "특정 형식과 모더니스트 미학에 특권"
을 부여했다. 그랬기에 지역적 규모의 일상생활 혁명보단 국가적 규모
의 정치 혁명, 곧 '전위적 입장(avant-garde)'를 옹호하게 됐다는 한계는 분
명히 존재한다. 하지만 "정치 혁명을 통해 일상의 단조로움을 벗어나는
길"을 모색했다는 점에선 충분히 진일보한 입장이었다고도 볼 수 있다.
물론 이 탐색 작업에서 "국가의 층위와 일상 및 지역의 층위가 뒤섞여"
있었다는 또 다른 한계에 봉착하긴 했지만 말이다.[32] 그 한계들을 극복하
기 위해 르페브르는 농촌사회를 조금 더 깊이 들여다보면서 1955년『라
블레』(*Rabelais*)를 세상에 내어 놓는다. 여기서 그는 축제에 대한 역진적
분석을 시도하는데, 그 예시로 갖고 오는 것이 1635년과 1638년에 걸쳐
루벤스(Peter Paul Rubens)가 그린 〈마을결혼식〉이라는 회화다.[33]

---

32 Rob Shields, *Lefebvre, Love and Struggle: Spatial Dialectics* , Routledge, 1999, pp.14~15.
당시를 회고하면서, "우리는 혁명을 결코 끝나지 않는 대중적 축제로 간주했다"고 르페
브르는 말한다. Remi Hess, *Henri Lefebvre et l'aventure du siecle* , A.M.Metallic, 1988;
Rob Shields, op cit., p.15에서 재인용.

33 그림 소장처인 루브르 박물관 웹사이트에 따른 명칭은 *La Kermesse ou Noce de village* ,
〈축제 또는 마을 결혼식〉인데, '축제'를 뜻하는 프랑스어 'fete'가 아닌 'Kermesse'가 쓰
이고 있다. 이 그림이 플랑드르 화풍을 대표하는 것임을 단적으로 보여주는 명칭인 듯
보인다. 그 밖의 명칭으로는 〈마을축제〉(Le village fete)가 있고, 영어로는 〈잔치를 벌이고
춤을 추는 농민〉(*Feasting and dancing peasants*)이나 〈시골의 잔치마당 또는 마을 결혼식〉
(Country fair or village wedding)으로 옮기기도 한다. "La Kermesse ou Noce de village", *Le
musee du Louvre* , https://www.louvre.fr/oeuvre-notices/la-kermesse-ou-noce-de-village.

이 그림에서 르페브르는 축제를 통한 인류 해방의 역사를 고찰한다.
이 그림에서 볼 수 있는 농촌 마을의 축제는 "자유와 집단적 '도취'(*une
'ivresse' fusionelle*)", "자연과 사회 성원들 간의 교감", "사람 살(flesh)의 범람
과 소용돌이, 광란, 음주, 짐승 같은 격분으로 뒤엉킨 남녀들"을 보여준
다. 어디 그뿐인가? 농민 공동체의 축제는 "주지육림(orgiastic)이자 공동
체의 훈육이 무너질 때 창출되는 순간적 무질서를 통해 이미 축전(祝典)
이 되어 버린 질서"였다. 당대의 역사사회적 상황에서, 이 회화는 "집단
적 관습이 생산사회의 출현 및 그 사회가 개인화하는 도덕성과 충돌하
는 방식을 조명"하고 있다.[34] 더 구체적으로 말해서 루벤스의 〈마을 결혼
식〉은 "도덕과 습관, 이단적 언사와 마법으로써 기독교에 저항했던 그
수세기의 시대 전체와 이데올로기를 분명하게 한다."[35]

중세 유럽의 농민 공동체에서 벌어졌던 축제 분석이 상당히 유의미
한 작업이긴 했어도 그 분석은 『도시혁명』이 출간됐던 1970년의 상황
엔 온전히 적용할 수 없는 것이기도 했다.[36] 여기엔 중요한 이유 둘이 있

---

www.louvre.fr/oeuvre-notices/la-kermesse-ou-noce-de-village.

34   엘든, 전국조 역, 앞의 책, 161면.

35   Henri Lefebvre, *Rabelais* (2ᵉ ed.), Anthropos, 2001, p.27; 엘든, 전국조 역, 앞의 책, 162면
      에서 재인용.

36   하지만 르페브르가 중세의 축제와 중세 이후의 축제 또한 변증법적으로 파악하고 있다
      는 점을 언급해 둬야 할 듯하다. 이 둘 간의 변증법적 관계는 현재 부산의 수많은 축제에

는데, 둘 다 20세기 유럽에서 발생한 급격한 도시화와 관련이 있다. 첫째, 그는 맑스주의를 현대 자본주의(르페브르의 용어로는 신자본주의) 발전의 총화라고 할 수 있는 도시화의 맥락에서 재정립하려 했고, 그에 따라 도시화 및 (도시)공간의 사회적 생산이라는 문제에 천착하게 된다. 그는 맑스가 평생토록 본 것이 급속도의 산업화였다는 점, 그러니까 산업화보다 뒤늦은 본격적 도시화는 목격도 하지 못한 채 삶을 마감했다는 점에 주목하면서 이 같은 맑스주의적 기획을 세운 것이었다. 둘째, 1968년의 혁명을 재평가할 필요가 그한테는 있었다. 그 작업을 위해 그는 '도시혁명' 테제의 엄밀한 검증을 기획한 것이었다. 이런 측면에서 도시공간이 혁명의 가능성과 잠재력을 배태하고 있을 뿐 아니라 혁명을 직접

도 시사하는 바가 적지 않은데, 바로 농촌공간 및 도시공간의 사회적 생산과 깊은 관련이 있기 때문이다. 예를 들어, 이탈리아 토스카나의 역사를 13세기부터 죽 훑어보는 맥락에서 르페브르는 "새로운 사회적 형태는 앞서 존재하던 공간에 진즉부터 '예정되어 있던' 것이 아니다. 새로이 생산된 공간은 도시적이지도 농촌적이지도 않았으며, 오직 이 두 공간이 새롭게 맺은 관계의 산물이었을 뿐이다"고 말한다. 하지만 정작 중요한 것은 그 새로운 공간의 사회적 생산, 또 그렇게 생산된 공간에는 자본축적에 따른 계급투쟁의 가능성이 늘 자리 잡고 있다는 점이다. 이런 측면에서 " … 생산력 향상은 '도시-농촌' 간의 사회적 관계, 다시 말해서 발전의 토대가 되는 집단, 즉 도심의 지배적인 소수집단과 일부 농민 집단의 관계를 통해서만 영향력을 행사할 수 있다. 그 결과 더 큰 부, 더 큰 과잉생산이 가능해졌으며, 이러한 결과는 다시 부를 생산하는 환경에 반영"된다. 르페브르, 양영란 역, 앞의 책, 142면. 충분히 주목할 만한 통찰이다. 현재 부산의 축제 또한 이런 관점에서 하루빨리 재조명돼야 할 테지만, 이와 관련한 논의가 이 글의 주된 관심사는 아닌 관계로 이 정도만 언급해 두기로 한다.

생산해 낼 수 있다는 점은 아주 중요하다. 이는 '공간'과 '반공간(counter-space)'의 변증법적 관계를 분석함으로써 더 명확해진다.

제2차 세계대전 이후 황금의 30년이 절정으로 치닫고 있을 무렵, 프랑스는 도시화의 격랑에 휩쓸려 있었고, 파리의 하늘은 혁명을 배태하고 있는 사회적 공간의 생산을 애초에 또 전면적으로 차단하려는 '반공간 생산'의 먹구름이 시커멓게 뒤덮고 있었다.[37] 그 중 가장 두드러진 것은 "여가"를 위한 반공간의 생산이었는데, 그것은 "자연과 공간의 궁극적인 상품화를 표상"하는 지경까지 이르렀다. 하지만 르페브르의 분석은 거기에 머무르지 않는다. 1968년의 혁명에서, 또 그 '여가'의 향유 주체한테서 '탈주체화의 가능성과 잠재력'을 꿰뚫어 봤기 때문이다. 그는 여가의 반공간을 혁명의 공간으로 '재전유(réappropriation)'하는 68혁명의 전략을 이렇게 평가한다. 그 혁명은 "비-노동, 또는 향유(jouissance), 축제의 순간"이 되어, 파리의 "공간화"를 "오롯이 지배하는 사회체제를 부정"할 뿐 아니라 그 "'축전', 또 강렬함과 열망의 익살스러운 '분출'"을

---

37 이는 근대도시 파리의 도시계획부터 지속적으로 시행돼 오던 것이었다. 잘 알려진 얘기지만, 그 주인공은 1848년 혁명이 실패로 돌아간 뒤 시작한 제2제정, 곧 루이 보나파르트(나폴레옹 3세) 치하에서 기존의 파리를 전면적으로 뜯어고쳐 지금의 파리로 만든 오스망 남작이다. 지금 파리의 이런저런 대로(大路, boulevard)는 그의 작품이다. 그 까닭은 바로 혁명을 위한 사회적 공간 생산을 미연에 방지하기 위함에 있었다. 하지만 68혁명은 그 공간적 지배의 두꺼운 벽을 뚫고 발생한 것이었고, 이것만 해도 그 혁명의 역사사회적 의의는 상당하다고 볼 수 있다.

통해 파리의 "'여가 공간화'"를 파리 대중의 모든 힘이 한곳에 모여 든 "저항"적 공간으로 탈바꿈시킴과 동시에 "갑작스런 재공간화를 통해 봉기"할 수 있는 가능성을 실현했다.[38]

　이 같은 평가는 르페브르 특유의 삼항 변증법적 유물론을 보여주는 아주 극적인 사례로서, 간단히 요약하자면 다음과 같다. 먼저 한 사회의 지배계급이 자신의 계급 이익에 유리하도록 도시공간을 생산한다. 도시공간의 첫 번째 사회적 생산 ― 또는 첫 번째 도시공간적 실천 ― 이다. 그렇게 생산된 도시공간은 기본적으로 그 지배계급의 이데올로기를 재현하기 때문에 피지배계급은 그 공간 속에서 끊임없는 파편화와 공동체 와해의 과정을 겪으며 주체화의 길을 걷게 된다. 그러면서 피지배계급은 자신의 삶과 불가분의 관계에 있는 물질적 조건으로서 공간, 또 그것의 사회적 생산으로 말미암아 그 공간에서 배제되며, 급기야 그 공간 주변으로 내몰려 자신의 존재 자체를 부정당하는 지경에 이른다. 하지만 그 길을 걸으면 걸을수록 공간의 중심을 향한 열망, 수도 없이 많을 그 열망이 응집될 공동체를 향한 열망은 보존될 뿐 아니라 한층 더 강력해지기까지 한다. 힘이 모인다. 모인 힘은 이윽고 주체를 억압하던 지배계급의 권력을 부정함과 동시에 지배계급이 생산해 놓은 도시공간을 탈환함으로써 다시 그 공간을 생산한다. 이제 그 공간은 탈주체화의 험난한

38　Rob Shields, op cit., pp.184~185.

과정을 거친 새로운 주체가 자신을 긍정하는 곳이 되며, 새로운 주체는
그 공간의 실질적 주인이 된다. 이것이 도시공간의 두 번째 사회적 생산
— 또는 두 번째 도시공간적 실천— 이다. 이로써 우리 삶의 물질적 토대
이자 조건으로서 도시공간을 매개로 하는 변증법적 운동, 곧 도시공간
의 사회적 생산을 둘러싼 '부정-보존-고양'의 세 운동이 마침내 주체의
긍정으로 지양하는 변증법적 운동은 물론 그 운동에서 생성하는 이중부
정의 대강 또한 우리 눈앞에 모습을 드러내게 된다.[39] 이 같은 "이중부정
의 긍정적 요소"인 "세 번째 요소"가 바로 르페브르 삼항 변증법의 "세
번째 항"에 해당하는 것이며, 이는 "긍정과 부정으로 구성된 단순한 이
원론의 포괄성(all-inclusiveness)을 상대화"하는 것과 다름없다.[40]

　지금 이 순간에도 도시사회는 여전히 형성의 과정 중에 있다. 국가자
본의 카르텔은 지금 이 순간에도 지배계급의 이익을 대변하기에 여념이

---

[39]　이 '이중부정'을 아도르노와 호르크하이머의 '부정변증법'과 유사하다고 볼 수 있을지도
　　모르겠다. 하지만 비록 그렇다 할지라도 우리 삶의 물적 조건이자 토대로서 공간을 숙고
　　한다는 점에서, 르페브르의 변증법은 아도르노와 호르크하이머가 전개하는 관념적 차원
　　의 변증법과 극명한 차이를 보일 수밖에 없다. 우리가 르페브르의 방법이 역사에 대한 변
　　증법적 접근, 또 변증법에 대한 유물론적 접근을 토대로 하고 있다고 자신 있게 말할 수
　　있는 까닭이 바로 여기에 있다.

[40]　Rob Shields, op cit., p.185. 곧 이어질 논의를 위해서라도 이 변증법적 부정의 부정이 형
　　식논리학에서 말하는 이중부정(부정의 부정), 곧 아무런 변화 없이 다시 부정당하기 전의
　　긍정 상태로 돌아가 버리고 마는 이중부정이 결코 아님을 한 번 더 유념했으면 한다.

없고, 피지배계급은 그 폭압에 소외를 거듭하며 신음소리 한 번 내지 못한 채 침묵의 아우성만 외치고 있을 것이기 때문이다. 그 소외, 그 부정의 지속을 긍정의 순간으로 전화(轉化)하기 위해서 우리는 그 침묵의 아우성을 모으고 모아 그 외침이 사회 변혁을 위한 실질적 외침으로 거듭날 수 있도록 해야 한다. 그리고 그 폭발의 장은 반드시 우리가 삶을 꾸려가는 이 도시공간이어야 한다. 지금껏 이 내파의 전제조건으로서 '도시사회'와 '축제를 통한 혁명 주체 생성의 가능성'을 르페브르의 논의에 기대어 타진해 봤다. 특별히 그의 삼항 변증법적 유물론이 상대화한 것, 곧 관념적 차원에서 이해·분석·설명될 수밖에 없는 단순한 이항 대립의 논리이자 형식논리학적 진리치를 절대적인 지위에서 끌어내리고 그 지위를 박탈하는 과정을 확인했다. 그리로 이를 계기로 '소외 극복'과 '차등주의'의 이론적 틀 또한 비로소 마련하게 됐다.

4.2. 도시축제 : 소외의 극복, 그리고 실질적 차이와 평등 및
그것들의 확인을 위한 투쟁[41]

무엇보다도 도시축제는 소외의 극복을 위한 장이다. 물론
소외는 현실이다. 우리가 자본주의적 생산관계에 포섭되어 있는 한, 그
것은 치명적 숙명일는지도 모른다. 하지만 그렇다고 해서 우리가 그 구
조적 숙명에 순응하기만 한다면, 소외의 극복은 요원할 수밖에, 아니 영
원히 불가능할 수밖에 없다. 그렇다면 과연 도시축제는 소외 극복의 장
을 마련해 낼 수 있는가? 르페브르에 따르면, 있다. 그것도 분명히. 그 방
법의 요체는 우리, 도시적 삶의 주체가 얼마만큼 탈주체적 '순간', 그리
고 그것과 늘 함께하는 '찰나의 공간'을 만들어 내느냐에 달려 있다.

그 순간은 이데올로기로서 소외를 극복하는 순간이다. 그리고 그 순
간이 바로 '도시축제'다. 이를 인식하기 위해 우리는 '지금 우리가 우리
의 현실이라고 받아들이는 현실의 모습이 과연 진정한 현실의 모습인
가?'를 자문해 봐야 한다. 우리는, 이미 분리의 기술로서 스펙터클에선
소외를 거듭하고 있고, 의사소통의 황홀경이자 현시대 사회적 질서의

---

41 이 절은 전국조 「부산시민공원: 사회적 생산력들의 결집을 위한 장소, 그리고 그 가능
성」, 『인문학논총』 제38집, 경성대학교 인문과학연구소, 123~164면의 일부, 특별히
153~156면의 내용을 이 작업의 맥락에 맞게 수정·보완·요약한 것임을 밝힌다. 그리고
앞으로 '순간'은 특별한 언급이 없는 한 공시간적 개념으로 취급한다.

시뮬라시옹인 축제 속에선 무의미한 의사소통만 지속하고 있다. 주체
화의 가상적 장으로서 이소토피아가 파 놓은 주체화의 함정에 너무 깊
이 빠져 있는 것이다. 이 함정의 안팎에는 무수히 많은 기호-이미지와 상
품이 차고 넘치다 못해 지천에 널려 있기까지 하다. 우리는 한 마디로 기
호-이미지가 범람하는, 그것도 국가-자본 카르텔의 손에 꽤 조직화된 방
식으로 증식하고 있는 상품 세계로서 가상 세계에 흠뻑 빠져 있다. 이것
이 우리가 받아들이는 현실의 모습이며, 그 현실에서 허우적대고 있는,
줄곧 소외를 되풀이하는 것도 모자라 점점 더 그 소외의 수렁으로 빠져
들어가고 있는 우리 자신의 모습이다. '상황이 이런데도 소외 극복의 순
간이라는 것이 정말 가능하긴 한 걸까?' 이제 우리는 한 번 더 자문해 봐
야 한다. 그리고 앞서 살펴봤던 르페브르의 삼항변증법과 그 이중부정
의 묘(妙)를 한 번 더 떠올려 봐야 한다.

　'소외'는 지속이 아니다. 그것은 한 순간에 불과하다. 그 순간은 '우리
가 자본주의적 생산관계에 예속돼 있으면서도 언제든 그 속박을 벗어던
질 수 있다'는 가능성과 잠재성을 배태한 순간이다. 그 순간은 일차적으
로 사용자가 전유하기 때문에 우리는 그 순간에서 배제·부정·소외당하
고, 이를 현실로 받아들이게 된다. 하지만 사용자가 전유한 순간 속의 우
리 또한 상품이자 기호-이미지라는 점, 그렇기에 우리가 아무런 저항 없
이 현실로 받아들이는 그 현실이 사실 진정한 현실이 아니라 가상이라
는 점, 또 그 현실세계가 기실 참된 현실 세계가 아니라 가상 세계라는

점을 깨닫는다면, 우리는 더 이상 그 속박의 사슬에 매여 있을 어떤 까닭
도 찾지 못하게 된다. 이 깨달음의 순간에 우리를 부정했던 사용자는 도
리어 부정당하게 되고, 그 부정과 함께 우리는 탈소외의 순간, 우리 자신
을 긍정하는 순간을 체험하게 된다. 이것이 바로 축제의 순간이며 이 순
간은 '순간의 삼항 변증법'을 통해 지양되는 것이다.

　그렇다면 이 '순간'에 한계는 없는가? 있다. 바로 '일시성'이다. 르페
브르는 그 한계의 극복 가능성을 '헤테로토피아'에서 찾고 있다.[42] 르페
브르한테 헤테로토피아는 기본적으로 '배제에 따른 차이, 그리고 저항
의 공간, 이질적 공간'이다. 달리 말해서 "차이는 동질화의 주변에서, 동
질화에 대한 저항으로서, 또는 동질화의 외부 요소(측면적, 헤테로토피아적,
이질적인 것)로서 시작되거나 유지"되는데, 이때 "차이는 우선 **배제된** 것
을 의미"한다.[43] 이 헤테로토피아의 비유적 표현이 바로 "밀푀이유(mille-
feuilles)"다.[44] 순간에 그것과 함께하는 '찰나의 공간'이 있다는 말은, 거꾸

42　르페브르의 헤테로토피아 개념은 푸코의 그것과는 상당히 다르다. "푸코의 헤테로토피
　　아가 시간과 공간, 이를테면, 공동묘지, 쇼핑몰, 양탄자, 매춘굴, 식민지, 정원 같은 공간
　　의 관계에서 거의 무작위로 환기되는 반면, 르페브르는 헤테로토피아를 더 비판적인 사
　　용역(register)에서, 사회적 규범에서 정치적이고 역사적으로 일탈한다는 것의 의미에 뿌
　　리를 두면서 구상"했기 때문이다. Neil Smith, "Foreword", *The Urban Revolution*, R.
　　Bononno (tr.), University of Minnesota Press, 2003, p.xii.

43　르페브르, 양영란 역, 앞의 책, 530면 — 강조 원저.

44　위의 책, 153쪽.

로 생각하면 그 찰나의 공간에 순간이 함께한다는 뜻도 된다. 그렇다면 밀푀이유는 '천 겹의 다른 공시간', 곧 사회적 규범을 벗어날 뿐 아니라 그것을 초과해 가는 무한한 헤테로토피아를 내포하게 된다. 이제 그 헤테로토피아를 어떻게 상상해야 하는지와 그것의 실질적 함의는 무엇인지에 대한 잠정적 답변을 제시할 차례다.

헤테로토피아는 축제의 일시성을 극복하기 위해 고안된 것으로 보인다. 그렇다면 헤테로토피아는 우선적으로 지속적이거나 연속적인 공시간의 운동성을 의미할 텐데, 여기서 중요한 것은 그 운동성을 유클리드의 기하학이나 데카르트 식의 좌표평면, 또는 베르그송의 지속 개념으로 파악해선 곤란하다는 점이다. 만약 전자의 관점에서 본다면 헤테로토피아는 '점'으로서 추상 공간의 일부에 지나지 않게 되어 공간의 사회적 생산이라는 테제에 정면으로 배치된다는 함정, 후자의 관점에서 본다면 헤테로토피아는 현실 공간이 아니라 전자와 마찬가지로 관념적 장에 머무르는 일종의 가상 공간이 되어 역사적 유물론의 입장과 정면으로 모순된다는 한계가 발생한다. 그렇다면 르페브르는 우리가 어떤 방식으로 순간의 변증법과 헤테로토피아를 이해해야 한다고 제안하는가?

핵심은 니체의 '영원회귀'다. 들뢰즈 식으로 풀어본다면 '차이와 반복'의 공시간적 순환이 될 텐데, 이 또한 단선적이진 않다 하더라도 '선형적'이기 때문에 우리의 공시간적 상상력에 조금은 제약이 될 수도 있다. 따라서 여기선 '리좀'을 더하고자 한다. 축제라는 천 겹의 공시간이

이렇게 상상될 때, 앞서 언급한 '네트워크의 이동하는 감금의 세계'에 맞
설 수 있는 또 다른 방식의 네트워크가 더 손쉽게 떠오를 것이기 때문이
다. 이를 유념하면서 지금부턴 헤테로토피아의 평등을 검토한다.

5. 헤테로토피아와 통약불가능성 간의 모순

먼저 헤테로토피아의 차이가 반드시 포스트모던 식의 통약
불가능성(incommensurabilité)을 기정사실로 전제하는 것은 결코 아니라는
점을 우선적으로 고려할 필요가 있다. 그 전제를 통해서는 결코 공동체
를 상상할 수 없기 때문이다. 오히려 그 차이는 통약가능성을 발견하기
위한 필요조건으로 간주돼야 한다. 차이는 기본적으로 갈등과 대립, 모
순과 딜레마를 낳는다. 차이는 우선 이것을 드러내기 위한 장치로 작동
하는 것이지 결코 그 자체로 목적이 될 수는 없다. 왜냐하면 우리의 통약
가능성 또한 가능성이자 잠재성이기 때문이다. 차이는 평등을 찾아 헤
매기 위한 지난한 과정 그 자체다. 다시 말해서, 그것은 '전진적' 역사탐
구 방법의 오늘과 내일을 여는 문이지 오늘도 내일도 마냥 찾아 헤매기
만 하려고 고안된 것이 아니다. 이것이 르페브르가 제안하는 '차-등주
의'(différentialisme)의 개략이며 실질적 차이와 평등의 의미일 것이다. 이
런 관점에서 순간의 변증법과 천 겹의 헤테로토피아는 어쩌면 천 겹의

변증법적 관계, 천 겹의 역사 발전 과정을 뜻하는지도 모를 일이다. 그
렇다면 이는 분명히 힘든 과정이 될 것이다. 설령 그렇다고 해도 탈주체
화를 위한 주체적 노력을 우리가 기울이지 않을 순 없는 노릇이 아닌가?
지금이라도 우리는 더더욱 그 관계를 확인할 수 있는 축제를 고안하여
시시각각 그것이 이 부산 땅에 제 모습을 드러낼 수 있도록, 그리하여 그
것이 가상 세계와 교전(交戰)할 수 있도록 애써야 할 것이다. 가상 세계의
차이와 평등이 아닌 현실 세계의 실질적 차이와 평등을 확인할 수 있는
투쟁을 이어나가기 위해서라도. 이 험난한 신자유주의 시대에 서로의
어깨에 기대어 이 역사 부재의 비참한 시대를 살아내기 위해서라도. 그
러려면 부전(赴戰)과 부전(不戰)의 상대를 분명히 해야 할 것이다. 자칫 전
우(戰友)의 피를 불필요하게 흘리게 할 수도 있으니.

관련 어휘

부전 赴戰 to go to war	1. 전쟁에 참가하러 나감.『오픈』
부전 不戰 renunciation of war; no war	1. 겨루지 아니함. 2. 전쟁을 하지 아니함.
전우 戰友 battle buddy	1. 전장(戰場)에서 승리를 위해 생활과 전투를 함께하는 동료. = 군우 軍友

참고문헌

배영달, 『사유와 상상력』, 동문선, 2013.

G. 드보르, 유재홍 옮김, 『스펙터클의 사회』, 울력, 2014.

H. 르페브르, 양영란 역, 『공간의 생산』, 에코리브르, 2011.

J. 보드리야르, 배영달 역, 『불가능한 교환』, 울력, 2001.

_____, 배영달 역, 『지옥의 힘』, 동문선, 2003.

S. 엘든, 전국조 역, 『앙리 르페브르 이해하기: 이론과 가능한 것』, 경성대학교출판부,
    2018.

Henri Lefebvre, "Notes on the New Town", *Introduction to Modernity: Twelve Preludes*, J.
    Moore (tr.), Verso, 1995, p.116~126 ; H. 르페브르, 이종민 역, 「어떤 신도시에 대
    한 메모」, 『모더니티 입문』, 동문선, 1999, 173~187면.

_____, *Rabelais* (2ᵉ ed.), Anthropos, 2001, p.27; 엘든, 전국조 역, 2018, 162면에
    서 재인용.

_____, *The Urban Revolution*, R. Bononno (tr.), University of Minnesota Press,
    2003.

_____, *La droit à la ville* (3ᵉ ed.), Anthropos, 2009.

Jean Baudrillard, *Cool Memories II: 1987-1990*, C. Turner (tr.). Duke University Press,
    1996.

_____, *Cool Memories II*, Galilée, 2000, p.37, 132; 배영달, 2013, 145면에서
    재인용.

Neil Smith, "Foreword", *The Urban Revolution*, R. Bononno (tr.), University of Minnesota
    Press, 2003, pp.vii~xxiii.

Remi Hess, *Henri Lefebvre et l'aventure du siècle*, A.M.Metallic, 1988; Rob Shields, 1999,
    p.15에서 재인용.

Rob Shields, *Lefebvre, Love and Struggle: Spatial Dialectics*, Routledge, 1999.

"La Kermesse ou Noce de village", *Le musée du Louvre*, https://www.louvre.fr/oeuvre
-notices/la-kermesse-ou-noce-de-village.

백전노장의 전사, 무산된 고별전

- 한국 프로야구, 자이언츠, 그리고 화쟁의 화신 최동원

핵심 어휘

백전노장 百戰老將 veteran; war-horse	1. 수많은 싸움을 치른 노련한 장수. 2. 온갖 어려운 일을 많이 겪은 노련한 사람.
전사 戰死 death on the battlefield	1. 전쟁터에서 적과 싸우다 죽음.
고별전 告別戰 farewell match	1. 고별을 앞두고 마지막으로 하는 경기.

1. 1984 한국시리즈

네이버 뉴스 라이브러리에 '최동원'과 '선전(善戰)', 이 두 단
어로 검색하고 그 결과를 봤을 때 맨 위에 뜬 기사의 일부다.

巨人, 하늘이 준「큰 발자국」

「골라잡기」로 시작한 사자의「잔치 각본」
유두열 포물선에「비탄의 연극」으로

프로야구 한국시리즈 폐막
「모사재인 성사재천」(謀事在人
成事在天)。「일은 사람이 꾸미
나 이뤄지게 하는 것은 하늘이
다」。프로야구 84한국시리즈의
패왕탄생은 하늘이 이뤄준 절묘
한 사건이었다. 라이온즈는 시
리즈의 상대로 만만하게 여긴
자이언츠를 끌어들이는데 일단
성공했으나「빅토리아」여신은
자이언츠에 미소를 선사했다.
한국시리즈6차전까지 17타수 1
안타로 타율 0.059、최하의 타율
을 보인 자이언츠의 유두열(柳
斗烈)은 7차전 결승에서 하늘이
놀라도록 뜻밖에 3점의 역전 홈
런을 폭발시킴으로써 6대 4로
자이언츠에 패왕대관식장을 마
련해 주었다(9일・잠실구장)。

「공든탑」崔東原 올해 MVP로
3점홈런 한방으로 柳斗烈 한국시리즈 MVP

이날밤 자이언츠는 부정이 탄
다고해 호텔에 우승자축연자리
대신 저녁준비만 시켰다. 그러
나 라이온즈는 우승을 확신、호
텔에 푸짐한 우승자 축연자리를
마련해 놓았다. 하늘에 모든 것
을 맡기고 선전한 자이언츠는
세 번째 챔피언팀이 되는 영광
을 차지했는데 한국시리즈 성적
은 4승3패。자이언츠는 전기우
승팀 라이온즈를 꺾음으로써 후
기리그우승팀으론 첫번째 챔피
언이 되는 신화도 창조했다.

만 36년 전의 기사, 지금 보면 흥미로운 점이 많다.[1] 당시, 그러니까 한
국프로야구가 출범한지 3년째 되던 1984년의 한국시리즈는 이른바 '구
도(球都) 부산'의 역사에선 어쩌면 결코 잊히지 않을 일대 사건일지도 모
른다. 7전 4선승(7戰 4先勝)제의 단기전(短期戰)으로 이뤄지기에 으레 그렇
기 마련이지만 당시의 각축전(角逐戰)은 역대 한국시리즈 가운데서도 격

---

[1]　「거인, 하늘이 준 「큰 발자국」」, 『동아일보』(1984년 10월 10일 자, 5면), https://newslibrary.
naver.com/viewer/index.nhn?articleId=1984101000209205001&editNo=2&printCou
nt=1&publishDate=1984-10-10&officeId=00020&pageNo=5&printNo=19392&pub
lishType=00020. 당시 기사의 분위기를 최대한 훼손치 않은 채 전달하기 위해 인용한 기
사의 형식을 그대로 따랐다. 한자, 띄어쓰기, 심지어 기호와 문장부호까지 그대로 썼다.
한 가지 흥미로운 점은 기호와 문장부호다. 현재 주로 '글', 더 구체적으로 학위논문·시·
소설·단행본 안의 장(章)·소논문 따위의 '제목'을 표시하기 위해 쓰이는 홑낫표(「 」)가 당
시엔 강조의 용법으로 쓰인 듯 보인다. 아울러 마침표의 경우, 지금은 거의 온점(.)을 쓰
는 데 비해 당시엔 그 이전의 세로쓰기에 쓰였던 고리점(。)이 가로쓰기에도 혼용됐음을
보이고 있다. 쉼표의 경우에도 상황은 비슷하다. 현행의 반점(,)이 완전히 자리 잡기 전인
당시엔 그 이전의 세로쓰기에 쓰였던 모점(、)이 여전히 가로쓰기에도 보이는 것이다. 물
론 중국과 일본에선 여전히 고리점과 모점이 주로 쓰이고 있다. 이렇게 볼 때, 세로쓰기
나 가로쓰기의 고수, 한쪽에서 다른 한쪽으로 발생한 변화(주로 전자에서 후자로), 그에 따
른 문장부호의 변천 같은 연구주제 또한 흥미로울 것으로 보인다. 특별히 이를 한자를 공
유하는 한·중·일 문헌의 역사적 변천에 적용해 볼 때, 모두에 공통되거나 아니면 각각에
고유한 '에크리튀르'의 양상을 밝히는 데 조금이라도 도움이 되지 않을까 싶다. 또 하나
흥미로운 점은 기자의 관전기(觀戰記) 또는 관전평(觀戰評)이다. '모사재인 성사재천' 같은
고사성어(『삼국지』의 제갈량) 및 서구 고대 신화의 인용에서 '패왕대관식장(覇王戴冠式場)'
같은 다양한 한자어 비유의 활용까지, 현시대의 스포츠 관련 기사나 관전평과 함께 비교
해 보면 본 사업단의 아젠다와 관련해서 꽤 유의미한 연구 성과가 나올 수도 있을 것 같
다. 차차 고민해 보면서 한층 더 구체화해 볼 생각이다.

전(激戰) 중의 격전이요 명승부(名勝負) 중의 명승부로 꼽는다. 1984년 한
국시리즈가 한 편의 드라마로 회자되는 까닭은 크게 다섯 가지 정도다.
첫째는 물론 7차전(7次戰)까지 접전(接戰)을 펼쳤다는 것, 둘째는 그 과정
이 졸전(拙戰)이 아닌 선전(善戰)이었다는 점, 그랬기에 자이언츠의 입장
에선 신승(辛勝)이되 라이온즈의 입장에선 석패(惜敗)일 수밖에 없었다는
점, 셋째는 그 과정에서 자이언츠가 맹추격전(猛追擊戰)을 펼치고 그 결과
로 역전승(逆轉勝)까지 일궈냈다는 점, 다섯째는 4승 전부와 3패 중 1패,
그 모두를 최동원(1958~2011)이란 한 인간이 감당했다는 점이다.[2]

상기한 바를 시발점으로 삼아 이 작업은 전쟁의 일상화와 일상의 전
장화를 가장 잘 보여줄 수도 있는 일상의 영역인 스포츠, 더 구체적으
론 한국 프로야구를 다루면서 다음과 같은 과정을 밟아 간다. 첫째, 최동
원의 삶을 들여다본다. 하지만 그의 생애 전체를 조망하기보다는 전쟁
으로서 스포츠, 스포츠의 전장화를 뚜렷이 드러내 보일 수 있는 몇몇 사
건과 그것의 법학적 함의에 집중한다. 둘째, 스포츠연구의 맥락에서 그
사건 및 해설을 뒷받침할 수 있는 이론적 근거를 제시한다. 셋째, 다음

---

2   당시 최동원의 기록이다. ① 평균자책점(ERA) 1.80 ② 경기 수 5 ③ 완투 4 ④ 완봉 1 ⑤
     승리 4 ⑥ 패전 1 ⑦ 승률 0.800 ⑧ 상대 타자 수 159명 ⑨ 소화 이닝 수 40 ⑩ 피안타 32
     ⑪ 피홈런 2 ⑫ 볼넷 11 ⑬ 사구 1 ⑭ 삼진 35 ⑮ 실점 9 ⑯ 자책점 8, '1984년 한국시리
     즈 최동원 기록', 「기록실」, 『KBO(한국야구위원회)』, https://www.koreabaseball.com/
     Record/Player/PitcherBasic/BasicOld.aspx?sort=ERA_RT.

작업으로 이어지는 다리를 '투쟁 → 경쟁 → 화쟁'으로 놓는다. 끝으로, 2021년의 최동원을 한 번 더 얘기하면서 작업을 매조진다.

2. 1988 한국프로야구선수협의회와 트레이드

최동원의 생애[3]에서 가장 주목할 만한 사건은 1988~89년의

---

3   최동원의 삶을 구술사 및 생애사적 접근을 통해 재구성하고 그 사회문화적 의의를 밝힌 성과로는 김지영·하웅용, 「영원한 부산 갈매기: 한국야구사의 레전드 최동원」, 『한국체육사학회지』 19권 1호, 한국체육사학회, 2014, 85~98면이 있고, 유튜브 같은 곳에서 좀 더 손쉽게 구할 수 있는 자료로는 〈무쇠팔 최동원, 일생을 던지다〉, KBS 스페셜(방영일: 2011.09.25), 〈불멸의 투수, 최동원〉, MBC 스페셜(방영일: 2011.11.11), 〈영원히 잠든 우리 시대의 영웅! 고 최동원〉(히스토리 후), MBC 라이프(방영일: 2011.11.11)이 있는데, 이 특집 다큐멘터리 세 편 모두는 불과 53세에 세상을 떠난 그를 기리기 위해 제작된 것으로 보인다. 그 밖에도 〈불멸의 투수, 철완 고(故) 최동원〉(한국야구 레전드 시리즈), KBSN 스포츠(방영일: 2013.03.04), 〈최동원, 전설의 시작! 1편〉, 〈최동원, 시대와 승부하다! 2편〉(부네스코 위원회 시리즈), KBS네트워크(방영일: 2017.04.19, 2017.04.26), 〈퍼펙트 게임〉(박희곤 감독, 2011), 2020년 서울독립영화제에서 상영된 다큐멘터리 영화 〈1984, 최동원〉(조은성 감독, 조진웅 내레이션)이 있다. 특별히 〈퍼펙트 게임〉은 공교롭게도 최동원 사망 직후인 2011년 12월 개봉했는데, 이 영화에 큰 애정을 갖고 있던 그는 제작 과정에서도 큰 도움을 줬다고 한다. 단적인 예로, 〈무쇠팔 최동원, 일생을 던지다〉에서 〈퍼펙트 게임〉 공동 제작사 대표인 김성태의 인터뷰 내용을 보면, "야구는 혼자 하는 운동이 아니니까, 여럿이 하는 팀플레이다 보니까 그들을 위한 영화를 만들어 달라고 조언을 하셨구요. 또 하나는 자기 폼이 워낙 어려워서 조승우라는 배우가 다칠 수도 있다. 꼭 자기 폼을 굳이 똑같이 하지 않으려 해도 된다. 그래서 '다치지 않고 무리하지 마라.'란 조언을 해 주셨습니

한국 사회를 떠들썩하게 한 트레이드와 그것을 촉발한 '한국프로야구선수협의회(이하 선수협)'의 결사(結社)운동이다.[4] 이 상황을 분석하려면 한국 프로야구의 출범에 내재한 태생적 한계를 짚어 봐야 한다.

두 번째 군부개발독재기가 한창 무르익을 때인 1982년, 당시의 우중(愚衆) 또는 우민화 정치[5]의 일환으로 프로야구[6]가 시급히 도입되기에 이른다. 그 정치적 욕망을 실현할 책임을 고스란히 떠안게 된 기업 입장에선 꽤나 달갑지 않은 상황이었다. 준비기간이 짧아 졸속으로 진행할 수밖에 없는지라[7] 선수의 입장 따위엔 신경 쓸 겨를조차 없었다. 그러니 자

다."는 대목이 있다. 차차 얘기하겠지만, 최동원의 인품을 잘 보여주는 일화다.

4   현재의 '(사)한국프로야구선수협회(2000년 창립, 이하 현 선수협)'와 헷갈릴 수 있는 이 결사는 현 선수협의 전신이자 모태가 되는 단체다. 선수협 결성에는 실지로 최동원과 역시 2011년에 세상을 등진 장효조 전 라이온즈 2군 감독을 비롯해 당시 한국 야구를 주름잡던 선수들이 함께했다. 1988년 9월 13일에 열린 설립총회 관련 자료에는 최동원이 회장으로 명시돼 있다. 관련 이미지 및 더 자세한 내용은 다음을 볼 것. 홍윤표, 「[홍윤표의 휘뚜루마뚜루] 프로야구선수협, "최동원 정신을 살리고, 박석민을 본받아라」, 『OSEN』, 2020, http://osen.mt.co.kr/article/G1111494714. 이 기사엔 아주 희귀한 사진자료가 소개돼 있다. 1988년 9월 13일에 열린 한국프로야구선수협의회 설립총회의 문건이 바로 그것이다. 당시의 필기까지 함께 사진으로 찍혀 있다.

5   잘 알려져 있는 것처럼 이른바 3S(screen, sex, sports)로 불리는 영화산업, 성산업, 스포츠산업이 그것을 대변한다.

6   프로축구의 경우, 출범은 1983년에 하지만 선수협회는 2012년이 돼서야 결성된다.

7   이의재, 「프로야구(一野球)」, 『한국민족문화대백과사전』, 한국학중앙연구원, 1995, http://encykorea.aks.ac.kr/Contents/Item/E0060462.

본에 대한 선수의 종속 정도가 심해지게끔 돼 있었다는 건 불 보듯 뻔한 일이었다. 다시 말해 "우리나라에 프로야구가 도입되어 '자본'이 소유한 프로야구구단과 계약에 의해 고용된 선수" 간의 관계에서 선수는 "필연적으로 종속적일 수밖에" 없었다. 실지로 당시의 계약이 이른바 "'노예 계약'"으로 불릴 만큼 구단의 일방적 폭력은 횡행하고 있었다. "구단이 선수의 권리나 복지를 안중에 둘 리 만무"했다. 그런 상황에서 선수를 제발 좀 사람으로 여겨 달라는 목소리가 한꺼번에 터져 나오기 시작한 것이다. 그것도 속된 말로 가장 잘 나가는, 그랬기에 흥행의 보증수표로 간주되는 한 선수를 선봉장(先鋒將)으로 해서 단체까지 결성하려는 움직임으로 변모하고 있으니 구단 입장에선 괘씸하게 여길 수밖에. 이 상황을 한 마디로 정리하는 것이 다음의 인터뷰다.

> 구단들도 할 말은 있었지. 프로야구가 되기에는 아직 이르다는 것이 대부분의 생각이었는데 그걸 마지못해 하는 거니깐, 거기에 노조까지 생긴다면 정말 안 하겠다는 말이 나올 상황이었지. 암튼 최동원이 시작해서 후배들에게 더 나은 환경이 된 것은 확실해. (김인식 인터뷰, 2013.11.13)[8]

---

8   김지영·하웅용, 앞의 글, 92면.

최동원이 결사(結社)를 향한 결사(決死)의 의지를 불태운 데는 한 동료 선수의 죽음이 결정적 영향을 끼친 것으로 보인다. 1988년 8월 27일 타이거즈의 투수 김대현이 불의의 사고로 숨진 것이다. 최동원의 입장에선 아무것도 할 수 있는 게 없었다. 시즌 중이었음은 물론 한 팀의 에이스였기에 몸을 빼는 일조차 쉽지 않았다. 문제는 선수 간 상부상조를 촉진하고 선수의 복지를 증진할 수 있는 결사의 조직 및 그것의 제도적 안착이었다. '끼니는 라면으로 때우기 일쑤고 월급이라곤 고작 20만 원 정도밖에 못 받는 2군과 연습생 선수를 위한 특단의 조치가 필요하다'는 믿음은 결국 선수협 발족을 위한 노력으로 이어지게 된다.

그때 당시 프로야구를 보면은요. 1군에서조차도 연봉이 700만 원, 800만 원 하는 선수들이 상당히 많았었어요. 해태 가면 뭐 그런 선수는 뭐 널려 있었죠. 근데 최동원 선수는 참 특이하게도 주변의 자기 선수들의 그러한 처지라든가, 뭐 은퇴, 그 담에 사고·부상 이후에 프로야구 선수들이 겪었던 그러한 어려움, 생계의 문제까지도 관심을 가졌었구요. 그러다가 이제 해태 터이거즈의 김대현 선수가 교통사고로 사망을 하게 되자 거기에 좀 더 관심을 갖고 우리가 뭔가를 해봐야겠구나, 일종의 그래서 상조회를 이제 만들려고 했었

던 … (정희준, 동아대학교 스포츠과학과 교수)[9]

다음은 이와 관련한 최동원의 육성이다.

> 같이 운동을 하던 선수가 사고로 세상을 떠났지만 도울 수 있
> 는 길이 없었다. 연습생 선수들의 최저 생계비나 선수들의 경조사
> 비, 연금 같은 최소한의 복지 제도를 만들기 위해서는 선수협이 필
> 요하다고 생각했다. … 나는 1억 원의 연봉을 받는 선수였다. 그 돈
> 이면 당시 강남에 아파트를 마련할 수 있었다. 내 욕심을 위해서라
> 면 선수협을 결성할 필요가 없었다. 어려운 동료들을 돕고 싶었을
> 뿐이다 (최동원, MBC 스페셜, 2011.11.11).[10]

선수협 결성은 순항 중이었다. "1988년 9월 7개 프로야구단 소속 선
수 140여 명이 대전 유성의 호텔에 모여 최동원을 회장으로 추대하며

---

9   이 인터뷰처럼 논의 전개를 위해 직접 동영상을 보고 인용을 따다 붙이는 경우엔 비
    록 그 표기가 표준어의 그것과 달라진다 하더라도 최대한 입말 그 자체의 표기에 충실
    토록 할 텐데, 그 까닭은 다름이 아니라 인터뷰의 현장감을 가급적 훼손하지 않기 위
    해서다. KBS다큐, 〈전설의 야구 영웅 최동원, 그의 뜨거웠던 야구 인생! | KBS 스페
    셜 "무쇠팔 최동원, 인생을 던지다" (방영일: 2011.09.25)〉, https://www.youtube.com/
    watch?v=DTE3oymdnok.

10 김지영·하웅용, 앞의 글, 92면.

빠른 시간 내 선수협의회 대의원 총회를 열기로 합의"하게 된 것이다. 하지만 그것도 잠시, 선수협 결성의 기치(旗幟)를 올린 최동원은 순식간에 나락으로 떨어지게 된다. 그의 등을 떠민 것은 바로 구단들이었다.

'구단들은 협의회 결성을 원천봉쇄 하기 위해 와해 공작에 나서고, 선수들은 극심한 동요를 겪게 된다. 그 결과, 결성을 공식화하기 위해 소집된 대의원총회에는 총 6개 구단의 절반에 해당하는 3개 구단의 선수들이 불참한다. 이는 정족수 미달로 이어져 창립총회의 목적 달성이 어려워지게 된다. 협의회 창립을 위해 선수들이 쏟았던 노력이 모두 물거품이 되자, 그 다음 단계로 구단들은 선수협 관련 선수 20명과는 재계약을 하지 않겠다며 강하게 압박한다. 이로써 선수협의 출범 자체가 무산되기에 이른다. 선수 측의 수장 격인 최동원 또한 예외는 아니었다. 당시 최고의 선수였는데도 재계약을 하지 못하면서 그의 야구 인생 또한 내리막길을 걷기 시작한다. 그가 소속해 있던 구단인 롯데는 그를 방출하기로 결정, 결국 삼성으로 강제 이적시켜 버린다.'[11]

당시 자이언츠와 라이온즈 간의 트레이드는 사상 초유의 규모로, 그것도 두 차례에 걸쳐 이뤄진다. 롯데에선 투수 최동원과 야수 김용철, 삼성에선 투수 김시진과 야수 장효조가 대표적인 선수였는데, 공교롭게도 이 모두는 선수협 결성에 깊이 관여했다. 최동원은 회장, 김용철은 이사

---

11   위의 글, 93면.

및 자이언츠 위원장, 김시진과 장효조는 라이온즈 측 대의원이었다.[12] 이 트레이드가 보복성이라는 것, 다시 말해 구단의 이른바 괘씸죄에 걸려 이뤄진, 선수협 결성에 앞장선 선수에 대한 응징으로 이뤄진 것이라는 데는 이견이 없다. 그리고 이 같은 이동이 각자의 연고지를 떠날 수밖에 없는 고통을 수반했다는 점에서 보면 그 폭력성 또한 엄청난 것이었다.

롯데 하면 최동원의 얼굴이나 마찬가지인 팀에서 눈엣가시가 돼 가지고 … (김일권, 전 타이거즈 외야수)

배신감, 차별, 횡포 뭐 이런 단어들 … (민훈기, 야구 전문 기자)[13]

선수 죽였고, 정말 무식한, 잘못된 트레이드라고, 그렇게 생각하고 있어요. (박영길, 스포츠서울 객원기자)[14]

프랜차이즈라는 경우는 늘 바뀔 수가 있지만, 내 고향 사람을 다른 곳으로 보내긴 힘들었던 시대였어요. 그럼에도 롯데가 내 고향

---

12 홍윤표, 앞의 글, 사진자료.

13 이 인터뷰를 보면 민훈기 기자의 목소리는 떨리고 눈가는 촉촉해진다는 걸 충분히 느낄 수 있다.

14 박영길은 프로 구단 자이언츠의 초대 감독이기도 하다.

사람을 보냈던 이유는 징벌적 의미가 크죠. 다툼이 있었고, 또 선수
회 조직에 대한 앙금이 있었고. 그런 것들로 인해서 저는 롯데가 칼
을 빼들었다고 봐요. (박동희, 스포츠춘추 기자)[15]

최동원은 트레이드 직후인 1989년엔 1승, 이듬해엔 6승만 올린 채 선
수 生活을 접는다. 씁쓸하고 안타깝기 그지없는 은퇴, 아니 사라짐이었다.
실지로 이 같은 암울한 역사는 헌법 제21조에서 보장하는 '집회·결사
의 자유' 가운데 결사의 자유가 침해당하고, 그 결과 사회 성원의 삶 그
자체가 자신의 의지와는 무관하게, 그것도 악화일로의 방향으로 전개된
주요 사례로 고려될 수 있다. 여기서 결사의 자유는 "단체의 결성·불결
성, 단체에 가입·탈퇴·불가입 등에 공권력의 간섭을 받지 않을 자유와
단체로서의 의사를 형성하고, 그 의사를 실현하기 위한 제반활동이 포
함"됨을 주요 내용으로 하지만,[16] 현실은 결코 그렇지 않았던 것이다.
이와 관련해선 2007년과 2017년에 이뤄진 스포츠 및 엔터테인먼트
산업 관련 법학 영역의 연구 성과가 주목할 만하다. 선수협 결사운동이
있은 지 20~30년 정도가 흐른 뒤 상황이 얼마나 개선됐는지를 가늠해

---

15   KBS다큐, 앞의 자료.

16   구병삭, 「집회결사의 자유(集會結社—自由)」, 『한국민족문화대백과사전』, 한국학중앙연
      구원, 1995, http://encykorea.aks.ac.kr/Contents/Item/E0055082.

보기 위한 소개다. 먼저 2007년의 것이다.

프로야구가 많은 사람들에게 사랑을 받아오는 동안 선수계약
은 한국야구위원회 회원인 구단의 의견만을 문언으로 담은 통일계
약서에 의하여 체결됨으로써 선수의 권익을 제대로 보호하지 못하
였다. … 비록 다른 프로스포츠에 비해 프로야구선수협의회라는 선
수단체가 있기는 하지만 선수와 관련된 내용에 있어 야규규약 제·
개정이나 총재 선출에 있어 어떠한 법적 지위도 가지고 있지 않다.
… 선수의 노무는 구단에 전속성을 가지고 고용 유사적 성질을 가지
지만 누구나 대체할 수 있는 획일화된 노무가 아니다. 그러므로 선
수에게는 자신의 능력에 맞는 자유로운 협상의 길이 열려 있어야 한
다. 그럼에도 불구하고 선수의 협상권은 배제한 채 미리 제공되어
있는 선수계약서에 서명만을 하도록 한 상황에서 보더라도 프로야
구 선수는 상당히 불공정한 지위에 놓여 있다. 특히 선수지명권, 다
년계약제한, 이적선택제한, 중재자지정에 대한 제한 대외활동제한,
대리인선택의 제한 등에서 … 선수가 자신의 노무 제공과 관련하여
협상할 수 있는 범위는 상당히 제한되어 있다.[17]

---

17   장재옥·박귀련, 「프로야구 선수계약에서의 불공정성 문제」, 『스포츠엔터테인먼트와
      법』 10권 3호(통권 12호), 한국스포츠엔터테인먼트법학회, 2007, 407면.

위 인용을 볼 때, 간과해선 안 될 것은 선수협 결성이 불발로 끝난 지무려 20년이 지나고, (사)한국프로야구선수협회가 발족된 지 7년이 지났어도 한국 프로야구 선수의 상황은 별반 달라지지 않았다는 점이다. 그까닭으로는 프로야구 선수 또한 노동자라는 점이 적극 고려되지 않는다는 것, 노동자로서 자신의 의견 개진을 위한 창구가 법적으로 보장돼 있지 않다는 것, 따라서 구단 측의 횡포가 근절은커녕 확대·재생산될 수밖에 없는 구조가 점점 더 공고해졌다는 것이 가장 중요해 보인다. 그렇다면 그때부터 또 10년이 흐른 뒤엔 어땠을까? 2017년의 경우다.

현재까지 우리나라의 학설은 프로스포츠 선수계약의 성질을특수 고용관계로 바라보는 입장이 다수설임에도 불구하고 과거 판례에서는 프로스포츠 선수의 근로자성에 대해 부정적인 태도를 유지해 왔다. 그러나 최근 판례에서는 프로스포츠 선수계약을 소위"특수고용관계"에 가깝다고 인정하는 경향도 관측되고 있다. 즉 법원도 프로스포츠 선수의 근로자성을 점차 인정해 나가고 있다고 보아도 될 것이다.[18]

---

18   유강렬, 「프로스포츠선수 계약의 법적 성질에 대한 논의 — 프로야구 선수계약을 중심으로」, 『스포츠엔터테인먼트와 법』 20권 1호(통권 50호), 한국스포츠엔터테인먼트법학회, 2017, 159면.

상황이 실지로 크게 개선된 것 같아 보이진 않는다. 법은 프로야구선수 또한 노동자라는, 이 부인할 수 없는 사실조차 인정하지 않고 있었기 때문이다. 그나마 조금씩 전향적 태도를 보이고 있다는 것을 위안으로 삼을 순 있겠지만, 그렇다고 그것이 충분하단 식의 인식은 절대 금물이다. 왜냐하면 한국에서 프로야구가 출범한지 자그마치 40년이 다 돼 가는데도 프로야구 선수의 근로자성에 대한 법적 인정은 너무도 더디게 이뤄지고 있기 때문이다. 그렇다면 프로야구 선수의 권익을 법적으로 보호하는 과정이 이토록 굼뜨게 진행되는 까닭은 대체 뭘까? 지금부턴 그 까닭을 문화연구의 측면에서 꼼꼼히 분석해 보도록 한다.

3. 스포츠를 향한 세 가지 시선:
기능주의, 갈등이론, 문화연구

스포츠문화 또는 스포츠의 문화사를 변증법적으로 고찰하고자 할 때, 꼭 필요한 두 가지 접근으로는 기능주의와 갈등이론을 우선 꼽을 수 있다. 간단히 말해서, 전자는 스포츠가 모종의 사회적·국가적 기능을 수행한다는 측면에, 후자는 그 기능이란 것이 특정 권력이나 권력층의 문화정치 및 그것의 효과 발휘에 충실히 복무하게 되기 때문에 그것을 비판해야 한다는 측면에 초점을 맞춘다.[19] 기실 프로야구 선수의 권익에 대한 법적 보호 장치 마련이 이렇게나 더딘 까닭은 바로 기능주의적 관점, 더 구체적으로는 특별히 자본주의 사회에서 한층 더 강력하게 작동하는 기능주의적 실천이 만연해 있기 때문인 것으로 볼 수 있다.[20] 따라서 1988년 선수협 결사운동은 앞서 인터뷰에서 살펴본 것처럼 자본주의 사회의 기능주의적 처사가 도를 넘는 데 따른 불만과 갈등의 사회적 표출로 볼 수도 있는 것이다. 하지만 갈등이론에 기반을 둔 이같은 접근도 곧 한계에 봉착하게 된다. 다름 아닌 문화연구를 통해 문화향유 주체로서 대중의 저항적 실천이란 문제가 대두했기 때문이다.

한국 프로야구는 출범 당시 또는 그 직후만 해도 주로 갈등이론의 틀

---

19 기능주의적 관점의 핵심은 다음에 잘 나타나 있다. "① 스포츠는 사회성원들에게 전체 사회의 규범과 가치를 심어줌으로써 체제 유지에 기여한다. ② 스포츠는 사회 성원들에게 사회적 정체의식을 부여해 줌으로써 국민적 통일성과 연대감을 조성해 주는 사회 통합에 일조한다. ③ 스포츠는 기성 사회의 목표와 수단을 정당화시켜 줌으로써 사회 성원들에게 경쟁, 계획, 조직, 근면성과 같은 가치를 내면화하도록 도와준다. ④ 스포츠는 신체적 단련과 기술의 습득을 통해 환경에의 적응을 위한 건강과 힘을 제공한다." 박홍규·정홍익·임현진 편저, 『스포츠사회학』, 나남출판, 1994; 김정효, 「스포츠문화의 사회철학적 기초에 대한 고찰」, 『움직임의 철학: 한국체육철학회지』 19권 1호, 한국체육철학회, 2011, 86~87면에서 재인용.

20 이와 관련해선 다음의 주장이 중요해 보인다. "스포츠와 사회와의 관계는 이미 역사적 출발에서 결정되어 있다. 오늘날 전 세계적인 파급력을 가지게 된 스포츠문화는 '자본주의'라는 사회체제의 출현과 동떨어져 논의될 수 없다." 김정효, 앞의 글, 81~82면.

에서 파악됐다. 그 결과, '프로야구를 3S정책의 일부로 바라보는 시각이 우세해지고,[21] 야구장을 찾는 관중조차 우중정치의 대상으로 규정하는 논의가 지배담론으로 등장하게 된다. 하지만 현시대에 이르러 그 같은 접근은 충분한 설득력을 갖추지 못한 것으로 평가된다. 문화연구적 관점에 따르면, 스포츠의 일상성, 또 그것과 관련한 문화적 의미나 그것의 형성 과정(meaning making process)이라는 것이 이데올로기 또는 이데올로기적 효과 및 실천에 한정되지 않을뿐더러 생산과 소비를 포함한 대중의 문화실천에서 중요한 지위까지 획득한 것으로 간주되기 때문이다.' 이를 좀 더 자세히 얘기해 보면 이렇게 된다.[22]

1982년에 출범한 한국 프로야구가 대중을 주체화(subjectivation)하려 했던 제2기 군사개발독재의 이데올로기적 획책이었던 것은 자명하다. 하지만 '그래서 당시 대중이 프로야구를 통해서 그네들의 의도대로 주체화됐는가?' 하고 물어본다면, 그렇지 않다는 것 또한 분명하다. 이는 1980년대 프로야구에 열광했던 대중의 프로야구 "수용과 소비가 단순히 이데올로기적 조작의 수동적 대상으로 그친 것은 아니었다."는 말과

---

21 이러한 시각은 각주 5에 나타나 있는 것이기도 하다.

22 문화연구적 관점을 잘 대변하는 문화 생산물로는 이 작업에서 참조하고 있는 유튜브 다큐멘터리 한 편을 꼽을 수 있을 것이다. 스포츠공화국, 〈故 최동원 9주기 추모 특집 미니다큐 [기억을 타고 찾아보는 ― 우리의 최동원] 불멸의 야구영웅, 불세출의 투수〉, https://www.youtube.com/watch?v=nVBlMYKnTdM.

다르지 않다. 예컨대 자이언츠나 타이거즈 팬은 지역감정을 최고조로
끌어올려 그것을 "정치적으로 이용"하려 했던 권력층의 의도와는 다르
게 움직이기도 했는데, 타이거즈 팬의 경우, 〈목포의 눈물〉을 함께 부르
며 광주의 한(恨)을 공유하기도 했다. 이는 '스포츠 특유의 응집력이 광
주의 독특한 응원문화로 전이, 1980년대 광주의 좌절과 울분을 문화적
으로 표출한 것'이기도 하다. 여기서 문화생산 및 향유 주체로서 대중의
양가성이 중요해진다. 곧, '대중한테는 이데올로기적 공세의 객체로서
갖게 되는 수동적 위상과 그것에 대한 저항적 의미 생산의 주체로서 갖
고 있는 능동적 위상이 혼재한다는 사실'이다. 요컨대 "대중은 반드시
권력의 조작대상으로 존재하는 것이 아니라 역으로 조작의 매체를 통해
권력에 저항하기도 하는 것이다."[23] 옳은 말이다. 이 주장은 예컨대 다음
과 같은 한 부산 시민의 인터뷰를 보면 더 잘 이해할 수 있다.

> 제가 대동중학교에서 야구를 했었는데, 제가 어릴 때 대동,
> 제 모교인 대동중학교가 구덕야구장 뒤쪽에 있었는데, 그 당시에 최
> 동원 선수가 실업 1년차 때 부산에, 그때 부산시장배 실업대회를 하
> 러 왔다가 저희가 인자 거기서 연습을 하고 있는데, 외야 펑고를 받
> 고 있었는데, 그 장면을 본 최동원 선수가 내가 어 … 어린데, 그중에

23   김정효, 앞의 글, 78~82면.

서 제일 작고 이런데도 제일 빠르고, 야구를 하는 게 자기 눈에 잘 이
쁘게 보였는지 저한테만 와서 야구를 잘한다면서 말도 걸어주고, 심
지어는 저한테 막 음료수도 갖다 주고 그러면서 "너 야구 잘한다."
면서 어, 나중에 커서 자기랑 꼭 같은 한 팀에서 뛰자고 그런 말을 해
준 적이 있는데, 그 당시 어린 저한테는 아주 큰 감동이었고 …

　　제가 중학교 1학년 까까머리 야구선수 시절에 그때 실업팀에
서 뛰시던 형님이 저한테 꼭 나중에 같은 한 팀에서 뛰자고 하셨는
데 제가 부상으로 야구를 일찍 접는 바람에 그 어떤 약속을 못 지켜
서 정말 죄송스럽고, 그리고 너무 일찍 돌아가셔서 너무 크게 안타
깝고, 이 영상을 보신다면 다음 생에는 꼭 한 팀에서 야구를 했으면
합니다. (시민 인터뷰)[24]

　이를 통해 확실히 알 수 있는 건 적어도 세 가지다. 첫째, 아무리 스
포츠의 사회적·국가적 기능이 활발하게 작동한다고 해도 그것에는 반
드시 틈이 생기기 마련이다(1980년대 프로야구선수에 대한 부당한 처우). 둘
째, 그 틈에선 다양한 양상의 갈등이 생겨나지만, 그것은 이내 봉합된다
(1988년의 선수협 결성운동과 그것의 좌절, 연이은 트레이드). 하지만 그 봉합된
틈 사이로 삐져나온 갈등의 불꽃은 다시 대중의 저항적 실천으로 이어

24　스포츠공화국, 앞의 동영상.

져 계속 타오른다(스포츠공화국의 미니 다큐멘터리).

이 사람이 다른 사람과 좀 다른 생각을 하고 있다. 이 사람은
약자를 위하고, '약한 사람한테는 약하고 강한 사람한테는 강하자!'
는 생각을 갖고 있다. 최동원 선수가, 최고 연봉을 받는 선수가 선수
협을 만들어서 그렇게 반기를 드는 이유가 뭐였겠습니까? 나는 따
뜻하게 잘 먹고 잘 사는 사람. 거기서 그분의 인간성과 그분의 마
인드가 저는 다 나온다고 보고 있고요. 그리고 40대 후반 이상, 50대
이상 어르신들한테 최동원에 대해서 물으신다면, '부산이 뭐냐?'라
고 물어보시는 거랑 똑같다고 봅니다. 화끈한 성격! 메이저에 저항하
는 마이너의 이미지! 앞선 타석의 선수한테 직구를 던져서 홈런을 맞
으면 다음 타석에서도 직구를 던져요. '야, 내 최동원인데, 마, 니 치
바라!' 이런 스타일이었어요. 부산의 기질이라고 생각을 하고요. 앞
으로도 그런 선수는 안 나올 것 같고 … (시민 인터뷰)[25]

부산 사직구장으로 출근을 하는데 데모를 하더래요. 그래서
출근길에 차를 내려서, 롯데 유니폼 점퍼를 입고 나가서 시위대에서

---

25 위의 동영상. 솔직히 이 인터뷰를 보면, 더 이상 말이 필요 없을 정도, 더 이상 논의를 이
    어가기가 불가능할 정도의 통찰이 있다는 생각이 든다.

같이 시위를 했대요. 주변 사람들이 깜짝 놀랜거죠. "최동원씨 아니
세요?" 라고 했대요. 다른 사람들 같으면 '어?' 깜짝 놀래서라도 돌아
왔을 텐데, "저 최동원 맞심더." 그랬대요. (박동희, 스포츠춘추 기자)[26]

최동원의 이 일화는 1980년대 후반, 한창 민주화의 열기가 한국사회
를 휩쓸고 있었을 때의 것이다. 물론 구전이기에 그것의 사실 여부는 확
인할 길이 없다. 하지만 사실일 필요도 없다. 굳이 사실이 아니더라도 최
동원의 저항 정신, 일신의 안위나 사익은 철저히 배제하고 오직 공익과
공동체만 추구한 그 정신이 드러나는 일화는 숱하게 많을 테니 말이다.
이렇게 볼 때, 그 누가 프로스포츠를, 한국 프로야구를 '투쟁의 장'이자
'전장(戰場)'으로 부르지 않을 수 있겠는가? 그리고 그 누가 최동원을 장
렬히 전사(戰死)한 전사(戰士)로 보지 않을 수 있겠는가? 한 번 더 말하지
만 "문화란 투쟁의 장소다!"[27] 가장 중대한 이유는 문화, 스포츠, 스포츠
문화, 이 모두가 헤게모니 쟁취를 위한 전장이기 때문이다.
　이 점에 대해선 스포츠 비평이론의 장 또한 예외가 아니다. 사실 여
기선 헤게모니 스포츠 이론이 다른 이론과 각축을 벌이고 있다.[28] 이 같

26　KBS다큐, 앞의 자료.

27　J. 프록터, 손유경 역, 『지금 스튜어트 홀』, 앨피, 2006, 23면.

28　예컨대 앞서 살펴봤던 기능주의와 갈등이론 간의 경합적 관계에서 헤게모니 스포츠 이
　　론은 후자와 밀접한 관련을 맺는데, 그 핵심은 역시 그람시의 헤게모니론이다. 한 마디

은 이론의 전장에서 헤게모니 스포츠 이론의 위상은 중요하다. 주된 이유는 넷이다. 첫째, "자본의 논리가 지배하는 오늘날의 스포츠 현실"에서 "현대 스포츠문화를 이해하는 데 중요한 개념적 틀을 제공"한다. 둘째, "스포츠를 지배와 저항의 힘들이 얽혀 갈등하고 투쟁하고 접합하면서 어우러지고 있는 장으로 파악함으로써, 복합적이고 모순적인 성격의 스포츠를 다면적으로 파악할 수 있는 유연한 이론적 근거"를 제시한다. 셋째, 스포츠 그 자체에 복잡다단하게 얽혀 있는 다양한 힘들의 "지형을 밝혀내고 스포츠가 정치, 경제, 문화적 세력의 통제, 생산, 분배, 사회 계층, 시민권 운동, 여성운동 등의 문제와 어떻게 관련되어 있는가를 분석"한다. 넷째, 이 모두를 통해 더 "인간적이고 민주적이며 해방적인" 사회를 "탐색하는 데 유용한 도움을 준다". 따라서 헤게모니 스포츠 이론은 "비평적 찬사를 들어 마땅하다." 어떠한 스포츠 비평이론도 "현대사

로, 문화로서 스포츠가 "헤게모니 싸움의 장"이 되는 것이다. 예컨대 '태권도를 헤게모니론에 기반을 두고 분석해 보면, 한편으로 그것은 민족 스포츠로서 한민족의 자긍심을 고양함은 물론 민족문화의 정수(精髓)로 수용되기까지 하면서 자민족중심주의를 강화하려는 지배계급의 이데올로기에 복무한다. 하지만 다른 한편으로 피지배계급의 입장에서 그것은 수많은 사설 학원을 중심으로 돌아가는, 수많은 방과 후 프로그램 가운데 하나일 뿐이다. 게다가 아무리 태권도가 육체 단련을 통한 정신 수양이라는 무도 전반의 보편적 가치로 무장하고 있다 해도, 정작 그것을 수용하는 부모는 자녀한테 예의범절 교육을 제공하는 것 이상의 의미로는 생각하지 않는다. 이렇게 보면 현시대 한국 사회에서 유통되고 있는 무예 문화상품의 하나인 태권도는 그처럼 상반하는 가치가 부딪히는 곳, 그래서 갈등이 발생할 수밖에 없는 곳에 자리 잡고 있는 것이다.' 김정효, 위의 글, 91면.

회 계급생활의 역학관계를 무시"할 수는 없으며, "피지배 집단의 행동
이 현재 얼마나 전망 없어 보이든 간에 그 같은 집단"에 대한 분석 또한
늘 필요하기 때문이다.[29] 그렇다면 이것으로는 충분한가? 다시 묻자면,
스포츠가 전장임을 확인하는 것만 갖고도 충분한가? 여기서 한 발 더 나
아가야 하는 건 아닌가?

4. 투쟁(鬪爭) → 경쟁(競爭) → 화쟁(和爭)[30]

지금부터는 다음 작업[31]으로 이어지는 다리를 놓는다. 그 시
작은 앞서 밝힌 투쟁에서 '경쟁'으로 향한다. 우선 스포츠는 경쟁을 추동
력을 삼는 영역이다. 하지만 그 경쟁이 필요 이상으로 격화할 때 그것을
되돌아 볼 수 있는 사회적 장치는 늘 필요하게 된다.[32] 그렇다면 이 구체

---

29   박성주, 「헤게모니 스포츠이론에 대한 비판적 고찰」, 『움직임의 철학: 한국체육철학
      회지』 21권 1호, 한국체육철학회, 2013, 295~296면. 둘째와 관련해서 박성주는 다음
      을 참조하고 있다. 이찬훈, 「대중문화와 헤게모니」, 『철학논총』 15, 새한철학회, 1998,
      175~201면.

31   『爭의 문화사: 투쟁에서 화쟁으로』(가제)를 말한다.

32   이와 관련해서 다음과 같은 문제제기는 타당해 보인다. '문제의 원인은 근본을 바로 세우
      기는커녕 체육·스포츠를 오직 지엽적 성과 달성을 위한 수단으로 삼기만 한 데 있다. 그
      러니까 그간 한국 사회의 체육문화는 지나칠 정도로 스포츠의 경쟁적 요소와 과학적 진

적 상황에서 유효하게 작동할 수 있는 장치엔 어떤 것이 있을까? 해답의
실마리는 일단 유가의 사상 및 실천에 있는 것으로 보인다. 많은 애기가
있겠지만, 여기선 '그릇'과 '활쏘기'에 집중한다.

첫째, '君子不器(군자불기)'다. 『논어』, 「위정(爲政)」 편에 나오는 구절로,
직역하자면 '군자는 그릇이 되면 안 된다.' 정도가 될 텐데, 좀 더 자세히
풀면 '군자는 그릇의 생김새처럼 테두리를 가져서도 안 되고, 그것에 특
정 목적이 있는 것처럼 한 가지에 국한돼서도 안 된다.'는 말이 된다. 이
는 특정 사물이나 상황의 형식과 내용으로써 설정되는 한계를 극복하
려는 노력이 끊임없이 필요하다는 말과 다름없다. '그 같은 노력을 지속
할 때 군자는 세상과 교통하는 데 막힘이 없는 개방적 존재가 된다.' 이
를 스포츠의 맥락에 적용해 봐도 애기는 마찬가지다. 오직 경쟁과 승부
에 집착하기만 하는 기능적·도구적 존재로 남기보다는 그 같은 존재론
적 한계를 극복하면서 사회적 존재로 탈바꿈할 수 있는 잠재적 가능성
이 바로 '君子不器'의 논의에 담겨 있는 것'이다.[33]

이는 『논어』, 「자장(子張)」 편에서 한층 더 구체화된다. 바로 "雖小道、

보만 강조했을 뿐 정작 체육의 사회적·문화적 가치는 상실해 버린 것이다.' 지동철, 「유
학적 사유와 체육·스포츠의 가치실현」, 『움직임의 철학 : 한국체육철학회지』 24권 2호,
2016, 68면.

33 지동철, 「유학적 사유와 체육·스포츠의 가치실현」, 『움직임의 철학 : 한국체육철학회지』
24권 2호, 2016, 73면.

必有可觀者焉、致遠恐泥、是以君子不爲也。(수소도, 필유가관자언, 치원공니, 시이군자불위야.)"라는 구절이다. 직역하면, '비록 작은 기예라 할지라도 꼭 볼 만한 것이 있지만, 먼 데 이르는 데 구애받을까 저어된다. 그러니 군자는 하지 않는 것이다.' 정도가 된다. 더 자세히 말하면, '한 가지 기예만 익히는 것은 단지 현상의 화려함으로 인간의 감각은 즐겁게 만들지만 인간이 원대함에 도달하게 하는 데는 장애가 되기 때문에 작은 기예에 공을 들이기만 하는 것은 편협하고 바람직하지 않은 인간 행위가 된다는 것이다. 이 말은 현시대 한국사회의 체육 및 스포츠 영역에서 양산되는 기능적·도구적 인간에 대해 커다란 경종을 울린다.'[34]

한편 『논어』, 「팔일(八佾)」편에는 "子曰、射不主皮、爲力不同科、古之道也。(자왈, 사부주피, 위력부동과, 고지도야.)", 곧 "공자께서 말씀하시기를, 활쏘기는 가죽(과녁)을 꿰뚫는 것을 중시하지 않고 힘을 쓰는 것에는 차이가 없지 않으니 그것이 곧 옛사람의 도니라."는 말이 있는데, 이 작업의 맥락에선 다음과 같이 풀 수 있다.

> 인간이 활쏘기와 같은 신체적인 경합을 하는 가운데서도 그 본질적인 의미를 잃지 않아야 함을 강조했다. 활쏘기를 할 때 가죽을 뚫어 위력을 주장하지 않는 것은 활 쏘는 사람마다 그 힘이 동등

---

34 위의 글, 77면.

하지 않기 때문이라고 하였는데, 이는 활쏘기로써 덕행을 관찰하기 위한 것이지 힘의 강약을 시험하기 위한 것이 아니라는 것이다. 공자의 이러한 경쟁관은 겉으로 드러나는 우위를 내세워 인간을 상대적으로 비교하는 것이 아니라 활을 쏜다는 것은 단순히 신체적인 면을 넘어 내면적인 인간의 덕을 드러내는 것이니 마음을 바르게 하고 자세를 바르게 하며, 과녁에 적중시키고 기량의 우월성만 가리는 것을 위주로 하지 않는 것을 강조했다. 이처럼 활쏘기를 현대의 체육·스포츠와 유사한 개념이라 했을 때 옛사람들이 활쏘기와 같은 체육·스포츠 활동에서 추구하고자 했던 궁극의 가치도 신체활동을 통해 수신이라고 하는 내면의 강화에 중심을 두었다는 점에서 오늘날 체육·스포츠의 의미와 가치추구를 어디에 두어야 할 것인가에 대한 기준으로 삼을 수 있다.[35]

활쏘기의 비유는 『맹자』, 「공손추(公孫丑)」 상편에도 등장한다. 바로 "仁者如射、射者正己而後發、發而不中、不怨勝己者、反求諸己而已矣。 (인자여사, 사자정기이후발, 발이불중, 불원승기자, 반구저기이이의.)", 곧 '어짊이란 것은 마치 활을 쏘는 것과 같으니, 활을 쏘는 이는 자신의 몸을 바르게 하고 난 연후에 비로소 화살을 날린다. 과녁을 맞히지 못한다 하더라도

---

35 위의 글, 76면 – 글쓴이 부분 수정.

자신을 이긴 사람을 원망하지 않고 오히려 자신한테서 그 까닭을 찾을 뿐이다.'는 대목이다. '활쏘기 같은 스포츠 활동에서도 경쟁의 논리에 지배당하지 않은 채 유희를 통해 자신의 인격 수양에 매진할 수 있음을 함의하는 맹자의 말은 현시대 체육·스포츠가 지향해야 하는 바가 뭔지를 다시 고민하는 데 꼭 필요한, 아주 시의적절한 조언으로 볼 수 있다.'[36]

'화쟁'으로 향하는 길은 지금껏 전개한 '그릇'과 '활쏘기'의 논의에서 비로소 열리지 않을까. 하지만 지나친 낙관은 금물이다. 역시 문제는 자본주의, 더 구체적으론 현시대의 신자유주의다. 모든 사회 구성원을 갈가리 찢어 놓으며 그나마 남아 있던 和의 자취마저 모조리 爭의 일색으로 덧칠해 버리는 그 강력한 이데올로기!

5. 2021 최동원, 화쟁의 화신

'투쟁 → 경쟁 → 화쟁'의 경로는 어떻게 보면 문제를 해결하는 것이 아니라 오히려 더 증폭하는 것처럼 보인다. '鬪-爭 → 競-爭 → 和-爭'이 점차 수렴되긴커녕 점점 더 분기한 끝에 종국엔 和-爭 간 모순을 극대화하는 꼴이기 때문이다. 하지만 변증법적 전개의 추동력은 바로

---

36   위의 글, 78면.

모순에서 발생한다는 점, 그리고 자본주의 사회에서 和-爭 간 모순만큼 크
고 심각한 것도 찾아보기 힘들다는 점, 정작 중요한 것은 바로 이것이다.

　최동원은 자신의 삶을 통해 그 모순의 극대화를 추동했던 인물이다.
하지만 다른 한편으론 그 모순의 극복에 최선을 다했던 인물이기도 하
다. 자신보다 강한 존재와는 투쟁하고 자신보다 약한 존재와는 화합함
으로써 그 극복의 길을 열고자 했던 이, 바로 최동원이다. 그렇기에 그를
'화쟁의 화신'으로 불러도 큰 무리는 뒤따르지 않을 것 같다.

　2021년 9월이 되면, 그가 지도자로 한창 영명을 떨칠 만할 때 산화(散
花)한 지 꼭 10년이 된다. 누군가는 혹평을 할지도 모르겠다. 객관적이고
엄정하게 문화를 다뤄야 할 사람이 웬 우상화냐고. 상관없다. 르페브르
가 '우리 중 유토피아를 꿈꾸지 않는 사람, 대체 누군가?' 하고 물어본 것
처럼 '우리 중 그 유토피아를 이루기 위해 애쓴 사람 한 둘 정도 가슴에
품은 채 살아 내지 않는 사람, 도대체 누군가?' 하고 되물을 수도 있기 때
문이다. 이렇듯 그를 생각하니, 和而不同(화이부동)과 周而不比(주이불비)
라는 문구가 그한텐 딱 들어맞을 것 같다. '君子和而不同、小人同而不和
。군자는 화합하되 동화하지 않으며, 소인은 동화하되 화합하지 않는다.
(『논어』, 「자로(子路)」 편), 君子周而不比、小人比而不周。군자는 두루 사귀
어 한 무리에 치우치지 않으며, 소인은 한쪽으로 치우쳐 두루 사귀지 않

는다. (『논어』, 「위정」 편).'[37]

6. 못다 한 고별전

이로써 그에게 진 빚을 조금은 갚은 셈인가? 잘 모르겠다.
2020년 트윈스 박용택 선수의 은퇴 투어가 있었다. 고별전(告別戰) 한 번
치르지 못한 채 병상에서 전사한 전사에 비하면 참 복도 많은 선수다 싶
었다. 그래서 더 보고 싶다. 사무치도록 보고 싶다.
1984년 한국시리즈 직후 인터뷰다.

"최동원 투수, 지금 제일 하고 싶은 말이 뭐예요?"
"아이고, 자고 싶어요."

(저도예 …)

---

37   위의 글, 79면.

관련 어휘

선전 善戰
fighting well; good
fight

1. 있는 힘을 다하여 잘 싸움.

각축전 角逐戰
heated
competition; neck-
and-neck race

1. 서로 이기려고 다투어 덤비는 싸움.

접전 接戰
1. engagement;
   match; clash
2. close battle;
   close match

1. 경기나 전투에서 서로 맞붙어 싸움. 또는 그런 경기
   나 전투.
2. 서로 힘이 비슷하여 승부가 쉽게 나지 아니하는 경
   기나 전투.
   = 합전 合戰

졸전 拙戰
poor fight

1. 서로 기량이 부족하여 서투르거나 지루한 시합이나
   싸움.

맹추격전 猛追擊戰 fierce chase	1. 몹시 사나운 기세로 쫓아가서 공격하는 활동. 운동 경기 따위에서 뒤지는 편이 이기는 편을 따라잡기 위한 활동 따위를 이른다.
역전승 逆轉勝 come-from-behind victory	1. 경기 따위에서 지고 있다가 형세가 뒤바뀌어 이김. ↔ 역전패 逆轉敗

참고문헌

김지영·하웅용, 「영원한 부산 갈매기: 한국야구사의 레전드 최동원」, 『한국체육사학회지』 19권 1호, 한국체육사학회, 2014, 85~98면.

박성주, 「헤게모니 스포츠이론에 대한 비판적 고찰」, 『움직임의 철학: 한국체육철학회지』 21권 1호, 한국체육철학회, 2013, 279~299면.

박홍규·정홍익·임현진 편, 『스포츠사회학』, 나남출판, 1994; 김정효, 「스포츠문화의 사회철학적 기초에 대한 고찰」, 『움직임의 철학: 한국체육철학회지』 19권 1호, 한국체육철학회, 2011, 86~87면에서 재인용.

유강렬, 「프로스포츠선수 계약의 법적 성질에 대한 논의 ─ 프로야구 선수계약을 중심으로」, 『스포츠엔터테인먼트와 법』 20권 1호(통권 50호), 한국스포츠엔터테인먼트법학회, 2017, 1145~161면.

장재옥·박귀련, 「프로야구 선수계약에서의 불공정성 문제」, 『스포츠엔터테인먼트와 법』 10권 3호(통권 12호), 한국스포츠엔터테인먼트법학회, 2007, 381~411면.

지동철, 「유학적 사유와 체육·스포츠의 가치실현」, 『움직임의 철학 : 한국체육철학회지』 24권 2호, 2016, 67~83면.

구병삭, 「집회결사의 자유(集會結社─自由)」, 『한국민족문화대백과사전』, 한국학중앙연구원, 1995, http://encykorea.aks.ac.kr/Contents/Item/E0055082.

스포츠공화국, 〈故 최동원 9주기 추모 특집 미니다큐 [기억을 타고 찾아보는-우리의 최동원] 불멸의 야구영웅, 불세출의 투수〉, https://www.youtube.com/watch?v=nVBlMYKnTdM.

이의재, 「프로야구(─野球)」, 『한국민족문화대백과사전』, 한국학중앙연구원, 1995, http://encykorea.aks.ac.kr/Contents/Item/E0060462.

홍윤표, 「[홍윤표의 휘뚜루마뚜루] 프로야구선수협, 최동원 정신을 살리고, 박석민을 본받아라」, 『OSEN』, 2020, http://osen.mt.co.kr/article/G1111494714.

「거인, 하늘이 준 「큰 발자국」」, 『동아일보』(1984년 10월 10일 자, 5면), https://newslibrary.naver.com/viewer/index.nhn?articleId=1984101000209205001&editNo=2&pri

ntCount=1&publishDate=1984-10-10&officeId=00020&pageNo=5&printNo=
19392&publishType=00020.

'1984년 한국시리즈 최동원 기록', 「기록실」, 『KBO(한국야구위원회)』, https://www.
koreabaseball.com/Record/Player/PitcherBasic/BasicOld.aspx?sort=ERA_RT.

KBS다큐, 〈전설의 야구 영웅 최동원, 그의 뜨거웠던 야구 인생! | KBS 스페셜 "무쇠
팔 최동원, 인생을 던지다" (방영일: 2011.09.25)〉, https://www.youtube.com/
watch?v=DTE3oymdnok.

꼬리말

이 작업, 엄밀히 따지자면 결코 전유물이 될 수 없는 이 일을 마무리하기까지 정말로 많은 이의 도움을 받았다. 먼저 공부의 길을 걸으며 인연을 맺어 온 모든 길동무께 감사드린다. 특별히 하영삼 선생님(본 연구소 소장 겸 본 사업단 단장), 양영매 선생님(본 연구소 부소장, 본 사업단 HK교수), 신웅철 선생님(본 사업단 HK연구교수), 짝지였던 김학재 선생님께 깊이 감사드린다. 물론 여기 오기 전까지 돌봐 주셨던 대학원의 모든 선생님은 말할 것도 없다. 정말 감사드린다. 그리고 도서출판 역락의 이태곤 편집이사님과 디자인팀 안혜진 팀장님, 최선주 과장님, ㈜오픈마인드인포테인먼트의 저작권 관련 업무를 담당하고 계시는 이혜정 선생님께도 감사드린다.

진짜 마지막으로 한 마디만 더. 꼭 한바탕 전쟁을 치러야 할 모양새였다. 전격전(電擊戰, blitzkreig)마저 떠오르는 상황이었다. '한 문장, 한 문장, 짧게 쓰자. 숨이 가쁠 정도로!' 작업 시작과 함께 한 다짐이었다. 지킬 수 있길 바랐다. '근데 이 다짐은 뭐지? 내 몸이 속도의 식민지가 돼도 좋다는 건가?' 하면서도 '나름의 까닭이야 있을 테니 …' 했다. 못 지켰다. '사람 몸 바꾸기가 그리 쉽나?' 싶다.

부록

출처
㈜오픈마인드인포테인먼트 사전편집부 편. 2020. 〈디지털 한자사전 e-hanja〉
www.e-hanja.kr

【단어(구, 고유명사 포함)】

ㄱ

加德島海戰가덕도해전 조선 선조(宣祖) 30년 (1597)의 정유재란(丁酉再亂) 때에, 통제사(統制使) 원균(元均)이 1백여 척의 전선(戰船)을 거느리고 왜군과 싸우다가 패배한 전투. 원균은 바다로 침공하는 적의 해로(海路)를 차단하라는 도체찰사(都體察使) 이원익(李元翼)과 도원수(都元帥) 권율(權慄)의 명령으로 한산도(閑山島)에서 안골포(安骨浦)로 공격해 들어갔으나, 근처의 복병(伏兵)에게 기습을 당하였다. 가덕도로 퇴각하여 적과 싸우던 중, 안골포에 원군(援軍)을 이끌고 오던 왜장(倭將) 도진의홍(島津義弘)·고교통증(高橋統增)의 군대에 패배하여 칠천도(漆川島)로 후퇴하였다.

各個戰鬪각개전투 각 개인(個人)의 전투력(戰鬪力)을 기준(基準)으로 하는 전투(戰鬪)

角逐戰각축전 승부(勝負)를 겨루는 싸움

葛戰갈전 칡의 덩굴로 드린 밧줄을 가지고 하는 줄다리기.

敢戰감전 결사적(決死的)으로 싸움

酣戰감전 경기(競技)나 전투(戰鬪) 따위에서 한창 격렬(激烈)하게 어우러진 싸움

個人戰개인전 경기(競技) 따위에서 개인(個人)끼리의 시합(試合)

開戰개전 ①전쟁(戰爭)의 시작(始作), 또는 시작(始作)함 ②구세군(救世軍)에서 전도(傳道)와 사업(事業)을 시작(始作)함

客戰객전 다른 나라 땅에서 하는 싸움

距戰거전 적을 막아서 싸움

拒戰거전 쳐들어오는 적군(敵軍)을 막아 싸움

炬戰거전 횃불 싸움. 사람들이 두 편으로 갈리어서 밤에 횃불을 켜 들고 나와 승부를 겨루는 일. 炬火戰.

炬火戰거화전 "炬戰"과 같다.

擊滅戰격멸전 적을 쳐서 없애는 싸움

激戰격전 격렬(激烈)한 전투(戰鬪), 격렬(激烈)한 싸움

激戰場격전장 격렬(激烈)한 싸움이 벌어진 곳

激戰地격전지 격렬(激烈)한 싸움이 있던 곳

決死戰결사전 죽기를 각오(覺悟)하고 있는 힘을 다하여 싸우는 아주 치열(熾烈)한 싸움

決勝戰결승전 마지막으로 승부(勝負)를 정(定)하는 한판의 시합(試合)

決戰결전 승부(勝負)나 흥망(興亡)이 결정(決定)나는 싸움

決戰場결전장 결판(決判)을 내는 싸움터

決戰投票결전투표 ☞ 결정투표(決定投票)

京江戰船경강전선 경강에 배치된 병선.

京畿道 東豆川市 勝戰路경기도 동두천시 승전로 경기도(京畿道) 동두천시(東豆川市) 승전로(勝戰路) (Seungjeon-ro, Dongducheon-si, Gyeonggi-do)

輕戰車경전차 무게 10톤(ton) 이하(以下)의 비교적(比較的) 가벼운 전차(戰車). 주(主)로 정찰(偵察)에 쓰임

鯨戰蝦亡경전하망 "鯨鬪鰕死"와 같다.

經濟戰경제전 나라끼리 서로 경제(經濟) 상(上)으로 하는 다툼

告別戰고별전 작별(作別)을 하면서 마지막으로 하는 경기(競技)

股戰고전 몹시 두려워서 다리가 벌벌 떨림

苦戰고전 죽을 힘을 다하여 싸우는 힘든 싸움

古戰場고전장 옛 싸움터

攻擊戰공격전 공격(攻擊)하는 싸움

共同作戰공동작전 ①둘 이상(以上)의 부대(部隊)나 육(陸)·해(海)·공군(空軍), 또는 나라와 나라가 힘을 합(合)하여 계획(計劃)하고 실시(實施)하는 작전(作戰) ②어떤 일을 두 사람 이상(以上)이 서로 힘을 모아서 함께 함

共同戰線공동전선 동맹국(同盟國)이 같이 편 전선(戰線). 여러 단체(團體)가 같은 목적(目的) 아래 단결(團結)하여 반대(反對)편을 대항(對抗)하여 나아가는 태세(態勢)

攻略戰공략전 공격(攻擊)하여 침략(侵略)하는 전투(戰鬪)

攻駁戰공박전 공박(攻駁)하며 하는 싸움

攻防戰공방전 서로 공격(攻擊)하고 방어(防禦)하며 하는 싸움

攻城野戰공성야전 요새(要塞)를 공격(攻擊)하는 전투(戰鬪)와 들판에서 하는 전투(戰鬪)

攻城戰공성전 요새(要塞)를 포위(包圍) 공격(攻擊)하며 빼앗기 위(爲)한 전투(戰鬪)

空輪作戰공수작전 항공기(航空機). 낙하산(落下傘) 등(等)으로 인원(人員)과 장비(裝備)를 목표(目標) 지역(地域)에다 실어 나르는 작전(作戰)

空輪特戰團공수특전단 낙하산(落下傘)으로 적군(敵軍)의 지역(地域)에 내려 작전(作戰)하는 특수(特殊) 부대(部隊)

公式戰공식전 공식적(公式的)인 시합(試合), 또는 경기(競技)

攻戰공전 공격(攻擊)하여 싸움

空戰공전 공중전(空中戰)의 준말

公戰공전 국가(國家)의 의사(意思)에 의(依)한 전쟁(戰爭)

空戰法規공전법규 전시(戰時) 국제법(國際法)의 하나로 공중전(空中戰) 행위(行爲)에 관(關)한 규정(規定)

空中戰공중전 항공기(航空機)가 공중(空中)에서 하는 전투(戰鬪)

空地作戰공지작전 공군(空軍) 부대(部隊)와 지상(地上) 부대(部隊)가 협동(協同)하여 하는 작전(作戰)

空地協同作戰공지협동작전 ☞ 공지작전(空地作戰)

科學戰과학전 새로운 과학(科學) 병기(兵器)를 주요(主要) 병기(兵器)로 하여 싸우는 전쟁(戰爭)

觀戰관전 ①전쟁(戰爭)의 실황을 구경하는 것 ②운동(運動)이나 바둑 등(等)의 승부(勝負) 다툼을 참관(參觀)하는 것

觀戰記관전기 관전(觀戰)한 기록(記錄)

觀戰武官관전무관 교전국(交戰國)의 허가(許可)를 얻어, 전쟁(戰爭)의 양상을 시찰(視察)하는 제3국(第三國)의 무관(武官)

觀戰評관전평 경기(競技) 따위를 구경하고 나서 하는 평

交戰교전 ①서로 맞붙어 싸움 ②교전(交戰)

주체(主體)가 서로 병력(兵力)으로 하는 적대(敵對) 행위(行爲) ③십팔기(十八技)의 하나로 맞서서 검술(劍術)을 익히는 무예(武藝)

交戰區域교전구역 ①교전(交戰)이 벌어진 구역(區域) ②국제법(國際法) 상(上), 교전국(交戰國)이 병력(兵力)으로 적대(敵對)행위(行爲)를 할 수 있는 구역(區域), 원칙적(原則的)으로 중립국(中立國)의 영역(領域)을 제외(除外)한 모든 곳

交戰國교전국 전쟁(戰爭)의 당사국(當事國). 곧 전쟁(戰爭) 관계(關係)에 있는 나라

交戰軍교전군 전지(戰地)에 파견(派遣)된 군대(軍隊)

交戰權교전권 중요(重要)한 문제(問題)에 관(關)하여 국제(國際) 간(間)에 분의(紛議)를 일으키어 도저히 평화(平和) 수단(手段)으로는 처리(處理)할 수가 없을 때, 군대(軍隊)의 힘으로 해결(解決)하는 주권(主權) 국가(國家)의 권리(權利)

交戰團體교전단체 국가(國家)는 아니나 다른 나라로부터 교전권(交戰權)의 인정(認定)을 받은 단체(團體)

交戰法規교전법규 국제법(國際法) 중(中) 교전국(交戰國) 상호(相互)의 관계(關係)에 관(關)한 법규(法規)

交戰本國劍교전본국검 칼 이름. 교전할 때 사용하기 위하여 만든 조선(朝鮮) 칼.

交戰者교전자 ①싸우러 나가는 군대(軍隊)에 속(屬)하는 모든 사람 ②교전국(交戰國), 교전군(交戰軍)

交戰主體교전주체 ①병력(兵力)으로서 적대
(敵對) 행위(行爲)를 하는 나라 ②적법
(適法) 정부(政府)와 다른 나라에서 교전
(交戰) 주체(主體)로 인정(認定)하는 단체
(團體)

膠着戰교착전 양군의 기동(機動)이 거의 없
는 형태(形態)의 전쟁(戰爭). 참호전(塹壕
戰) 따위

國民戰線국민전선 1935년 프랑스에서 인민
(人民) 전선(戰線)에 대항(對抗)하여 파시
스트파 여러 단체(團體)가 결성(結成)한
공동(共同) 전선(戰線)

局部戰국부전 ☞ 국지전쟁(局地戰爭)

國手戰국수전 바둑이나 장기 따위의 기술
(技術)이 한 나라에서 1급에 속(屬)하는
사람끼리의 대국. 국수 다툼. 국수 겨룸

局地戰국지전 국지전쟁(局地戰爭)의 준말

局地戰爭국지전쟁 어떤 지역(地域)에 한정(限
定)하여 벌이는 전쟁(戰爭)

軍事戰略군사전략 국가(國家) 정책(政策) 상
(上)의 목표(目標)를 이루기 위(爲)하여 군
사력(軍事力)을 사용(使用)하는 계략(計略)

軍事停戰委員會군사정전위원회 한국(韓國)
군사(軍事) 정전(停戰)에 관(關)한 협정(協
定)의 실시(實施)를 감독(監督)하며, 이 협
정(協定)에 대(對)한 모든 위반(違反) 사건
(事件)을 협의(協議)하여 처리(處理)하는
기구(機構)

劇戰극전 ☞ 격전(激戰)

近戰근전 근접전(近接戰)의 준말

近接戰근접전 가까이 붙어서 벌이는 싸움

機動作戰기동작전 군대(軍隊)의 기동성(起動
性)을 충분(充分)히 이용(利用)하여 행(行)
하는 싸움

機動戰기동전 기동력(起動力)으로 재빠르게
진지(陣地)를 옮겨가면서 벌이는 전투
(戰鬪)

機動戰團기동전단 큰 규모(規模)의 전투(戰
鬪)나 지원(支援) 작전(作戰)을 위(爲)하여
편성(編成)한 기동(起動) 함대(艦隊) 예하
(隷下)의 단위(單位) 부대(部隊)

機動戰隊기동전대 기동(起動) 함대(艦隊) 사
령관(司令官)이 편성(編成)하는 기동(起動)
전단 예하(隷下)의 단위(單位) 부대(部隊)

騎馬戰기마전 ①말을 타고 하는 싸움 ②두
세 사람으로 짝을 지어 앞사람의 어깨
에 팔을 걸어 만든 말을 타고, 서로 쓰
러뜨리게 하거나 모자 빼앗기를 하는
경기(競技)

騎兵戰기병전 기병(騎兵)의 싸움

騎士戰爭기사전쟁 도이칠란트에서 종교(宗
敎) 개혁(改革) 초기(初期)인 1522 -1523
년 사이에, 몰락(沒落)한 기사(騎士)들이
옛날의 영광(榮光)스럽던 중세(中世) 제
국(帝國)의 재건(再建)을 노리고 일으킨
반란(叛亂). 대(大) 제후(諸侯)들에 의(依)
하여 진압(鎭壓)되었음

寄生戰鬪機기생전투기 항속거리(距離)가 짧
아 큰 비행기(飛行機)에 실려 다니며 필
요(必要)한 때에만 활동(活動)하는 전투
기(戰鬪機)

騎戰기전 말을 타고 하는 싸움

棋戰기전 바둑 또는 장기의 승부(勝負)를 겨루는 일

騎戰統기전통 말을 타고 싸움하는 통. 통은 군대 편성 단위의 하나이다. 騎戰.

基地戰隊기지전대 기지(基地) 비행단(飛行團)의 독립적(獨立的)인 작전(作戰) 활동(活動)과 전투(戰鬪) 전대를 보조(補助)하는, 기지(基地) 비행단(飛行團)에 딸린 단위(單位) 부대(部隊)

ㄴ

亂戰난전 경기(競技)나 전쟁(戰爭) 등(等)에서 마구 뒤섞여 어지럽게 싸움, 또는 그렇게 싸우는 싸움

難戰난전 곤란(困難)을 무릅쓰고 싸움

南北戰남북전쟁 1861~1865년 미국(美國)에서 노예(奴隷) 제도(制度)의 존속(存續)을 주장(主張)하는 남부(南部)와 그 폐지(廢止)를 주장(主張)하는 북부(北部)와의 사이에 일어난 내전(內戰). 링컨이 이끄는 북부(北部)가 승리(勝利)하여 합중국(合衆國)의 통일(統一)이 유지(維持)되고, 노예(奴隷) 해방(解放)도 이루어져 공화국(共和國)의 기초(基礎)가 확립(確立)되었음

南阿戰남아전쟁 1899~1902년, 트랜스발 공화국(共和國) 및 오린지 자유국(自由國)과 영국(英國) 사이의 전쟁(戰爭). 영국(英國)이 이 두 나라를 침략(侵略)하여 식민지(植民地)로 만들어 1910년에 남아연방(聯邦)을 세웠음

內線作戰내선작전 적의 협공(挾攻)이나 포위망(包圍網) 속에서 대항(對抗)하고 뚫고 나가는 작전(作戰)

內戰내전 나라 안 싸움

冷戰냉전 직접적(直接的)으로 무력(武力)을 사용(使用)하지 않고 경제(經濟)·외교(外交)·정보(情報) 등(等)을 수단(手段)으로 서로 적대시(敵對視)하고 있는 국가(國家) 간(間)의 대립(對立) 상태(狀態)

露梁海戰노량해전 조선 선조(宣祖) 31년(1598) 11월 29일 노량 앞바다에서, 이순신(李舜臣) 장군이 진린(陳璘)과 더불어 왜병과 싸운 마지막 해전. 이 해전에서 이순신 장군은 왜군이 쏜 유탄(流彈)에 맞아 승리와 함께 전사(戰死)함

露日戰爭노일전쟁 1904년 2월부터 1905년 10월까지 러시아와 일본(日本) 사이에 일어난 전쟁(戰爭). 일본(日本)이 우세(優勢)한 가운데, 1905년 10월 11일에 강화(講和) 조약(條約)을 맺어, 일본(日本)이 한국(韓國)에 있어서의 정치(政治), 군사(軍事), 경제(經濟)에서의 우월권을 가지게 되고, 러시아는 만주(滿洲)에서 철병했음

老戰士노전사 ①군대(軍隊)나 투쟁(鬪爭)에 참가(參加)한 지 오랜 전사 ②늙은 전사

農民戰爭농민전쟁 농민(農民)들이 일으킨 전
쟁(戰爭). 중세기(中世紀) 봉건사회(封建社
會)가 무너질 때에 농민(農民)들의 봉건
(封建) 영주(領主)에 대(對)한 반항(反抗) 운
동(運動)으로 자주 일어났음

籠城戰농성전 농성(籠城)하면서 하는 싸움

雷擊戰뇌격전 어뢰(魚雷)를 내쏘는 구축함(驅
逐艦)과 기뢰(機雷)를 부설(敷設)하는 부설
함을 주력으로 하여 싸우는 해전

樓屋戰艦누옥전함 갑판 위에 다락집을 지은
전함.

累戰누전 연달아 싸움. 계속(繼續) 싸움

能戰능전 잘 싸움

ㄷ

短期戰단기전 단기간(短期間)에 승패(勝敗)를
판가름하는 싸움

短兵戰단병전 적과 육박(肉薄)하여 단병으로
싸우는 전투(戰鬪)

團體戰단체전 단체(團體) 간(間)에 행(行)해지
는 경기(競技)

大攻防戰대공방전 규모(規模)가 큰 공방전(攻
防戰)

對空戰대공전 적의 공중(空中)으로부터 공격
(攻擊)에 대처(對處)하는 군사(軍事) 작전
(作戰)

大東亞戰爭대동아전쟁 태평양전쟁(太平洋戰
爭)을 일본(日本)에서 일컫던 말

代理戰爭대리전쟁 전쟁(戰爭) 또는 내란(內
亂)에 있어서 분쟁(紛爭) 당사자(當事者)
이외(以外)의 강대국(强大國)이 그 어느
한편을 원조(援助)하여 마치 강대국(强大
國)의 대리(代理)로 전쟁(戰爭)이 행(行)해
지는 것처럼 보이는 상황(狀況)을 비유
적(比喩的)으로 이르는 말

大勝戰대승전 ①싸움에 크게 이김 ②또는,
그 싸움

大戰대전 ①크게 싸움 ②대규모(大規模)의
전쟁(戰爭)

對戰대전 서로 마주 대(對)하여 싸움

對戰料대전료 프로 권투(拳鬪). 프로 레슬링
따위 시합(試合)을 하고 선수(選手)가 받
는 보수(報酬)

對戰車대전차 전차(戰車) 또는 그 밖의 장갑
차량(裝甲車輛)에 대비(對備)하여 쓰도록
고안(考案)된 것. 이를테면 대전차 지뢰
(對戰車地雷)와 같은 따위

對戰車砲대전차포 적의 전차(戰車)나 또는
장갑차량(裝甲車輛)을 쏘아 부수는 데 쓰
이는 작은 포. 강판(鋼板)을 뚫는 힘이 센
포탄(砲彈)을 큰 초속(初速)으로써 발사
(發射)함. 최근(最近)에는 로켓식 포를 사
용(使用)함

對戰車壕대전차호 적의 전차(戰車)나 그 밖
의 차량(車輛)을 정지(停止)시키거나 빠
져 나오지 못하도록 만든 호(壕)

大戰鬪대전투 대규모(大規模)의 전투(戰鬪)

對戰表대전표 ☞ 대진표(對陣表)

對抗戰대항전 운동(運動) 경기(競技)에서, 서로 대항(對抗)하여 승부(勝負)를 겨루는 일

渡江作戰도강작전 ☞ 도하작전(渡河作戰)

徒步戰도보전 기병(騎兵)이 말이나 탈것을 타지 아니하고 도보(徒步)로 하는 싸움. 일정(一定)한 거리(距離)를 걸어서 먼저 감을 다투는 경기(競技)

渡洋作戰도양작전 ①바다를 건너가서 싸움을 함 ②또는, 그 싸움

挑戰도전 ①싸움을 걸거나 돋움 ②비유적(比喩的)으로, 어려운 사업(事業)이나 기록(記錄) 경신(更新)에 맞섬

挑戰者도전자 도전(挑戰)하는 사람

挑戰狀도전장 도전(挑戰)하는 글을 써서 상대(相對)에게 보내는 서장(書狀)

挑戰的도전적 싸움을 걸려고 하는 모양(模樣)

渡河作戰도하작전 하천(河川)을 건너 가 대안(對岸)을 점령(占領)하려는 전투(戰鬪)

渡河도하전 ☞ 도하작전(渡河作戰)

獨佛戰爭독불전쟁 ☞ 보불전쟁(普佛戰爭)

督戰隊독전대 전투(戰鬪) 중(中), 자기편(自己便)의 군사(軍士)를 감독(監督)·격려(激勵)하는 부대(部隊)

督戰독전 전투(戰鬪)를 감독(監督)하고 격려(激勵)함

突擊戰돌격전 돌격(突擊)하여 싸우는 전투(戰鬪)

突戰돌전 돌진(突進)하여 싸움

東萊戰亡將士塚동래전망장사총 임진왜란 때 동래성(東萊城)에서 왜적과 싸우다가 죽은 장사(將士)들의 유골을 합장한 무덤.

東方戰爭동방전쟁 1853-56년의 크림 전쟁(戰爭)과 1877-78년의 제6차 노토(露土) 전쟁(戰爭)의 병칭(倂稱)

東部戰線동부전선 ①동부(東部) 지방(地方)에서 전개(展開)되는 전선(戰線) ②6·25동란 때 동해안(東海岸) 쪽에 전개(展開)된 전선(戰線) ③제1차 세계대전(世界大戰) 중(中), 독일(獨逸)·오스트리아의 동맹군(同盟軍)이 러시아군과 대진하던 전선(戰線) ④제2차 세계대전(世界大戰) 때, 독일(獨逸)에서 본 동부(東部) 독일(獨逸)과 소련(蘇聯)과의 전선(戰線)

埋伏戰매복전 몰래 숨어서 기다리고 있다가 갑작스럽게 습격(襲擊)하는 전투(戰鬪)

猛戰맹전 ①세찬 싸움 ②또는, 세차게 싸움

猛追擊戰맹추격전 운동(運動) 경기(競技) 등(等)에서 뒤지고 있는 편이 이기고 있는 편을 따라 잡기 위(爲)한 세찬 활동(活動)

模擬戰모의전 실제(實際)의 전쟁(戰爭)에 대비(對備)하여 그것을 본떠 하는 전투(戰鬪)

毛戰笠모전립 털로 짜서 만든 전립.

牧牛戰목우전 경남(慶南) 영산 지방(地方)에

서, 나무를 소의 모양(模樣)으로 엮어서
동부(東部)와 서부(西部)로 나누어 승부
(勝負)를 가리는, 민속(民俗)놀이의 하나.
1970년 중요(重要) 무형(無形) 문화재(文
化財) 제25호로 지정(指定)되었음

武力戰무력전 무력(武力)을 써서 하는 싸움

無名戰士무명전사 세상(世上)에 이름이 알려
지지 않은 전사

無制限戰爭무제한전쟁 전쟁(戰爭) 지역(地域)
이나 무기(武器)를 제한(制限)하지 않고
치르는 전쟁(戰爭)

墨匠戰鬪묵장전투 고려 고종(高宗) 3년(1216)
에 고려군과 거란 유민(契丹遺民)이 묵장
에서 싸운 전투. 김취려(金取礪)의 속전
(速戰) 지휘로 대승하였다.

美國獨立戰爭미국독립전쟁 1765년 영국(英
國)이 식민지(植民地)인 미국(美國)에 인
지 조례(條例)를 만든 것을 계기(契機)로,
1775년 워싱턴을 독립군(獨立軍) 총사령
관(總司令官)으로 하여 독립(獨立)을 선언
(宣言)한 미국(美國)과 영국(英國)이 벌인
전쟁(戰爭). 유럽 여러 나라의 도움으로
미국(美國)이 이기고 1783년 독립(獨立)
을 승인(承認) 받았음

美墨戰爭미묵전쟁 1846년, 미국(美國)과 멕
시코 사이에 벌어진 전쟁(戰爭). 텍사스
주가 미국(美國)에 병합(倂合)됨으로써
시작(始作)되었는데, 미군(美軍)이 멕시
코시티를 점령(占領)하자 멕시코가 항복
(降伏)하여 캘리포니아주와 뉴멕시코,
텍사스주를 내어 주었음. 아메리카멕

시코전쟁(戰爭)

美西戰爭미서전쟁 1898년 미국(美國)과 스
페인 사이에 일어난 전쟁(戰爭). 쿠바가
독립(獨立)하기 위(爲)하여 스페인과 전
쟁(戰爭)을 하게 되자, 미국(美國)이 쿠바
를 도와 스페인과 싸웠음. 미국(美國)이
이겨, 쿠바는 독립(獨立)하고, 미국(美國)
은 푸에르토리코, 필리핀, 괌 등(等)을
차지했음

美日戰爭미일전쟁 1941년부터 1945년까
지의 일본(日本)과 연합국(聯合國) 사이의
전쟁(戰爭). 2차 대전(大戰)의 일부(一部)
로서, 일본(日本)의 무조건(無條件) 항복
(降伏)으로 끝이 났음

密林戰밀림전 밀림(密林) 안에서 하는 전투
(戰鬪)

密陽戰밀양전 밀양 싸움. 승부가 나지 않고
오래 끄는 싸움을 이르는 말.

ㅂ

搏戰박전 ☞ 격투(格鬪)

反擊戰반격전 반격(反擊)하는 싸움

反攻擊戰반공격전 반공격(反攻擊)을 하는 싸움

反攻戰반공전 ☞ 반공격전(反攻擊戰)

半島戰爭반도전쟁 나폴레옹 1세가 이베리
아 반도(半島)를 침략(侵略)했을 때의 스
페인, 포르투갈, 영국(英國) 세 나라와 프

랑스가 한 전쟁(戰爭). 1806년 나폴레옹이 대륙(大陸) 봉쇄(封鎖) 명령(命令)을 발령(發令)한 이후(以後)에도 영국(英國)과 통상(通商)을 계속(繼續)한 포르투갈을 스페인에게 1807년 10월 점령(占領)하게 하고, 이어 1808년에 스페인에서 반불 반란(叛亂)이 일어나고 거기에 영국(英國) 웰링턴의 군대(軍隊)가 포르투갈에 상륙함에 이르러 삼국(三國) 연합군(聯合軍)과 프랑스는 1813년까지 전쟁(戰爭)을 계속(繼續)하게 되었는데, 이 전쟁(戰爭)으로 나폴레옹은 처음으로 유럽 정복(征服)을 중단(中斷)하지 않을 수 없게 되었음

反戰論반전론 전쟁(戰爭)을 하지 말자는 언론(言論)

反戰文學반전문학 전쟁(戰爭) 반대(反對)를 주제(主題)로 한 문학(文學)

反戰반전 전쟁(戰爭)을 반대(反對)함

反戰運動반전운동 전쟁(戰爭)을 반대(反對)하는 운동(運動)

防空作戰地域방공작전지역 방공 작전(作戰)과 다른 작전(作戰) 간(間)의 혼란(混亂)을 막기 위(爲)해 지정(指定)한 지역(地域)과 그 상공(上空)의 영역(領域)

防毒戰방독전 적의 화학(化學)병기(兵器), 생물학(生物學)병기(兵器), 방사능(放射能) 공격(攻擊)에 대(對)한 방어적(防禦的) 싸움

防備戰방비전 방비(防備)하는 싸움

放射能戰방사능전 방사능(放射能) 물질(物質)을 사용(使用)하여 살상(殺傷), 파괴(破壞)

하는 전쟁(戰爭)

防禦戰방어전 적의 공격(攻擊)을 막아내기 위(爲)한 싸움. 방어(防禦)하는 전투(戰鬪)

防戰방전 적의 공격(攻擊)을 막아 내려는 싸움

百年戰爭백년전쟁 프랑스의 왕위(王位) 계승(繼承) 문제(問題)로 영국군(英國軍)이 프랑스에 침입(侵入)한 1337년부터 1453년까지 100여 년 동안 이따금씩 일어난 전쟁(戰爭)

白兵戰백병전 창·칼 또는 총 따위를 가지고 서로 맞붙어 싸우는 싸움

白熱戰백열전 온갖 재주와 힘을 들여 맹렬(猛烈)히 싸우는 싸움이나 경기(競技)

百戰老將백전노장 수많은 싸움을 겪은 노련한 장수.

百戰老卒백전노졸 수많은 싸움을 겪은 노련한 군사.

白戰笠백전립 베로 싸개한 흰 전립. 국상 때에 군인들이 쓴다.

白戰백전 무기(武器)가 없이 맨손으로 싸우는 싸움. 시인(詩人)들이 글재주를 다투는 싸움

百戰백전 수 많은 싸움

邊戰변전 편싸움. 便戰.

兵船助戰節制使병선조전절제사 조선 태조(太祖) 때에 임시로 두었던 군직(軍職)의 하나.

普佛戰爭보불전쟁 에스파냐의 왕위(王位) 계승(繼承) 문제(問題)를 직접(直接) 원인(原

囚)으로 1870년부터 이듬해에 걸쳐 프
러시아를 주(主)로 한 독일(獨逸) 여러 나
라와 프랑스 사이에 일어난 전쟁(戰爭).
비스마르크의 정략과 몰토케의 전략(戰
略)으로 독일(獨逸)가 이겨 프랑스는 프
랑크푸르트조약(條約)에 따라 알사스 로
렌 지방(地方)의 대부분(大部分)을 독일(獨
逸)에게 넘겨주고 보상금(補償金) 50억
프랑을 지급(支給)하게 되고, 나폴레옹
3세가 퇴위(退位)했음. 전후(戰後) 독일
(獨逸)는 통일(統一)하여 1871년 프러시
아 왕 빌헬름 1세는 베르사유 궁전(宮殿)
에서 독일(獨逸)의 황제(皇帝)가 되었음

步戰보전 "步戰統"의 준말.

步戰統보전통 보병 부대로서 전투에 참가
하는 통. 통은 부대 편성의 단위로서 부
(部)의 아래이다. 步戰.

復讎戰복수전 ☞ 복수전(復讐戰)

復讐戰복수전 ①적에게 앙갚음하기 위(爲)
한 싸움 ②경기(競起)나 오락(娛樂) 등
(等)에서 앞서 진 것을 앙갚음하려고 겨
루거나 싸우는 일. 설욕전(雪辱戰). 앙갚
음 싸움

本因坊戰본인방전 일본(日本)에서 명인전과
아울러 바둑의 2대(大) 선수권전(選手權
戰)의 하나. 본인방위(本因坊位) 계승전(繼
承戰) 일본(日本) 전문(專門) 기사 선수권
전(選手權戰)

鳳梧洞戰鬪봉오동전투 1920년 6월에 홍 범
도가 거느리는 대한(大韓)독립군(獨立軍)
이 그 본부(本部)가 있는 만주(滿洲) 송강

성 왕청현 봉오동으로 공격(攻擊)해 온
일본군(日本軍) 제 19사단(師團)을 맞아
격퇴(擊退)한 사흘 동안의 혈전(血戰)

奉直戰爭봉직전쟁 1922년과 1924년에 중
국(中國)에서, 일본(日本)의 지원(支援)을
받은 봉천 군벌 장쭤린(장 작림)과 영미
의 지원(支援)을 받은 직례 군벌의 우 페
이푸(오 패부) 사이에 일어난 전쟁(戰爭).
장쭤린이 패퇴했음

夫婦戰刀割水부부전 도할수 "夫婦之誓如刀
割水"와 같다.

釜山浦海戰부산포해전 조선(朝鮮) 시대(時代)
14대 선조(宣祖) 25(1592)년 임진왜란(壬
辰倭亂) 때 이순신(李舜臣)이 부산(釜山) 앞
바다에서 왜선(倭船)을 격파(擊破)한 싸
움. 왜군(倭軍)의 근거지(根據地)인 부산
(釜山)을 공격(攻擊)하고자 이순신(李舜臣)
은 전 함대(艦隊)를 이끌고 거북선을 선
두로, 왜선 1백여 척을 격파(擊破)했음

赴戰江부전강 함경남도(咸鏡南道) 서부(西部)
를 흐르는 장진강(長津江)의 지류(支流).
부전령(赴戰嶺) 부근(附近)에서 시작(始作)
하여 강구포(江口浦)에서 장진강과 합류
(合流)함. 급류를 이용(利用)하여 수력(水
力) 발전소(發電所)가 설치(設置)되어 있
음. 길이 121km

赴戰高原부전고원 함경남도(咸鏡南道) 개마
(蓋馬) 고원(高原)의 남쪽 장진군(長津郡)
에 있는 명승지(名勝地). 인조호(人造湖)인
부전호(赴戰湖)를 비롯하여 수력(水力) 발
전소(發電所)와 고원(高原)에 우거진 원시

림(原始林) 등(等)으로 우리나라 팔경의 하나로 꼽힘. 특(特)히 해발(海拔)이 높아 여름에 피서지(避暑地)로도 이용(利用)됨

赴戰嶺부전령 함경남도(咸鏡南道) 함흥(咸興)에서 북쪽 부전호(赴戰湖)에 이르는 도중(途中)에 솟아 있는 큰 재. 높이 1천 415m

赴戰嶺山脈부전령산맥 함경산맥(咸鏡山脈)에 이어 함경남도(咸鏡南道) 북동에서 남서쪽(南西-)으로 뻗어 있는 산맥(山脈). 두류산(頭流山)에서 남서쪽(南西-)으로 뻗친 단층애(斷層崖) 산맥(山脈)으로 황초령(黃草嶺). 부전령(赴戰嶺). 후치령(厚峙嶺) 등(等)이 있음. 평균(平均) 높이 2천m

不戰부전 ①다투지 아니함. 기량(技倆)을 겨누지 아니함 ②전쟁(戰爭)을 하지 아니함

赴戰부전 전쟁에 참가하러 나감.

不戰勝부전승 추첨이나 상대편(相對便)의 기권으로 겨뤄보지 않고 이김

不戰條約부전조약 전쟁(戰爭) 포기(抛棄)에 관(關)한 조약(條約). 1928년 파리에서 체결(締結)된 국제(國際) 조약(條約)인데, 국제(國際) 분쟁(紛爭)의 해결(解決)은 전쟁(戰爭)에 의(依)하지 아니하고 평화적(平和的) 수단(手段)에 의할 것을 맺었음

赴戰湖부전호 함경남도(咸鏡南道) 신흥군(新興郡)에 있는 호수(湖水). 부전강을 막아 만든 인공호(人工湖)로 부근(附近)에는 20만 kW의 발전량을 가진 수력(水力) 발전소(發電所)가 있음. 면적(面積) 24km²

北方戰爭북방전쟁 발트해 연안(沿岸) 지방(地方)의 패권(覇權)을 다투어 1700~1721년 사이에 러시아의 표트르 대제가 덴마크, 폴란드, 프러시아 및 하노버왕조(王朝)와 결탁(結託)하여 쉬든의 칼 12세와 싸운 전쟁(戰爭). 러시아가 이기어 발트해 동남안을 차지하고, 서방(西方) 진출(進出)의 근거(根據)로 삼았음

奮戰분전 있는 힘을 다하여 싸움

拂曉戰불효전 새벽에 하는 전투(戰鬪)

非交戰國비교전국 서로 전쟁(戰爭) 관계(關係)에 있지 않는 나라

非交戰狀態비교전상태 어떤 나라가 직접(直接) 전쟁(戰爭)에 참가(參加)하고 있지는 않으나, 교전국(交戰國)의 한 쪽을 원조(援助)하고 있는 태도(態度)나 상태(狀態)

比交戰者비교전자 전쟁(戰爭)을 하고 있는 나라의 병력(兵力)에 딸려 있으면서도 직접(直接) 전투(戰鬪) 행위(行爲)에는 참가(參加) 하지 않고 경리(經理), 법무, 위생(衛生), 종교(宗敎) 따위의 일에 종사(從事)하는 사람

非戰論비전론 반전론(反戰論) 전쟁(戰爭)을 반대(反對)하는 언론(言論)

非戰論者비전론자 비전론(非戰論)을 주장(主張)하는 사람

非戰鬪員비전투원 국제법(國際法) 상(上), 교전국(交戰國)의 병력(兵力)에 간접적(間接的)으로 딸리어 전투(戰鬪) 이외(以外)의 임무(任務)에 종사(從事)하고 있는 사람을 통틀어 이르는 말. 경리원·법무관(法

340

務官)·군의관(軍醫官)·간호사(看護師)·종
군(從軍) 목사 등(等)

非正規戰비정규전 비(非) 정규군(正規軍)에
의(依)해 행(行)해지는 전쟁(戰爭)

ㅅ

射擊戰사격전 ☞ 총격전(銃擊戰)

四散四戰之地사산사전지지 산이나 강으로
둘려 막히지 아니하여, 사방으로 적을
맞아 싸워야 되는 땅.

思想戰사상전 선전(宣傳) 등(等)으로 적국(敵
國) 국민(國民)의 사상(思想)을 어지럽혀,
전의(戰意)를 잃게 하는 전술(戰術)

四二四戰法사이사전법 축구(蹴球)에 있어서
고울키이퍼를 제외(除外)한 선수(選手)의
진형을 4명, 2명, 4명(名)의 형태(形態)로
갖추어 공격(攻擊)과 수비(守備)를 아울
러 강화(强化)하려는 전법(戰法)

私戰사전 외국(外國)에 대(對)하여 국가(國家)
의 명령(命令)을 받지 않고, 사사(私事)로
이 전투(戰鬪)를 하는 행위(行爲)

死戰사전 죽기를 각오(覺悟)하고 싸움

私戰罪사전죄 사전(私戰)함으로써 성립(成立)
되는 죄(罪)

泗川海戰사천해전 조선(朝鮮) 시대(時代) 14
대 선조(宣祖) 25(1592)년 5월 29일 이순
신(李舜臣)이 사천(泗川) 선창(船艙)에서

왜선을 물리친 싸움. 이 해전에서 처음
으로 거북선이 활동(活動)했음

索戰삭전 줄다리기

散開戰산개전 전투(戰鬪) 대형(隊形)을 산개 대
형(散開隊形)으로 하고 싸우는 전투(戰鬪)

散兵戰산병전 ①군대(軍隊)들이 흩어진 상태
(狀態)로 하는, 비교적(比較的) 가벼운 전
투(戰鬪) ② ' 널리 산재(散在)하여 개별
적(個別的)으로 하는 싸움 ' 을 비유(比喩·
譬喩)하여 일컫는 말

山嶽戰산악전 산악(山岳) 지대(地帶)에서 하
는 전투(戰鬪)

山嶽戰鬪部隊산악전투부대 스키·등산(登山)
을 포함(包含)한 산악전(山嶽戰)을 하려고
장비(裝備)를 갖추고 훈련(訓鍊)된 군대
(軍隊)

山戰산전 산 속에서 하는 싸움

薩水大戰살수대전 고구려(高句麗) 26대 영양
왕(嬰陽王) 23(612)년에 수(隋)나라 양제
가 200만 대군을 이끌고 쳐들어온 싸
움. 고구려군(高句麗軍)은 도처(到處)에서
승리(勝利)하고 특(特)히 살수를 건너온
수양제의 별동대(別動隊) 30만 5천 명은
을지 문덕 장군(將軍)의 유도 작전(作戰)
에 빠져 살수에서 이삼천 명이 남고 모
조리 몰살(沒殺)되어 고구려(高句麗)가 큰
승리(勝利)를 거두었음

薩爾滸山戰鬪살이호산전투 살이호산(薩爾滸
山)은 지금의 봉천성(奉天省) 신빈현(新賓
縣) 서쪽에 있는 산(山). 중국(中國) 명(明)
나라 만력(萬曆) 47(1619)년에 청 태조(太

祖)가 명(明)나라의 장군(將軍) 두송(杜松) 등(等)의 군사(軍士)를 살이호산에서 격파(擊破)하고 청조의 기초(基礎)를 세운 전쟁(戰爭)

三甲戰法삼갑전법 조선 초기, 전법(戰法)의 하나. 모두 27명의 인원을 9명씩 갑·을·병의 세 패로 나누어, 갑은 을을, 을은 병을, 병은 갑을, 붉은 물감을 적신 창(槍)으로 상대방의 등을 공격하여 승부를 겨루던 실전(實戰) 연습. 등에 붉은 점의 유무로 승부를 계산하였다.

三甲戰삼갑전 삼갑전법(三甲戰法)에 따라 익히는 군사 조련. "三甲戰法"을 참고하라.

三段戰法삼단전법 배구(排球)의 정통적(正統的)인 공격법(攻擊法)으로 후위(後衛)가 패스하고 전위(前衛)가 토스하고 중위가 쳐 넣는 전법

三兵戰術삼병전술 독립(獨立)하여 편성(編成)된 보병(步兵), 기병(起兵), 포병(砲兵)을 종합적(綜合的)으로 운용(運用)하는 군대적(軍隊的)인 전술(戰術) 체계(體系)

三十年戰爭삼십년전쟁 1618~1648년의 30년 동안에 독일(獨逸)을 중심(中心)한 유럽 여러 나라 사이에 있었던 최후(最後)이며 최대(最大) 규모(規模)의 종교(宗敎) 전쟁(戰爭)

三戰神삼전신 마리지천(摩利支天), 대흑천(大黑天), 비사문천(毘沙門天)의 세 전신(戰神)

三帝會戰삼제회전 아우스터리츠 전투(戰鬪)

三巴戰삼파전 셋이 어우러져 서로 싸움, 또는 그 싸움

上陸作戰상륙작전 바다에 면하는 적지에 상륙(上陸)할 때에 해군(海軍)과 공군(空軍)의 협조(協助)에 의(依)하여 육군(陸軍) 또는 해병대(海兵隊)가 행(行)하는 작전(作戰)

相戰상전 ①서로 싸움하거나 말다툼함 ②(바둑·장기 따위)모든 내기의 승부(勝負)를 겨룸

商戰상전 상업상(商業上)의 일로 싸움. 상업상(上)의 싸움

西部戰線서부전선 1차 대전(大戰) 때 독일군(獨逸軍)이 연합군(聯合軍)과 대진하여 장기(長期) 참호전을 계속(繼續)한 서북부(西北部) 곧 프랑스와 벨기에 사이의 전선(戰線)

緖戰서전 전쟁(戰爭)이 시작(始作)될 무렵의 처음에 하는 싸움

石戰석전 돌팔매질을 하여 이기고 짐을 겨루는 편싸움

選擧戰선거전 선거(選擧) 때에 입후보자(立候補者)들 사이에 당선(當選)을 노리고 벌이는 경쟁(競爭)

船戰선전 ☞ 해전(海戰)

善戰선전 실력(實力)을 충분(充分)히 발휘(發揮)하여 잘 싸움

宣戰선전 어떤 나라가 딴 나라에 대(對)하여, 전쟁(戰爭)을 개시(開始)한다는 의사(意思)를 밝히어 나타냄

宣傳戰선전전 ①정신적(精神的)으로 적에게 타격(打擊)을 주고 또한 자기편(自己便)

의 사기(士氣)를 높이기 위(爲)하여 피아
간(彼我間)에 서로 선전(宣傳)에 주력하는
일 ②정당(政黨) 등(等)에서 어떤 주장(主
張)이나 일을 많은 사람에게 설명(說明)
하여 서로 이해(理解)와 공명(共鳴)을 얻
고자 하는 싸움

宣戰布告선전포고 전쟁(戰爭)을 개시(開始)한
다는 것을 정식(正式)으로 선언(宣言) 공
포(公布)하는 일

雪辱戰설욕전 설욕(雪辱)하기 위(爲)한 싸움

雪戰설전 눈싸움. 뭉친 눈을 서로 던져 상대
편을 맞히는 놀이

舌戰설전 말다툼. 입씨름

殲滅戰섬멸전 적을 섬멸(殲滅)시키는 전투
(戰鬪)

聖戰성전 ①신성(神聖)한 싸움 ②거룩한 전
쟁(戰爭)

世界大戰세계대전 세계적(世界的)인 규모(規
模)로 벌어지는 큰 전쟁(戰爭)

細菌戰세균전 급성(急性) 전염병(傳染病) 병원
체(病原體)를 퍼뜨려 적지(敵地)에 전염병
(傳染病)을 유행(流行)시키는 전쟁(戰爭)

細菌戰爭세균전쟁 ☞ 세균전(細菌戰)

消耗戰소모전 인원(人員)·무기(武器)·물자(物
資) 따위를 자꾸 투입(投入)하여 쉽게 결
판(決判)이 나지 않는 전쟁(戰爭)

燒夷戰소이전 소이탄, 화염(火焰) 방사기 등
(等)의 소이 무기(武器)를 사용(使用)하는
전쟁(戰爭)

小戰소전 작은 규모(規模)의 전쟁(戰爭)

小戰鬪소전투 소규모(小規模)의 전투(戰鬪)

掃蕩戰소탕전 소탕(掃蕩)하는 싸움 戰捷碑전
첩비 전첩을 기념(紀念·記念)하기 위(爲)
하여 세운 비(碑)

速戰속전 운동(運動) 경기(競技)나 전투(戰鬪)
등(等)에서 어물거리지 않고 재빨리 공
격(攻擊)하여 싸움

續戰속전 운동(運動) 경기(競技)나 전투(戰鬪)
등(等)을 계속(繼續)함

瑣金戰쇄금전포 (옛날 장수(將帥)들이 입던)
가늘게 무늬를 아로 새기고 금으로 박
아 넣은 군복

水軍都監戰體察使수군도감전체찰사 조선
태조(太祖) 때 왜구와의 전투·방어에 관
한 수군의 군무를 감찰하기 위하여 파
견하였던 임시 벼슬. 또는 그 벼슬아치.

水陸戰수륙전 수전(水戰)과 육전(陸戰)

殊死戰수사전 죽음을 각오(覺悟)하고 하는
싸움

輸送戰隊수송전대 주로 수송(輸送) 함정(艦
艇)으로 구성(構成)된 기동 부대(部隊)에
따린 편성체(編成體)

守戰同盟수전동맹 두 나라 이상(以上)이 서
로 협력(協力)하여 다른 나라의 공격(攻
擊)을 막고자 하여 맺는 동맹(同盟)

手戰수전 ☞ 수전증(手顫症)

水戰수전 물에서 하는 전투(戰鬪)

守戰수전 쳐들어오는 적을 막아 싸움

襲擊戰습격전 습격(襲擊)하는 전투(戰鬪)

乘馬戰승마전 ①말을 타고 하는 싸움 ②두 세 사람으로 짝을 지어 앞사람의 타고, 서로 쓰러뜨리게 하거나 모자 빼앗기를 하는 경기(競技)

勝者戰승자전 운동(運動) 경기(競技)나 바둑 따위에서 이긴 사람이나 이긴편 끼리 승부(勝負)를 겨루는 경기(競技)

勝戰歌승전가 싸움에서 경기(競技)에서 이기고 부르는 노래

勝戰鼓승전고 싸움에서 이기고 울리는 북

勝戰曲승전곡 싸움에서 이긴 것을 기리는 내용(內容)의 악곡(樂曲)

勝戰國승전국 전쟁(戰爭)에서 이긴 나라

勝戰舞승전무 ①고려(高麗) 때부터 향악(鄕樂)에 딸린 궁중무(宮中舞) ' 무고(舞鼓) '를 임진왜란(壬辰倭亂) 때 이순신(李舜臣) 장군(將軍)의 승전(勝戰)과 관련(關聯)시켜 붙인 이름 ②궁중무(宮中舞) ' 무고(舞鼓) '가 충무공(忠武公)의 은혜(恩惠)를 담은 창사 등(等)으로 바뀌어 지방(地方)에서 행(行)해진 춤. 1968년 충무시의 것이 중요(重要) 무형(無形) 문화재(文化財) 제21호로 지정(指定)되었음

勝戰碑승전비 싸움에서 이긴 것을 기념(紀念·記念)하여 세우는 비(碑)

勝戰승전 싸움에서 이김

市街戰시가전 시가지(市街地)에서 벌이는 싸움. 백병전(白兵戰)을 주(主)로 함

市民戰爭시민전쟁 시민(市民)이 자유(自由)를 얻기 위(爲)하여 일으키는 국내(國內) 전쟁(戰爭)

兕牛相戰勢시우상전세 본국검(本國劍)을 쓰는 자세의 하나. 외뿔소가 서로 싸우는 듯한 모습의 동작을 하는 자세이다.

侍衛野戰砲兵隊시위야전포병대 대한제국 시대, 시위대(侍衛隊)에 소속된 야전 포병대. 광무(光武) 11년(1907)에 군대를 감축하면서 기존의 포병대를 개편한 이름이다. "砲兵隊"를 참고하라.

詩戰시전 시를 지어 서로 겨룸.

神經戰신경전 적극적(積極的)으로 공격(攻擊)하지 않고 서서히 상대방(相對方)의 신경(神經)을 피로(疲勞)케 하여 사기(士氣)를 잃게 하는 전법(戰法)

神聖戰爭신성전쟁 고대(古代) 그리스의 인보(隣保) 동맹(同盟)의 결의(決意)에 따라, 델포이의 아폴로 신역(神域) 수호(守護)를 위(爲)하여 행(行)해진 전후(前後) 세 차례(次例)의 전쟁(戰爭)

新人戰신인전 신인들로만 팀을 조직(組織)해서 하는 경기(競技)

神戰신전 신성(神聖)한 싸움. 신(神)에 관계(關係)되는 싸움

神戰之敎會신전지교회 영신(靈神)이 세상(世上), 악마(惡魔), 육신(肉身), 최악과 싸우라는 뜻에서 이 세상(世上)에 있는 교회(敎會)를 말함

神戰之會신전지회 ☞ 신전지교회(神戰之敎會)

實戰談실전담 실제(實際)로 겪은 전쟁(戰爭) 이야기

實戰部隊실전부대 전투(戰鬪)에 직접(直接) 참가(參加)하는 부대(部隊)

實戰실전 ①실제(實際)로 싸움 ②또는, 그 전쟁(戰爭)

心驚股戰심경고전 매우 놀라서 가슴이 두근 거리고 다리가 떨림.

心理作戰심리작전 심리전(心理戰)을 꾀하기 위(爲)한 작전(作戰)

心理戰심리전 적군(敵軍)이나 상대방(相對方) 국민(國民)에 대(對)하여 심리적(心理的) 인 자극(刺戟)과 압력(壓力)을 주어 제 나라의 정치(政治)나 군사(軍事) 면(面)에 유 리(有利)하도록 이끄는 전쟁(戰爭)

心理戰爭심리전쟁 적군(敵軍)이나 상대방(相 對方) 국민(國民)에 대(對)하여 심리적(心 理的)인 자극(刺戟)과 압력(壓力)을 주어 제 나라의 정치(政治)나 군사(軍事) 면(面) 에 유리(有利)하도록 이끄는 전쟁(戰爭)

心寒身戰심한신전 정신(精神)이 아찔하고 몸 이 마구 떨리는 일

阿片戰爭아편전쟁 1840년 청(淸)나라 사람 이 자기(自己) 나라에 아편(阿片·鴉片)을 싣고 들어온 영국(英國)의 상선(商船)을 습격(襲擊)한 데서 발단된 청과 영국(英 國)과의 전쟁(戰爭). 청(淸)나라가 아편(阿 片·鴉片) 수입(輸入)을 억제(抑制)하다가

영국(英國)과 충돌(衝突)하게 되었는데, 패하여 난징조약(條約)을 맺고 홍콩을 영국(英國)에 떼어 주었음

惡戰악전 몹시 어려운 상태(狀態)에서 힘을 다하여 싸움

安直戰爭안직전쟁 1920년 중국(中國) 북양 군벌의 안휘파와 직례파 사이에 있었 던 전쟁(戰爭). 위안스카이가 죽은 뒤 세 력(勢力) 다툼으로 일어났는데, 직례파 가 이겼음

野戰工兵團야전공병단 야전(野戰) 공병(工兵) 으로 편성(編成)되어, 육군(陸軍)의 야전 (野戰) 공사(工事)에 관(關)한 기술(技術) 및 행정(行政) 사항(事項)을 맡아보는 부대 (部隊)

野戰工兵야전공병 야전(野戰)에서 필요(必要) 한 공사(工事)를 담당(擔當)하는 군대(軍隊)

野戰敎範야전교범 군대(軍隊)의 교육(敎育) 훈련(訓鍊)에 관(關)한 일반적(一般的)이 고 기초적(基礎的)인 지식(知識)을 내용(內 容)으로 하는 군사(軍事) 교과서(敎科書)

野戰軍야전군 군사(軍事) 편제(編制) 상(上) 야 전(野戰)에 종사(從事)하는 군

野戰隊야전대 야전(野戰)의 목적(目的)으로 편성(編成)한 부대(部隊)

野戰病院야전병원 전선(戰線)에 가까운 후방 (後方)에 베풀어 전선(戰線)에서 다치거 나 앓는 군인(軍人)을 수용(收容)하여 치 료(治療)하는 병원(病院)

野戰야전 들에서 하는 싸움

夜戰야전 밤에 하는 싸움

野戰寢臺야전침대 접었다 폈다 할 수 있는, 나무틀에 지퍼를 댄 야전용(野戰用) 간이 침대(簡易寢臺)

野戰砲兵야전포병 ☞ 야포병(野砲兵)

野戰砲야전포 야전(野戰)에 쓰는 대포(大砲). 야전(野戰) 카농포·야전(野戰) 유탄포·산포(山砲) 따위

掠奪戰약탈전 ①약탈(掠奪)을 하기 위(爲)하여 하는 싸움 ②쟁탈전

兩斷戰양단전 적의 대오를 둘로 갈라 공격(攻擊)하는 전술(戰術)

陽動作戰양동작전 양동(陽動)으로 실시(實施)되는 군사(軍事) 작전(作戰)

兩面作戰양면작전 ①두 방면(方面)에서 하는 작전(作戰) ②두 가지의 수단(手段)을 쓰는 작전(作戰)

禦戰어전 ☞ 방어전(防禦戰)

言論戰언론전 공개적(公開的)인 언론(言論)으로써 서로의 의견(意見)을 주장(主張)하여 옳고 그름을 다투는 일

歷戰역전 여러 싸움을 겪음

逆襲戰역습전 역습(逆襲)하여 싸움

力戰역전 힘을 다하여 싸움

聯盟戰연맹전 경기(競技)에 나온 모든 팀과 서로 한 번씩 겨루는 방식(方式)

延長戰연장전 야구(野球), 축구(蹴球) 따위 일부(一部) 경기(競技)에서, 정(定)해진 시간(時間)이나 횟수(回數) 안에 승부(勝負)가 판가름나지 않을 때, 시간(時間)이나 횟수(回數)를 연장(延長)하여 계속(繼續)하는 경기(競技)

軟戰연전 가볍고 부드러운 갑옷.

連戰연전 연속(連續)하여 싸움

熱戰열전 온갖 재주와 힘을 들여 맹렬(猛烈)이 싸우는 싸움이나 경기(競技). 백열전(白熱戰). 실제적(實際的)인 싸움을 '냉전(冷戰)'에 상대(相對)하여 일컫는 말

厭戰염전 전쟁(戰爭)을 싫어함

厭戰的염전적 염전 사상(思想)이 있는 (것)

英蘭戰爭영란전쟁 17세기(世紀)에 식민지(植民地) 쟁탈(爭奪)을 둘러싸고 영국(英國)과 네덜란드가 세 차례(次例)에 걸쳐 싸운 전쟁(戰爭)

英美戰爭영미전쟁 1812년 6월에 일어난 영국(英國)과 미국(美國) 사이의 싸움. 영국(英國)의 프랑스에 대(對)한 봉쇄(封鎖)로 미국(美國)의 해운(海運)이 위협(威脅)을 받자, 미국(美國) 배에 대(對)한 봉쇄(封鎖) 철폐(撤廢)를 요구(要求)했으나, 교섭(交涉)이 잘 안되어 일어났는데, 1814년 12월에 강화(講和)가 이루어져 끝났음

英佛植民地戰爭영불식민지전쟁 17세기(世紀) 후반(後半)부터 18세기(世紀) 중엽(中葉)에 걸쳐, 해외(海外) 식민지(植民地) 지배(支配)를 둘러싼 영국(英國)과 프랑스 사이의 여러 전쟁(戰爭)

迎戰영전 쳐들어오는 적의 군사(軍士)와 마주 나아가서 싸움

零敗戰영패전 (야구 따위의) 완전(完全) 봉쇄(封鎖). 셔트아웃(shut-out)

豫防戰예방전 ☞ 예방전쟁(豫防戰爭)

豫防戰爭예방전쟁 그냥 두면 자기(自己) 나라가 위협(威脅)을 받게 되리라고 믿어지는 나라를 상대(相對)로 미리 그 세력(勢力)을 꺾기 위(爲)하여 하는 전쟁(戰爭)

豫選戰예선전 결승전(決勝戰)이나 준결승전(準決勝戰)에 나아갈 팀이나 선수(選手)를 뽑는 경기(競技)

鏖戰오전 많은 사상자를 낸 큰 싸움

外交戰외교전 자기편(自己便)에 유리(有利)하도록 교섭(交涉)을 성공(成功)시키기 위(爲)하여 이면으로 맹렬(猛烈)한 공작(工作)과 술책(術策)을 써서 외요 교섭(交涉)을 하는 모양(模樣)

外線作戰외선작전 포위(包圍)·협격(挾擊) 등(等)으로 적을 밖으로부터 공격(攻擊)하는 작전(作戰)

外戰외전 ①두 나라 이상(以上) 사이의 국제적(國際的)인 전쟁(戰爭) ②외국(外國)과의 전쟁(戰爭)

要塞戰요새전 요새(要塞)를 방어(防禦)하거나 공격(攻擊)하는 전투(戰鬪)

撓戰요전 싸우려는 의욕을 흔들리게 함.

勇戰용전 ①용감(勇敢)하게 싸움 ②또는, 그 전쟁(戰爭)

偶發戰爭우발전쟁 전쟁(戰爭)을 하고자 하는 의지(意志)에서가 아니고, 레이더 장치(裝置)의 고장(故障)이라는든가 군사(軍事) 명령(命令)이나 감시병(監視兵)의 판단(判斷) 착오(錯誤), 핵(核) 폭발(爆發) 사고(事故) 등(等) 우연(偶然)한 일로 일어나는 전쟁(戰爭)

運動戰운동전 조우전(遭遇戰), 추격(追擊), 퇴각(退却), 방어(防禦) 진지(陣地)의 공방(攻防) 등(等)과 같이 병단(兵端)의 운동(運動) 중(中)에 발생(發生)하여, 오랫동안 한 자리에 고착(固着)하지 아니하는 전투(戰鬪)

雄戰웅전 웅장(雄壯)하게 싸움. 용감(勇敢)하게 싸움

原子戰원자전 ☞ 핵전쟁(核戰爭)

原子戰爭원자전쟁 ☞ 핵전쟁(核戰爭)

原子爆彈戰爭원자폭탄전쟁 원자폭탄(原子爆彈)을 이용(利用)하여 벌이는 대규모(大規模)의 전쟁(戰爭)

遠戰원전 멀리 떨어져서 싸움

原爆戰원폭전 ☞ 원자폭탄전쟁(原子爆彈戰爭)

遊擊戰유격전 임기응변(臨機應變)으로 적과 싸우는 싸움. 게릴라전

誘導作戰유도작전 전쟁(戰爭)할 때에 작전(作戰) 상(上) 적이 알지 못하는 동안에 아군(我軍)의 계획(計劃)에 빠지도록 유도(誘導)하는 작전(作戰)

肉薄戰육박전 마주 덤벼 돌격(突擊)하는 싸움

六日戰爭육일전쟁 1967년 이스라엘과 아랍 제국(諸國) 사이에 일어난 제 3차 중동 전쟁(中東戰爭)의 일컬음. 1966년 시리아에 혁명(革命)이 일어나 좌파(左派) 정권(政權)이 들어서고 아랍 민족주의

(民族主義)가 고조됨에 자극(刺戟)을 받은 이스라엘이 1967년 6월에 선제 공격(先制攻擊)을 취(取)하여, 1주일(週日) 사이에 시나이 반도(半島) 전역(全域)과 예루살렘을 포함(包含)한 요르단 영토(領土), 시리아 국경(國境) 지대(地帶)를 점령(占領)하자, 국제연합(國際聯合)이 휴전(休戰)을 결의(決議)했으나, 쌍방(雙方)의 이해(利害)가 얽혀 소규모(小規模)의 무력(武力)충돌(衝突)이 계속(繼續)되었음

陸戰隊육전대 해군(海軍)에 소속(所屬)되어 작전(作戰)을 돕고, 필요시(必要時)에 육전에 종사(從事)하는 군대(軍隊). 오늘날의 해병대(海兵隊)

陸戰육전 육지(陸地)에서의 싸움

肉彈戰육탄전 육탄이 되어 싸우는 전투(戰鬪)

應用戰術응용전술 실제(實際)에 적용(適用)하는 전술(戰術)

應援戰응원전 양 팀을 각각(各各) 응원(應援)하는 사람들이 상대(相對)보다 더 열렬(熱烈)히 응원(應援)하려고 겨루는 상태(狀態)

應戰응전 싸움에 응(應)함

擬戰의전 ☞ 모의전(模擬戰)

義戰의전 의(義)를 위(爲)한 전쟁(戰爭)

人民戰線인민전선 파시즘에 대항(對抗)하는 모든 단체(團體)나 계급(階級)이 이룬 공동(共同) 전선(戰線)

人海戰術인해전술 극히 많은 병력(兵力)을 투입(投入)하여 그 수(數)의 힘으로 전선

(戰線)을 분단. 돌파하는 공격법(攻擊法). 전(轉)하여, 많은 사람을 차례(次例)로 투입(投入)하여 일을 성취(成就)하려는 수법(手法)

日獨戰爭일독전쟁 제 1차 세계대전(世界大戰) 때, 연합군(聯合軍) 측(側)에 가담(加擔)한 일본(日本)과 독일(獨逸)의 전쟁(戰爭). 일본(日本)은 1914년 8월 23일에 선전(宣戰) 포고(布告)를 하고 일본(日本) 해군(海軍)은 남양(南洋)에서 독일(獨逸) 영토(領土)인 모든 섬을 점령(占領)하고 육군(陸軍)은 중국(中國) 산둥성(山東省)의 독일(獨逸) 조차지(租借地)인 친다오(靑島)를 함락(陷落)함. 또 인도양(印度洋), 지중해(地中海)에 구축함(驅逐艦)을 파견(派遣)했음. 그 보상(補償)으로 전쟁(戰爭)이 끝난 뒤에 일본(日本)은 자오저우 만과 산둥성의 이권, 남양의 여러 섬에 대(對)한 통지(通知)를 위임(委任) 받았음

一戰일전 한바탕의 싸움

日淸戰爭일청전쟁 ☞ 청일전쟁(淸日戰爭)

一回戰일회전 여러 회를 거쳐 승패(勝敗)를 겨룰 때의 맨 첫 번째로 하는 경기(競技), 싸움

臨戰임전 ①전쟁(戰爭)에 나아감 ②싸움터에 다다름

立體戰입체전 육·해군(海軍)만의 평면적(平面的)인 싸움에서, 공군(空軍)이 참가(參加)한 입체적(立體的)인 전투(戰鬪)

ㅈ

紫羅戰袍자라전포 자줏빛의 깁으로 지어 만
든 전포.

自願出戰자원출전 제 스스로 원하여 싸움터
나 운동(運動) 경기(競技)에 나감

自衛戰爭자위전쟁 제 나라를 지키려고 어쩔
수 없이 벌이는 전쟁(戰爭)

作戰計劃작전계획 ①일을 해 나갈 계획(計
劃) ②작전(作戰)을 지도(指導)할 방안(方
案)을 세우고 이를 수행(遂行)하는 데 필
요(必要)한 여러 가지 준비(準備)에 관(關)
하여 그 대강을 기획(企劃)한 것

作戰課작전과 작전참모부(作戰參謀部)가 없
는 단위(單位) 부대(部隊)에서 작전(作戰)
업무(業務)를 맡고 있는 분과(分科)

作戰敎育課작전교육과 주로, 전투(戰鬪) 훈
련(訓鍊)의 계획(計劃)과 실시(實施)에 관
(關)한 일을 맡아보는 작전참모부(作戰參
謀部)의 한 분과(分科)

作戰命令작전명령 군대(軍隊)의 작전(作戰)
행동(行動)을 규정(規定)하는 명령(命令)

作戰術작전술 작전(作戰)을 세우고 지휘(指
揮)하는 능력(能力)

作戰時間작전시간 농구(籠球), 배구(排球) 따
위의 경기(競技)에서 감독(監督) 등(等)이
선수(選手)들에게 작전(作戰)을 지시(指
示)하려고, 심판원(審判員)에게 요구(要求)
하는 경기(競技) 중단(中斷) 시간(時間)

作戰작전 ①싸움을 진행(進行)하는 방법(方

法)을 세움 ②군(軍)의 대적행동(對敵行
動)의 총칭(總稱)

作戰地圖작전지도 군사(軍事) 작전(作戰)에
쓰기 위(爲)하여 특별(特別)히 만든 지도
(地圖). 작전(作戰) 지역(地域)의 지형(地形),
우군 부대(部隊)의 위치(位置)와 병력(兵
力), 적의 예상(豫想) 이동로(移動路) 따위
가 표시(表示)되어 있음

作戰地작전지 작전(作戰)의 대상(對象)이 되
는 지역(地域)

作戰參謀部작전참모부 작전(作戰) 참모(參謀)
가 그 일을 맡아보는 부서(部署)

作戰參謀작전참모 ①사단(師團), 군단, 군 등
(等)에서 그 작전(作戰)에 관(關)한 일을
맡아보는 일반(一般) 참모(參謀) 장교(將
校) ②또는, 그 직위(職位)

作戰參謀處작전참모처 ☞ 작전참모부(作戰
參謀部)

作戰處작전처 ☞ 작전참모부(作戰參謀部)

潛伏戰잠복전 잠복(潛伏)해서 또는 잠복(潛
伏)했다가 하는 전투(戰鬪)

潛水戰隊잠수전대 잠수함(潛水艦)으로 편성
(編成)된 전대

長期戰장기전 오랜 기간(期間)을 두고 싸우
는 전쟁(戰爭)

牆壁戰장벽전 인공(人工) 또는 천연(天然) 장애
물(障礙物)을 이용(利用)하여, 주(主)로 방
어(防禦)에 중점(重點)을 두는 전투(戰鬪)

爭奪戰쟁탈전 서로 다투어서 빼앗는 싸움

爭覇戰쟁패전 패권(覇權)을 서로 다투는 싸움

赤壁大戰적벽대전 ☞ 적벽전(赤壁戰)

赤壁戰적벽전 중국(中國) 삼국(三國) 시대(時代)에 손권(孫權)과 유비(劉備)의 연합군(聯合軍)이 조조(曹操)의 대군(大軍)을 적벽에서 크게 무찌른 싸움. 손권(孫權)은 강남(江南)의 대부분(大部分)을 유비(劉備)는 파촉을 얻어, 천하(天下)를 셋으로 나누었음

敵戰線적전선 적의 병력(兵力)이 배치(配置)되어 있는 일선

赤珍浦海戰적진포해전 조선(朝鮮) 선조(宣祖) 25년에 이순신(李舜臣)이 경상남도(慶尙南道) 고성 적진포에 머무르고 있던 왜선을 습격(襲擊)하여 쳐부순 싸움

戰舸전가 전투할 때에 쓰는 배. 戰舡.

戰舡전강 "戰舸"와 같다.

戰車전거 전쟁(戰爭)할 때 쓰는 수레

戰巾전건 지난날 군사(軍士)들이 머리에 쓰던 건의 한 가지

電擊戰전격전 갑자기 적을 들이치(理致)는 싸움

戰警전경 전투경찰(戰鬪警察)의 준말

戰鼓전고 전쟁터(戰爭-)에서 싸움에 임하여 치는 북

戰骨전골 전사자(戰死者)의 유골(遺骨)

戰功碑전공비 전쟁(戰爭)에서 세운 공로(功勞)를 기리는 비(碑)

戰功전공 싸움에 이겨서 세운 공로(功勞)

戰功塔전공탑 전공(戰功)을 기리어 세우는

탑(塔)

戰果전과 ①전투(戰鬪)에서 얻은 성과(成果) ②전쟁(戰爭)의 결과(結果)

戰果擴大전과확대 전투(戰鬪)에서, 최초(最初)로 성공(成功)한 이점(利點)을 이용(利用)하여 더욱 많은 전과(戰果)를 얻고자 하는 일

戰懼전구 두렵거나 무서워서 벌벌 떪

戰具전구 전쟁(戰爭)의 제구(諸具)

戰國四君전국사군 중국(中國) 전국시대(戰國時代)의 대표적(代表的)인 호족네 사람. 곧 제(齊)나라의 맹상군, 조(趙)나라의 평원군, 위(魏)나라의 신릉군, 초(楚)나라의 춘신군 등(等)

戰國時代전국시대 중국(中國)의 춘추시대(春秋時代)에 이어 진(晉)의 삼분(三分)으로부터 진(秦)의 통일(統一)까지의 시대(時代)

戰國鼠糞不知전국장 서분부지 청국장인지 쥐 똥인지 모르고 덤빈다. 경우를 분별하지 못하고 함부로 날뜀을 이르는 말.

戰局전국 싸움이 벌어지고 있는 국면(局面) 전쟁(戰爭)이 되어 가는 판국(版局) 싸움 판국(版局)

戰國전국 영웅(英雄)이 할거(割據)하여 서로 싸우는 나라들, 전쟁(戰爭)으로 몹시 어지러운 세상(世上)

戰國策전국책 중국(中國) 전한(前漢) 시대(時代)의 유향(劉向)이 전국시대(戰國時代) 12개국(個國)에서 유세객(遊說客)들이 세운 지략(智略)을 모아 엮어 편찬(編纂)한 33

권의 책(冊)

戰國七雄전국칠웅 중국(中國) 전국시대(戰國時代)의 진(秦)나라, 초(楚)나라, 연(燕)나라, 제(齊)나라, 조(趙)나라, 위(魏)나라, 한(漢)나라의 일곱 제후(諸侯)

戰兢齋전긍재 조선 김서일(金瑞一)의 호(號).

戰機전기 ①전쟁(戰爭)이나 전투(戰鬪)가 일어나려는 기운(氣運) ②전쟁(戰爭)의 기회(機會). 싸워서 제승(制勝)할 수 있는 기회(機會) ③전쟁(戰爭)의 기밀(機密)·전투(戰鬪)의 계획(計劃). 군기(軍機)

戰器전기 맞붙어 싸울 때에 가지고 쓰는 무기.

戰旗전기 전쟁(戰爭) 때에 쓰는 기(旗)

戰期전기 전쟁(戰爭)이나 교전(交戰)을 하는 시기(時期)

戰記전기 전쟁(戰爭)이나 전투(戰鬪)에 관(關)한 이야기를 쓴 기록(記錄)

戰技전기 전투 행동(戰鬪行動)에 직접(直接) 필요(必要)한 군사(軍事) 기술(技術)

戰團전단 둘 이상(以上)의 전대로 이루어지는 단위(單位) 부대(部隊)

戰端전단 전쟁(戰爭)을 하게 된 실마리. 싸움의 시작(始作). 쌈 꼬투리. 병단(兵端)

戰隊전대 ①전투(戰鬪) 전대와 기지(基地) 전대의 통칭(通稱) ②군함(軍艦) 2척 이상(以上)으로 형성(形成)된 함대(艦隊)

戰帶전대 전대띠. 구식 군복에 띠던 남색 띠

戰圖전도 ①전투(戰鬪), 작전(作戰)에 쓰는 지도(地圖) ②전지(戰地)의 범위(範圍)

戰亂전란 전쟁(戰爭)으로 말미암은 난리(亂離)

戰略家전략가 전략(戰略)을 잘 세우는 사람

戰略計劃전략계획 전쟁(戰爭)의 전반적(全般的)인 수행(遂行)을 위(爲)한 계획(計劃)

戰略空軍전략공군 전략(戰略) 폭격(爆擊)을 주요(主要) 임무(任務)로 하는 항공(航空) 부대(部隊)

戰略單位전략단위 전략(戰略) 활동(活動)을 할 수 있는 최소(最小)의 단위(單位)

戰略目標전략목표 전략(戰略)에서의 공격(攻擊) 목표(目標). 군수(軍需) 공장(工場), 발전소(發電所), 교통(交通) 시설(施設) 따위

戰略物資전략물자 전쟁(戰爭)하는 데에 쓸모가 있는 물자(物資). 우라늄, 공작(工作) 기계(機械), 석유(石油), 석탄(石炭), 철강(鐵鋼), 고무, 비철 금속(金屬) 따위

戰略兵器전략병기 전략(戰略) 목적(目的)에 쓰는 병기(兵器). 대륙간(大陸間) 탄도(彈道) 유도탄(誘導彈), 중거리(中距離) 탄도(彈道) 유도탄(誘導彈), 폴라리스형 원자력(原子力) 잠수함(潛水艦), 전략(戰略) 폭격기(爆擊機) 따위

戰略事業單位전략사업단위 기업(企業)이 제품(製品) 개발(開發), 시장(市場) 개척(開拓), 다각화 따위의 장기(長期) 경영(經營) 전략(戰略)을 펼치려고 전략(戰略) 경영(經營) 계획(計劃)을 짤 때 특(特)히 설정(設定)하는 관리(管理) 단위(單位)

戰略産業전략산업 국민(國民) 경제(經濟)의

발전(發展)에 큰 구실을 하게 하려고 특별(特別)히 키우는 산업(産業). 기계(機械), 자동차(自動車), 석유(石油) 화학(化學) 공업(工業) 따위

戰略豫備전략예비 전략적(戰略的)인 관점(觀點)에서, 어떤 보급(補給) 계통(系統)에 큰 피해(被害)가 있을 것을 예기(豫期)하고, 특정(特定) 지역(地域)에 배치(配置)되는 자재(資材)

戰略要地전략요지 전략적(戰略的)으로 매우 중요(重要)한 지역(地域)

戰略誘導彈전략유도탄 전략적(戰略的) 목적(目的)에 쓰는 대륙간(大陸間) 탄도(彈道) 유도탄(誘導彈), 중거리(中距離) 탄도(彈道) 유도탄(誘導彈) 같은 장거리(長距離) 유도탄(誘導彈)

戰略的전략적 적의 전쟁(戰爭) 행위(行爲)에 대항(對抗)하는, 군사(軍事) 상(上)의 대책(對策) 또는 행동(行動) 전반(全般)에 관(關)한 모양(模樣)

戰略的撤退전략적철퇴 기업(企業)이 불리(不利)한 것을 피(避)하고, 유리(有利)한 사업(事業) 분야(分野)나 상권으로 옮기는 경영(經營) 전략(戰略)

戰略전략 ①전쟁(戰爭)의 방략(方略) ②전쟁(戰爭)에 있어서 용병(用兵)의 지휘(指揮). 전지(戰地)에 있어서 군대(軍隊)의 운용(運用) 방법(方法) ③정치(政治), 사회(社會) 운동(運動) 등(等)에서의 책략(策略)

戰略情報전략정보 실제(實際)의 적이나 예상(豫想)되는 적군(敵軍)의 의도(意圖), 능력

(能力) 등(等)과 같은, 전략(戰略) 상(上)의 문제(問題)에 관(關)한 정보(情報)

戰略地圖전략지도 전략(戰略) 작전(作戰)에 쓰는 중간(中間) 축척(縮尺)의 군사(軍事) 지도(地圖)

戰略爆擊機전략폭격기 전략(戰略)폭격(爆擊)에 쓰는 군용기(軍用機)

戰略爆擊전략폭격 적국(敵國)의 산업(産業) 파괴(破壞), 민심(民心) 교란(攪亂), 교통(交通) 차단(遮斷) 등(等)을 목적(目的)으로 하는 전략(戰略) 상(上)의 장거리(長距離) 폭격(爆擊)

戰略學전략학 전략(戰略)의 이론(理論)과 실제(實際)에 관(關)하여 연구(硏究)하는 학문(學問)

戰略航空作戰전략항공작전 선정(選定)된 주요(主要) 목표(目標)에 대(對)해, 공군력(空軍力)을 조직적(組織的)으로 사용(使用)하여 적의 전쟁(戰爭) 능력(能力)이나 의지(意志)를 꺾을 때까지 단계적(段階的)으로 파괴(破壞)하는 항공(航空) 전투(戰鬪) 및 지원(支援) 작전(作戰)

戰略核武器전략핵무기 전략적(戰略的)으로 큰 도시(都市)나 공업(工業) 중심지(中心地) 및 전략(戰略) 핵기지(核基地) 따위를 파괴(破壞)하려고 만든 핵무기(核武器)

戰力전력 ①전투(戰鬪)하는 힘 ②전투(戰鬪)의 능력(能力)

戰歷전력 전쟁(戰爭)에 참가(參加)한 경력(經歷)

戰虜전로 전쟁(戰爭)이나 전투(戰鬪)로 말미

암아 생긴 포로(捕虜)

戰樓전루 전장(戰場)의 형세(形勢)를 살피려
고 지은 다락집

戰慄전률 전율(戰慄)의 원말

戰利전리 전쟁(戰爭)에서 얻은 이득(利得)

戰利品전리품 전투(戰鬪)에서 적군(敵軍)으로
부터 노획(鹵獲)한 물품(物産). 국제법(國
際法) 상(上) 적국(敵國)의 소유(所有) 재산
(財産)에 한정(限定)됨

戰笠전립 군대(軍隊)나 의식(儀式)에서 벙거
지를 이르던 말

戰馬전마 ①전쟁(戰爭)에서 쓰는 말　②바둑
에서 서로 싸우는 말

戰亡功臣전망공신 싸우다가 죽은 공신(功臣)

戰亡將卒전망장졸 ☞ 전몰장병(戰歿將兵)

戰亡전망 ☞ 전사(戰死)

全面戰爭전면전쟁 온 전선(戰線)에 걸쳐 벌
이는 전쟁(戰爭)

全面戰전면전 전면전쟁(全面戰爭)의 준말

戰歿日전몰일 전사(戰死)한 날

戰歿將兵전몰장병 적(敵)과 싸우다 죽은 장
병(將兵)

戰歿전몰 ①싸움을 하다가 죽음 전사(戰死)
②전사(戰死)·전상사(戰傷死) 및 전병사
(戰病死)의 통틀어 일컬음

戰沒전몰 전투를 하다가 죽음.

前半戰전반전 운동(運動) 경기(競技)에서 전
반(前半)의 싸움

戰防船전방선 전선(戰船)과 방선(防船).

戰犯者전범자 ☞ 전쟁범죄인(戰爭犯罪人)

戰犯전범 ①전쟁범죄(戰爭犯罪)의 준말　②
전쟁범죄자(戰爭犯罪者)의 준말

戰法전법 전쟁(戰爭)하는 방법(方法)

戰病死전병사 군인(軍人)이 종군(從軍)하다가
병에 걸려 죽음

戰兵船전병선 전선(戰船)과 병선(兵船).

戰報전보 전쟁(戰爭)에 관(關)한 보도(報道)

戰服전복 옛 군복의 하나로 소매를 달지 않
고 뒷솔기가 째져 다른 옷 위에 떠받쳐
입는 옷

戰斧전부 옛날에 싸움할 때 쓰던 도끼

戰備전비 ①전쟁(戰爭)을 할 준비(準備)　②또
는, 그 설비(設備)

戰費전비 전쟁(戰爭)에 드는 비용(費用)

戰備行軍전비행군 전비를 갖추어서 실시(實
施)하는 경계(警戒) 행군(行軍)

戰射貫革전사관혁 내기 활을 쏠 때에 쓰는
과녁. 전사과녁의 원말

戰賜金전사금 군에 나가 전사(戰死)한 데 대
(對)하여 유가족(遺家族)에게 주는 사금

戰詞苑전사원 문사(文詞)를 겨루는 동산이라
는 뜻으로, 과장(科場)을 이르는 말.

戰死者전사자 전장(戰場)에서 싸우다 죽은
사람

戰士전사 ①싸우는 군사(軍士)　②어떤 일에
종사(從事)하여 분투하는 사람

戰死전사 전장(戰場)에서 싸우다 죽음

戰事전사 전쟁(戰爭)에 관(關)한 일

戰史전사 전쟁(戰爭)이나 사변(事變)의 역사 (歷史)

戰傷兵전상병 전쟁(戰爭)에서 부상(負傷)당 (當)한 병사(兵士)

戰傷者전상자 전쟁(戰爭)에서 부상(負傷)당 (當)한 사람

戰傷전상 ①전쟁(戰爭)에서 부상(負傷)함 ② 또는 입은 상처(傷處)

戰狀전상 전쟁(戰爭)의 상황(狀況)

戰書전서 개전(開戰)의 통지서(通知書)

戰線전선 ①전쟁(戰爭)에서 바로 전쟁(戰爭) 이 행(行)해지는 지역(地域) ②한 사령관 (司令官)의 지휘(指揮) 밑에 군대(軍隊)의 집단(集團)이 작전(作戰)하는 지역(地域) ③일정(一定)한 활동(活動)의 분야(分野)를 투쟁(鬪爭)하는 분야(分野)로 비유(比喩·譬 喩)한 말. 일정(一定)한 사회적(社會的) 운 동(運動)을 공동(共同)으로 진행(進行)하 기 위(爲)한 사회적(社會的) 역량(力量)의 연합(聯合)

戰船전선 싸움에 쓰는 모든 배

戰聲전성 싸움터에서 나는 모든 소리

戰勢전세 전쟁(戰爭)이 되어 가는 형편(形便)

戰悚전송 ☞ 전율(戰慄)

戰守전수 ①나아가서 싸우는 일과 물러나서 지키는 일 ②싸워서 지킴

戰術家전술가 전술(戰術)에 능(能)한 사람

戰術空軍전술공군 직접적(直接的)인 전투(戰 鬪), 작전(作戰)을 주(主) 임무(任務)로 하 는 공군(空軍) 부대(部隊)

戰術目標전술목표 전투(戰鬪) 작전(作戰)과 직접(直接) 관련(關聯)되는 공격(攻擊) 목 표(目標)

戰術的전술적 회전(回轉) 또는 전투(戰鬪)에 서 독립(獨立) 부대(部隊)로 행동(行動)할 수 있도록 편성(編成)된 부대(部隊)·비행 기(飛行機) 및 함선군(艦船軍). 전술(戰術) 단위(單位) 부대(部隊)를 직접(直接) 지원 (支援)하는 보급(補給) 부대(部隊)도 포함 (包含)하는 수가 있음

戰術전술 ①개개의 구체적(具體的)인 전투(戰 鬪)에 있어서 전투력(戰鬪力)의 사용법(使 用法). 보통(普通) 장기적(長期的)이고 광 범위(廣範圍)한 전망(展望)을 갖는 전략(戰 略)의 하위에 속(屬)함. 군술(軍術). 병술 ②일정(一定)한 목적(目的)을 달성(達成)하 기 위(爲)한 수단(手段)·방법(方法)

戰術地圖전술지도 전술용(戰術用)으로 사용 (使用)하기 위하여, 지형(地形)을 상세(詳 細)하게 표시(表示)한 지도(地圖)

戰術爆擊機전술폭격기 전술(戰術)폭격(爆擊) 에 쓰는 군용기(軍用機)

戰術爆擊전술폭격 전술(戰術)에서의 목표(目 標)에 대(對)하여 행(行)하는 폭격(爆擊)

戰術學전술학 전술(戰術)에 관(關)한 군사학 (軍事學)

戰術航空作戰전술항공작전 육(陸)·해군(海 軍)의 도움 아래 이뤄지는 공군(空軍)의

작전(作戰)

戰術核武器전술핵무기 한정(限定)된 국지전
(局地戰)에 쓰여지는 비교적(比較的) 폭발
(爆發) 위력(威力)이 작은 핵무기(核武器)

戰勝國전승국 전쟁(戰爭)에 이긴 나라

戰勝史전승사 싸움에 이긴 역사(歷史)

戰勝者전승자 무엇을 이어 받아 전(傳)하는
사람

戰勝전승 싸움에서 이김

戰時劍전시검 전투(戰鬪)에서 장교(將校)가
쓰던 칼

戰時經濟전시경제 전쟁(戰爭)을 수행(遂行)하
기 위(爲)하여 펴는 국민(國民) 경제(經濟).
곧 소비(消費) 절약(節約), 생산(生産) 증가
(增加)를 꾀하는 계획적(計劃的) 통제(統
制) 경제(經濟)

戰時公法전시공법 ☞ 전시국제법(戰時國際法)

戰時公債전시공채 전시(戰時)에 국가(國家)나
군사비(軍事費)의 지출(支出)을 위(爲)하
여 모집(募集)하는 국채(國債)

戰時國際公法전시국제공법 ☞ 전시국제법
(戰時國際法)

戰時國際法전시국제법 전시(戰時)에 있어서
의 국제법(國際法). 보통(普通) 교전국(交
戰國) 상호(相互) 간(間)의 관계(關係)에 관
한 교전(交戰) 법규(法規)와 교전국(交戰
國)과 중립국(中立國)과의 관계(關係)에 관
(關)한 중립(中立) 법규(法規)로 구별(區別)
됨

戰時規約전시규약 전시(戰時)에 두 교전국(交

戰國)의 군(軍) 사령관(司令官), 그밖의 지
휘관(指揮官) 사이에 맺어지는 군사(軍事)
에 관(關)한 협정(協定). 항복(降伏) 규약
(規約), 정전(停戰) 협정(協定), 휴전(休戰)
협정(協定), 포로(捕虜) 교환(交換) 협정(協
定) 따위

戰時勤勞動員法전시근로동원법 전쟁(戰爭)
완수(完遂) 또는 재해(災害) 복구(復舊)에
필요(必要)하여 국민(國民)의 노력(努力)
을 동원(動員)하려고 정(定)한 법률(法律)

戰時禁制書전시금제서 전시(戰時)에 적군(敵
軍)이나 적의 관리(管理)가 발행(發行)한
군사(軍事) 문서(文書)

戰時禁制人전시금제인 교전(交戰) 상대국(相
對國)에 이익(利益)을 줄 만한 사람. 적국
(敵國)의 군인(軍人)이나 군인(軍人)이 될
사람, 적국(敵國)의 정부(政府) 요인(要人),
또는 적국(敵國)에 이익(利益)을 줄 임무
(任務)를 띠고 외국(外國)에 가는 사람 따
위

戰時禁制品전시금제품 전시(戰時) 국제법(國
際法) 상(上) 전쟁(戰爭)에 공용(公用)할 수
있는 화물(貨物)로서, 적국(敵國)에 수송
(輸送)되면 적국(敵國)의 교전(交戰) 능력
(能力)을 증가(增加)시킬 가능성(可能性)이
있는 것으로 타방 교전국(交戰國)이 해상
(海上)에서 포획(捕獲)하고 몰수(沒收)하
여야 할 물품(物品)

戰時叛逆전시반역 전시(戰時)에 자국의 세력
(勢力) 범위(範圍) 안에서, 적국(敵國)의 사
람이나 중립국(中立國) 사람이 적을 이

롭게 하는 행위(行爲). 적을 위(爲)한 첩보(諜報) 활동(活動), 물품(物品) 공급(供給), 아군(我軍)의 군용(軍用) 시설(施設) 파괴(破壞) 따위

戰時犯罪전시범죄 ☞ 전쟁범죄(戰爭犯罪)

戰時法規전시법규 전시에 교전국 사이의 교전 행위에 관한 사항을 규정(規定)한 국제법

戰時補償전시보상 전쟁(戰爭)으로 입은 피해(被害) 따위를 정부(政府)가 보상(補償)하는 일

戰時保險전시보험 전쟁(戰爭)으로 생기는 보험(保險) 사고(事故)에 대(對)하여 부담(負擔)하는 보험(保險)

戰時封鎖전시봉쇄 교전(交戰) 중(中) 전투(戰鬪) 수단(手段)으로 적국(敵國) 연안(沿岸)의 교통(交通)을 차단(遮斷)하는 일

戰時非常權전시비상권 전시(戰時)에 국제(國際) 관례(慣例) 상(上) 예외(例外)로 인정(認定)된 권한(權限). 즉 교전국(交戰國)이 필요(必要)에 따라 자국 권력(權力) 하(下)에 있는 나라의 재산(財産)을 강제(强制)로 사용(使用). 처분(處分)할 수 있는 권리(權利)

戰時稅전시세 전시(戰時)에 전쟁(戰爭) 경비(經費)의 조달(調達)을 위(爲)하여 과하는 특별세(特別稅)

戰時所得稅전시소득세 전시(戰時)에 매기는, 특별(特別)한 수익(收益)에 대(對)한 세금(稅金)

戰時手當전시수당 전시(戰時)에 특별(特別)히 주는 수당(手當)

戰時전시 전쟁(戰爭)이 벌어진 때

戰時占領전시점령 전시(戰時)에 적국(敵國) 영토(領土)를 차지하는 일

戰時重罪전시중죄 전쟁(戰爭) 때 전투(戰鬪) 법규(法規)를 어김으로써 이루어지는 범죄(犯罪)

戰時徵發전시징발 전시(戰時)에 군대(軍隊)의 필요(必要)에 따라 강제(强制)로 물품(物品)을 거두어들이거나 사람을 모아들이는 일

戰時體制전시체제 전쟁(戰爭) 수행(遂行)을 위(爲)하여 경제(經濟)를 비롯한 전 사회적(社會的) 기구(機構)를 전시(戰時)에 알맞게 편성(編成)한 체제(體制)

戰時編制전시편제 국방(國防) 방침(方針)에 따라 전시(戰時)에 대비(對備)하여 행(行)한 편성(編成)

戰時標準船전시표준선 전시(戰時)에 수송력(輸送力)을 늘리고, 없어진 배를 채우려고, 표준(標準) 설계(設計)에 따라 대량(大量)으로 만든 짐배

戰野전야 싸움터

戰域전역 ☞ 전쟁구역(戰爭區域)

戰疫전역 싸움터에서 걸리는 역병

戰役전역 전쟁(戰爭)이 일어난 큰 일

戰域核武器전역핵무기 전략(戰略) 핵무기(核武器)와 재래식(在來式) 무기(武器)의 중간쯤(中間-)의 파괴력(破壞力)을 지닌, 작게 만든 전술(戰術) 핵무기(核武器)

戰列전열 전쟁(戰爭)에 참가(參加)하는 부대
(部隊)의 대열

戰藝전예 문예(文藝)를 겨룸. 곧 과거 시험에
응시함을 이르는 말이다.

戰渦전와 전쟁(戰爭)으로 인(因)해 일어나는
혼란(混亂)

戰友愛전우애 전우 사이의 사랑

戰友전우 같은 전장(戰場)에서 함께 전투(戰
鬪)에 종사(從事)한 동료(同僚)

戰運전운 전쟁(戰爭)의 운수(運數)

戰雲전운 전쟁(戰爭)이 벌어지려는 기세(氣勢)

戰慄전율 몹시 두렵거나 큰 감동(感動)을 느
끼거나 하여 몸이 벌벌 떨리는 것

戰意전의 싸우고자 하는 의욕(意慾)

戰罹災民전이재민 전재민(戰災民)과 이재민
(罹災民)

電子戰전자전 레이더 따위와 같은 전자(電
子)병기(兵器)를 써서 하는 전쟁(戰爭)

戰場전장 싸움터

戰場核武器전장핵무기 전술(戰術) 핵무기(核
武器) 가운데, 특(特)히 소형(小型)의 핵무
기(核武器)

戰場化전장화 ①싸움터로 됨 ②싸움터로
되게 함

戰災民전재민 전쟁(戰爭)의 재난(災難)을 입
은 국민(國民)

戰災者전재자 ☞ 전재민(戰災民)

戰災전재 전쟁(戰爭)으로 인(因)하여 입은 재
해(災害)

戰爭經濟전쟁경제 전쟁(戰爭)을 수행(遂行)하
려고 짜는 국민(國民) 경제(經濟). 소비(消
費) 절약(節約), 생산(生産) 증가(增加)를 꾀
하는 계획적(計劃的), 통제적(統制的)인 경
제(經濟)

戰爭孤兒전쟁고아 전쟁(戰爭)으로 말미암아
어버이를 잃은 아이

戰爭公債전쟁공채 전시(戰時)에 군사비(軍事
費)로 쓰려고 모집(募集)하는 공채(公債)

戰爭區域전쟁구역 국제법(國際法)에서, 교전
국(交戰國)이 전투(戰鬪) 행위(行爲)를 할
수 있는 지역(地域). 교전국(交戰國) 쌍방
(雙方)의 영역(領域)과 공해(公海)를 포함
(包含)함

戰爭論전쟁론 클라우제비쯔(Clausewitz)가 육
군(陸軍) 대학(大學) 교장 시대(時代)에 나
폴레옹 1세의 여러 전쟁(戰爭)을 분석(分
析)하여 지은 군사(軍事) 과학(科學)의 고
전(古典). 전쟁(戰爭)의 본질(本質)을 다른
수단(手段)으로서의 정책(政策)의 연장(延
長)으로 보고 전쟁(戰爭)의 이론(理論)·전
략론(戰略論)·전투(戰鬪)·전투력·방어(防
禦)·공격(攻擊) 및 작전(作戰) 계획(計劃)
따위에 대(對)하여 논술(論述)했음. 모두 8
편 그가 죽은 뒤인 1832년에 간행(刊行)
됨

戰爭文學전쟁문학 전쟁(戰爭)의 실지(實地)를
제재(題材)로 한 문학(文學). 일반적(一般
的)으로 제1차 대전(大戰) 이후(以後)의 것
을 말하며, 객관적(客觀的), 기록적(記錄
的), 비판적(批判的), 호전적(好戰的) 또는

반전적(反戰的)인 성격(性格)을 나타냄

戰爭物전쟁물 전쟁(戰爭)을 소재(素材)로 한 작품(作品)

戰爭未亡人전쟁미망인 전쟁(戰爭)으로 말미암아 남편(男便)을 잃은 부인(婦人)

戰爭犯전쟁범 ①전쟁(戰爭) 범죄(犯罪) ②전쟁(戰爭) 범죄자(犯罪者)

戰爭犯罪人전쟁범죄인 ①항복자(降伏者)의 살상(殺傷)이나 무방위(無方位) 도시(都市)의 공격(攻擊), 금지(禁止) 병기(兵器)의 사용(使用) 등(等) 국제(國際) 조약(條約)에 정(定)해진 전투(戰鬪) 법규(法規)를 범(犯)한 자(者) ②침략(侵略) 전쟁(戰爭)이나 국제법(國際法) 위반(違反)의 전쟁(戰爭)을 계획(計劃), 수행(遂行)한 자(者)

戰爭犯罪者전쟁범죄자 전쟁(戰爭) 범죄(犯罪)를 지은 사람

戰爭犯罪전쟁범죄 ①국제(國際) 조약(條約)에 규정(規定)된 전투(戰鬪) 법규(法規)를 범(犯)한 행위(行爲) ②침략(侵略) 전쟁(戰爭)이나 국제법(國際法)에 위반(違反)되는 전쟁(戰爭)을 준비(準備), 개시(開始), 실행(實行)하거나 그의 공동(共同) 모의와 계획(計劃)에 참가(參加)하는 죄(罪)

戰爭法規전쟁법규 전쟁(戰爭)을 행할 때, 교전(交戰) 당사자(當事者)가 지켜야 할 법규(法規). 적을 해(害)치는 일의 제한(制限), 비(非) 전투원(戰鬪員)의 보호(保護) 따위를 주요(主要) 내용(內容)으로 함

戰爭法전쟁법 전시(戰時)에 교전국(交戰國) 사이의 교전(交戰) 행위(行爲)에 관(關)한 사항(事項)을 규정(規定)한 국제법(國際法)

戰爭保險전쟁보험 ☞ 전시보험(戰時保險)

戰爭商人전쟁상인 전쟁(戰爭)을 돈벌이 수단(手段)으로서 병기(兵器) 따위의 군수품(軍需品)을 만들거나 파는 자본가(資本家)나 기업(企業)

戰爭狀態전쟁상태 나라와 나라 사이에 평시(平時)의 상태(狀態)를 멈추고 서로 병력(兵力)으로 적대(敵對)행위(行爲)나 그 밖의 대적(對敵) 조치(措置)를 취할 수 있는 상태(狀態)

戰爭狀態終結宣言전쟁상태종결선언 싸움에 이긴 나라가 사실(事實) 상(上) 전쟁(戰爭)을 끝내려는 일방적(一方的)인 의사(意思) 표시(表示)

戰爭小說전쟁소설 전쟁(戰爭)을 소재(素材)로 한 소설(小說)

戰爭詩전쟁시 전쟁(戰爭)을 주제(主題)로 한 시(詩)

戰爭神經症전쟁신경증 전쟁(戰爭) 때 군인(軍人)들에게 흔히 생기는 정신(精神) 질환(疾患). 히스테리, 마비(痲痺), 경련(痙攣), 감각(感覺) 이상(異常), 의식(意識) 장애(障礙), 흥분(興奮) 따위의 증상(症狀)을 나타냄

戰爭熱전쟁열 전쟁(戰爭)을 하려고 하는 열(熱)

戰爭豫備物資전쟁예비물자 전쟁(戰爭)이 일어났을 때를 대비(對備)하여 보통(普通) 때에 미리 마련하여 쌓아두는 군의 물

자(物資)

戰爭豫備品전쟁예비품 ☞ 전쟁예비물자(戰爭豫備物資)

戰爭場전쟁장 싸움터. 싸움을 치르는 장소(場所)

戰爭전쟁 ①싸움 ②무력(武力)으로 국가(國家) 간(間)에 싸우는 일. 국제법(國際法) 상(上) 선전(宣戰) 포고에 의(依)하여 발생(發生)함

戰爭精神病전쟁정신병 전쟁(戰爭) 중(中)의 공포(恐怖)의 경험(經驗)이 까닭이 되어 일어나는 정신병(精神病)

戰爭責任전쟁책임 전쟁(戰爭)을 일으킨 데 대(對)한 책임(責任)

戰爭畫전쟁화 전쟁(戰爭)을 주제(主題)로 그린 역사화(歷史畫), 풍속화(風俗畫)

戰迹전적 ☞ 전적(戰跡)

戰績전적 대전(對戰)하여 얻은 실적(實績)

戰跡전적 전쟁(戰爭)을 한 자취 싸움 자취

戰跡地전적지 전쟁(戰爭)의 흔적이 남아 있는 곳

殿戰전전 군대(軍隊)의 맨 후미(後尾)에서 싸우는 일

戰戰전전 몹시 두려워하여 벌벌 떪

轉戰전전 여기저기 자리를 옮겨가면서 싸움

戰前전전 전쟁(戰爭)이 시작(始作)되기 전(前)

戰前派전전파 아방게르. 제2차 세계(世界) 대전 전의 사상·생활(生活) 태도(態度)·가치관 따위를 따르려는 예술 유파

戰走전주 싸움에 패하여 달아남

戰中派전중파 제2차 세계대전(世界大戰) 때 청년(青年) 시절(時節)을 보낸 세대(世代)

戰地전지 싸움터

戰塵전진 ①싸움터에서 전투(戰鬪)로 말미암아 일어나는 먼지나 티끌 싸움 먼지 ②전투(戰鬪) 생활(生活)의 비유(比喩·譬喩)

戰陣전진 ①진을 치고 싸우는 곳 ②싸우기 위(爲)해 벌이어 친 진 ③싸움의 수단(手段)

戰車隊전차대 전차(戰車)로써 싸우게 편성(編成)된 부대(部隊)

戰車戰전차전 전차(戰車)로써 서로 공방(攻防)하는 전투(戰鬪)

戰車전차 포·기관총(機關銃) 등(等) 강력(强力)한 화력(火力)을 갖춘 무한(無限) 궤도(軌道)의 장갑차(裝甲車). 제1차 세계대전(世界大戰) 때 처음 출현(出現)함. 탱크

戰車砲전차포 전차(戰車)에 장재(裝載)된 화포(火砲)

戰債전채 전쟁(戰爭)을 수행(遂行)하기 위(爲)하여 발행(發行)한 국채(國債)

戰捷國전첩국 ☞ 전승국(戰勝國)

戰捷전첩 ☞ 전승(戰勝)

前哨戰전초전 ①전초가 하는 전투(戰鬪) ②전투(戰鬪)가 벌어지기 전의 작은 충돌(衝突)

戰取物전취물 싸워서 얻은 물건(物件)

戰取전취 싸워 목적(目的)한 바를 얻음

戰統전통 부대를 편성하는 전술적 조직의
하나. 전군을 5위(衛)로 편성하고, 각 위
를 5부(部)로, 각 부를 4통(統)으로 조직
하되, 기병(騎兵) 2통, 보병(步兵) 2통으
로 하여, 각각 전통과 주통(駐統)으로 나
누는데, 전통은 직접 전투에 참가하고,
주통은 예비의 임무를 띤다.

戰鬪監視전투감시 전투(戰鬪) 작전(作戰)을
위(爲)한 첩보(諜報)를 제공(提供)하기 위
(爲)한 전투(戰鬪) 지역(地域)에서 계속적
(繼續的)이고 체계적(體系的)인 감시(監視)

戰鬪警察전투경찰 서울 특별(特別) 시장(市
長), 광역(廣域) 시장(市長), 도지사(道知事),
해양경찰(海洋警察) 대장(隊長) 등(等)에
딸리어 대간첩 작전(作戰) 및 경비(警備)
임무(任務) 따위를 수행(遂行)하는 경찰
(警察)

戰鬪機전투기 적기(敵機)를 구축(驅逐), 공격(攻
擊)함을 임무(任務)로 하는 비행기(飛行機)

戰鬪記전투기 전투(戰鬪)하는 동안에 보고
느낀 것을 적은 글

戰鬪談전투담 전투(戰鬪) 경험(經驗)에 대(對)
한 이야기

戰鬪隊전투대 ☞ 전투부대(戰鬪部隊)

戰鬪隊形전투대형 전투(戰鬪)에 임(臨)한 부
대(部隊) 또는 함대(艦隊)들이 배열(配列)
한 태세(態勢)

戰鬪力전투력 전투(戰鬪)를 감당(堪當)할 만
한 힘

戰鬪命令전투명령 야전(野戰)에 있어서의 작

전(作戰)과 행정(行政)에 관(關)한 명령(命
令). 작전(作戰) 명령(命令), 행정(行政) 명
령(命令), 훈령(訓令)이 포함(包含)됨

戰鬪帽전투모 전시(戰時)나 전투(戰鬪) 훈련
(訓鍊)시에 군인(軍人)들이 쓰는 간편한
모자

戰鬪法規전투법규 직접(直接) 전투(戰鬪)에
관계(關係)되는 행위(行爲)에 관(關)하여
규정(規定)한 국제법(國際法)

戰鬪兵科전투병과 실전에 나가 직접적(直接
的)인 전투(戰鬪)를 주(主) 임무(任務)로 하
는 병종. 보병(步兵), 포병(砲兵), 기갑(機
甲) 등(等)과 같음

戰鬪服전투복 싸움옷. 본래 전투할 때 입기
위하여 만든 옷

戰鬪部隊전투부대 전투(戰鬪)에 직접(直接)
종사(從事)하는 부대(部隊)

戰鬪飛行전투비행 전투(戰鬪)의 임무(任務)를
수행(遂行)하려고 하는 비행(飛行)

戰鬪線전투선 전시(戰時)에 전투(戰鬪) 부대
(部隊)가 차지한 최전선(最前線)의 지점(地
點)을 연결(連結)한 가상선

戰鬪手當전투수당 전투(戰鬪)에 참가(參加)한
장병들이 받는 봉급(俸給) 밖의 덤삯

戰鬪豫備量전투예비량 부대(部隊) 및 개인(個
人) 예비품(豫備品) 밖에 군, 독립(獨立) 군
단 또는 사단(師團)의 전투(戰鬪) 지역(地
域) 부근(附近)에 마련된 예비(豫備) 보급
품(補給品)

戰鬪用地圖전투용지도 전투용(戰術用)으로

쓰이는 보통(普通) 25,000분의 1로 줄여 상세(詳細)히 나타낸 지도(地圖)

戰鬪員전투원 전투(戰鬪)에 직접(直接) 참가(參加)하는 사람

戰鬪場전투장 싸움터

戰鬪積載전투적재 예상(豫想)되는 전술(戰術) 작전(作戰)에 알맞게 탑재(搭載) 부대(部隊)의 인원(人員)을 배정(配定)하고 장비(裝備)와 보급물(補給物)을 쌓아두는 방법(方法)

戰鬪的전투적 전투(戰鬪)를 하는 것과 같음

戰鬪戰隊전투전대 몇 개의 전투(戰鬪) 대대(大隊)로 이뤄지는 공군(空軍)의 한 단위(單位) 부대(部隊)

戰鬪전투 싸움, 교전(交戰). 넓은 뜻에서는 적을 쳐서 승리(勝利)를 얻기 위(爲)한 수단(手段), 좁은 뜻으로는 규모(規模)가 작은 전쟁(戰爭)

戰鬪情報전투정보 전투(戰鬪)나 작전(作戰) 중(中)에 수집(蒐集)하는 적에 관(關)한 군사(軍事) 정보(情報)

戰鬪停止전투정지 전투(戰鬪) 행위(行爲)를 한 때 그침

戰鬪準備전투준비 전투(戰鬪)를 하기 위(爲)한 준비(準備)

戰鬪地境線전투지경선 각 부대(部隊)가 맡을 수 있는 전투(戰鬪) 및 방어(防禦) 구역(區域)을 지정(指定)해 놓은 경계선(境界線)

戰鬪地帶전투지대 작전(作戰) 수행(遂行) 상(上), 전투(戰鬪) 부대(部隊)가 필요(必要)로

하는 지대(地帶)

戰鬪爆擊機전투폭격기 지상(地上) 부대(部隊)에 협력(協力)하여 적의 지상(地上) 부대(部隊)·진지(陣地) 등(等)의 공격(攻擊)을 주(主) 임무(任務)로 하는 군용기(軍用機)

戰鬪艦전투함 ☞ 전함(戰艦)

戰鬪行爲전투행위 전투(戰鬪)의 방법(方法)으로 적군(敵軍)의 저항력(抵抗力)을 불가능(不可能)하게 함을 목적(目的)으로 하는 행위(行爲)

電波戰전파전 라디오를 통(通)한 선전전(宣傳戰). 냉전(冷戰)의 한 방식(方式)임

戰敗國전패국 전쟁(戰爭)에 진 나라

戰敗전패 ①싸움에 짐 ②싸워서 짐

戰袍전포 예전에 장수(將帥)가 입던 웃옷

戰爆機전폭기 ☞ 전투폭격기(戰鬪爆擊機)

戰汗전한 무서워서 땀이 남. 또는, 그 땀

戰艦都監전함도감 고려시대, 전선(戰船) 건조에 관한 일을 맡았던 관아. 원종(元宗) 13년(1272)에 두었다.

戰艦전함 ①군함(軍艦)의 하나. 강대(强大)한 화력(火力)과 견고(堅固)한 방어력(防禦力)으로 함대(艦隊)의 주력(主力)이 되는 군함(軍艦) ②전쟁(戰爭)에 쓰이는 배. 병선(兵船). 전투함

戰血전혈 전쟁(戰爭)에서 흘린 피

戰火전화 ①전쟁(戰爭)으로 말미암아 일어나는 화재(火災), 병화(兵火) ②전쟁(戰爭)

戰禍전화 전쟁(戰爭)으로 인(因)하여 일어나

는 재앙(災殃). 전쟁(戰爭) 피해(被害)

戰和전화 전쟁과 화친.

戰況전황 전쟁(戰爭)의 상황(狀況), 전쟁(戰爭)의 형편(形便), 전상(戰狀)

戰獲전획 ☞ 전리품(戰利品)

戰後期전후기 전쟁(戰爭)이 끝난 뒤의 시기(時期)

戰後文學전후문학 ☞ 전후파문학(戰後派文學)

戰後전후 전쟁(戰爭)이 끝난 뒤. 특(特)히, 제2차 세계대전(世界大戰) 후를 이름

戰後占領전후점령 ☞ 보장점령(保障占領)

戰後派文學전후파문학 일(一), 이차(二次) 세계대전(世界大戰) 후(後)에 생겨난, 허무적(虛無的)·퇴폐적(頹廢的)인 경향(傾向)이나 사조(思潮)를 띤 문학(學)

戰後派전후파 아프레게르(apres-guerre). ①제1차 세계(世界) 대전 뒤, 프랑스를 중심(中心)으로 하여 일어난 새로운 예술 사조(思潮). 또는 그 사조(思潮)를 따르는 사람들 ②제2차 세계(世界) 대전 뒤의 허무적·퇴폐적인 경향(傾向). 또는 그 경향(傾向)의 사람들

戰勳전훈 ☞ 전공(戰功)

戰痕전흔 전투(戰鬪)의 흔적(痕跡·痕迹) 전쟁(戰爭)의 흔적(痕跡·痕迹)

絶對戰절대전 적국(敵國)의 주력을 다시 일어나지 못하도록 아주 격멸하는 목적(目的)의 전쟁(戰爭)

接戰접전 ①서로 어울려 싸움. 합전(合戰)

②서로 힘이 비슷하여 승부(勝負)가 쉽게 나지 아니하는 싸움

定期戰정기전 운동(運動) 경기(競技) 등(等)에서, 정기적(定期的)으로 하는 시합(試合)

丁字戰法정자전법 함대(艦隊) 대열(隊列)을 정자형(丁字形)으로 벌이어 대전(對戰)하는 전법

政戰정전 ☞ 정쟁(政爭)

征戰정전 ①출정(出征)하여 싸움 ②공격(攻擊)하여 싸움

停戰정전 교전(交戰) 중(中), 쌍방(雙方)의 의사(意思)에 의(依)하여 서로 전투(戰鬪)를 중지(中止)함, 또는 그 합의

挺戰정전 스스로 앞장서서 싸움

正戰정전 정당(正當)한 전쟁(戰爭)

停戰協定정전협정 참전국(參戰國)이나 부대(部隊) 쌍방(雙方)의 합의(合意)에 의(依)하여 정전(停戰)하기로 협정(協定)함

停戰會談정전회담 참전국(參戰國)이나 교전국(交戰國) 쌍방(雙方)이 정전(停戰)을 하기 위(爲)하여 여는 회담(會談)

政治戰정치전 국가(國家) 목적(目的)을 달성(達成)하기 위(爲)한 정치적(政治的) 수단(手段)을 공세적(攻勢的)으로 사용(使用)하는 것

第二戰線제이전선 적을 견재하고, 그 전력(戰力)의 분산(分散)을 꾀하기 위(爲)하여 주전선(主戰線) 이외(以外)에 설치(設置)하는 전선(戰線)

第二次世界大戰제이차세계대전 1939년 9

월부터 1945년 8월까지 사이에, 후진
(後進) 자본주의(資本主義) 국가(國家)의 일
본(日本)·독일(獨逸)·이탈리아 등(等) 파
시즘 국가(國家)와 미국(美國)·영국(英
國)·프랑스·소련(蘇聯) 등(等)의 연합(聯
合) 국가(國家) 간(間)에 있었던 세계대전
(世界大戰)

第一次世界大戰제일차세계대전 독일(獨逸)·
오스트리아·이탈리아의 삼국(三國) 동
맹(同盟)과 영국(英國)·프랑스·러시아의
삼국(三國) 협상(協商)과의 대립(對立)을
배경(背景)으로 하여 일어난 세계적(世界
的) 규모(規模)의 제국(帝國) 주의적(主義
的) 전쟁(戰爭). 1914년 7월 사라예보 사
건(事件)을 도화선으로, 오스트리아가
세르비아에 선전(宣戰) 포고하고, 이어
독일(獨逸)·오스트리아와 영국(英國)·프
랑스·러시아간에 선전(宣戰) 포고가 오
가고 거기에 또한 일본(日本)·루마니아·
그리스와 동맹(同盟)을 이탈한 이탈리아
가 협상(協商) 측(側)에, 터키·불가리아
가 동맹(同盟) 측(側)에 가담(加擔)함으로
써 전쟁(戰爭) 규모(規模)가 확대(擴大)되
었음. 1918년 11월에 항복(降伏)하게 되
고, 다음해 베르사유 강화(講和) 조약(條
約)이 체결(締結)되었음. 구주(歐洲) 대전
(大戰). 유럽 대전(大戰)

制限戰爭제한전쟁 전쟁(戰爭) 목적(目的)·전
투(戰鬪) 수단(手段)과 규모(規模)·참전국
(參戰國)·교전(交戰) 지역(地域) 등(等)이 한
정(限定)되고 핵무기(核武器)를 사용(使用)
하지 아니하는 전쟁(戰爭)

遭遇戰조우전 양쪽의 군사(軍士)가 대진(對
陣)의 상태(狀態)에서 만나서 일어나는
전투(戰鬪) 진군(進軍) 중(中)에 우연(偶然)
히 예기(豫期)했거나 안 했거나 막론(莫
論)하고, 행군(行軍) 상태(狀態)에서 전투
(戰鬪)가 시작(始作)됨이 보통(普通)임

助戰都兵馬使조전도병마사 고려 말기, 왜
구(倭寇)의 침입을 격퇴하기 위하여 임
시로 두었던 무관직. 또는 그 벼슬아치.
조전에 관한 일을 통할하였다.

助戰都節制使조전도절제사 조선 초기, 함길
도(咸吉道)의 6진(鎭) 군사를 통령하기 위
하여 임시로 두었던 무관직. 또는 그 벼
슬아치. 조전에 관한 일을 통할하였다.

助戰馬조전마 전쟁을 돕기 위하여 징발한 말.

助戰兵馬使조전병마사 고려 말기, 왜구(倭
寇)를 격퇴하기 위하여 임시로 두었던
무관직. 또는 그 벼슬아치. 조전에 관한
일을 통할하였다.

助戰元帥조전원수 도원수(都元帥)·상원수(上
元帥)·원수·부원수 등(等)의 주장(主將)을
돕는 장수(將帥). 고려(高麗) 말(末)에 두었
음

助戰將조전장 지원군을 지휘하여 적과의 싸
움을 돕는 장수.

助戰節制使조전절제사 조선 초기, 왜구의
침입에 대비하여 둔병(屯兵)·조병(調兵)
등을 목적으로 각도에 파견하였던 무
관직. 또는 그 벼슬아치.

助戰조전 싸움을 도움.

助戰僉節制使조전첨절제사 조선 초기, 병마
절제사(兵馬節制使)를 돕기 위하여 임시로
파견하였던 무관직. 또는 그 벼슬아치.

拙戰졸전 보잘것없거나 서투른 전투(戰鬪)
또는 시합(試合)

終盤戰종반전 바둑·장기 또는 경기(競技) 등
(等)에서 승부(勝負)가 끝나게 된 판

終戰종전 전쟁(戰爭)이 끝남. 전쟁(戰爭)을 끝
냄. 싸움 끝남

主戰黨주전당 주전(主戰)을 내세우는 당파
(黨派)

主戰論者주전론자 전쟁(戰爭)하기를 주장하
는 의견(意見)이나 이론(理論)을 내세우
는 사람

主戰論주전론 화전 양론(和戰兩論)에서 싸우
기를 주장(主張)하는 견해(見解)나 의논
(議論). 싸우자는 이론(理論)

主戰주전 ①전쟁(戰爭)하기를 주장(主張)함
②주력(主力)이 되어 싸움

舟戰주전 서로 배를 타고 싸우는 전쟁(戰爭)

主戰派주전파 싸우기를(전쟁(戰爭)하기를) 주
장(主張)하는 파(派)

竹戰笠죽전립 대오리로 결어 만든 전립.

準決勝戰준결승전 준결승(準決勝)하는 경기
(競技)나 시합(試合)

中盤戰중반전 바둑·장기 등(等)이나, 운동(運
動) 경기(競技)·선거전 등(等)에서 초반을
지나 본격적(本格的)으로 백열화한 싸움
중판 싸움

中越戰爭중월전쟁 1979년 2월 17일부터 3
월 4일에 걸쳐 중국군(中國軍)이 베트남
응징(膺懲)을 목적(目的)하여 침공(侵攻)
한 전쟁(戰爭) 하노이 동북방 144km 지
점(地點)에 있는 전략(戰略) 상(上) 중요(重
要)한 성도(省都) 량손을 점령(占領) 중국
군(中國軍) 철수(撤收) 후(後) 국경(國境) 협
상(協商)

重戰車중전차 장갑(裝甲)이 두껍고 전중량
25톤 이상(以上)의 대형(大型) 전차(戰車)

中戰車중전차 전 중량(重量) 10톤 이상(以上)
20톤 이하(以下)의 전차(戰車)

持久戰지구전 ①승부(勝負)를 빨리 내지 않
고 오래 끌며 싸우거나 승부(勝負)가 쉽
게 나지 않는 싸움, 또는 그런 시합(試合)
②승패(勝敗)가 얼른 결정(決定)되지 않
는 경우(境遇), 적의 쇠약(衰弱) 소모(消耗)
또는 자기 편의 응원대의 도착(到着) 따
위를 기다리가 위(爲)하여 될 수 있는 한
오래 끄는 전투(戰鬪) 방법(方法), 또는 그
방법(方法)에 의(依)한 전투(戰鬪) 오래 끄
는 싸움

指名戰지명전 선거(選擧) 등(等)에서 정당(政黨)
의 지명(指名)을 얻기 위(爲)한 경쟁(競爭)

地上戰지상전 지상(地上)에서 하는 전투(戰鬪)

陣地戰진지전 진지(陣地)를 튼튼히 하여 놓
고 진행(進行)하는 전투(戰鬪)

質問戰질문전 회의장 같은 데서, 한편은 질
문(質問)을 하고 한편은 이에 응답하여
서로 격렬(激烈)한 논의(論議)를 거듭하
는 일

質疑戰질의전 회의장(會議場) 같은 데서, 의심(疑心)스러운 일에 관(關)하여 한편은 질문(質問)을 하고 한편은 이에 응답하여 서로 격렬(激烈)한 논의(論議)를 거듭하는 일

ㅊ

車戰차전 ①음력(陰曆) 정월(正月) 보름날 하는 민속 경기(競技)의 하나. 마을별로 대(隊)를 짜서 외바퀴 수레를 밀어 빨리 가는 편이 이기는 내기인데, 진 동네가 흉(凶)하다 함. 강원도(江原道) 춘천이나 경기도(京畿道) 가평(加平) 등지(等地)에서 함. 수레 싸움 ②수레를 사용(使用)해서 하는 전투(戰鬪)

參戰國참전국 싸움에 참가(參加)한 나라

參戰記참전기 참전한 사실(事實)을 쓴 기록(記錄)

參戰참전 전쟁(戰爭)에 참가(參加)함

塹壕戰참호전 참호(塹壕·塹濠)를 파놓고 하는 싸움

槍擊戰창격전 창·총창 따위로 맞닥뜨리어서 찌르며 싸우는 전투(戰鬪)

妻妾之戰石佛反面처첩지전 석불반면 시앗싸움엔 돌부처도 돌아 앉는다. 아무리 점잖고 무던한 아내라도 시앗을 보게 되면 시기를 한다는 뜻의 속담.

斥候戰척후전 ①두 편의 척후병(斥候兵)끼리

충돌(衝突)하여 하는 싸움 ②서로 척후(斥候)하는 전쟁(戰爭)

千燒萬戰천소만전 천 번이나 불사르고 만 번이나 싸운다는 뜻으로, 헤아릴 수 없이 많은 전쟁을 치름을 이르는 말.

諜報戰첩보전 대적하고 있는 쌍방이 서로 간첩(間諜)을 보내어 상대편의 정보(情報)를 탐지(探知)하는 일

淸日戰爭청일전쟁 1894-95 년에 걸친 청국과 일본(日本) 사이의 전쟁(戰爭)

靑戰服청전복 푸른 빛깔의 전복.

初盤戰초반전 운동(運動) 경기(競技)·바둑·장기 등(等)의 초판 싸움

超重戰車초중전차 50톤 이상(以上) 되는 대형(大型) 전차(戰車)

焦土戰術초토전술 군대(軍隊)가 철수(撤收)할 때 중요(重要)시설(施設)을 불질러 적의 공격력(攻擊力)을 저지하고, 또 적이 이용(利用)하지 못하도록 함

初會戰초회전 처음으로 여는 회전(回轉)

銃擊戰총격전 (적대(敵對)하고 있는 적군(敵軍)과의) 총격으로 하는 전투(戰鬪). 사격전(射擊戰)

總力戰총력전 국가(國家) 각 분야(分野)의 총체적(總體的) 힘을 기울여서 하는 전쟁(戰爭)

逐鹿戰축록전 축록(逐鹿)을 위(爲)한 투쟁(鬪爭)

春秋戰國時代춘추전국시대 중국(中國)의 춘추시대(春秋時代)와 그다음의 전국시대(戰國時代)를 아울러 이르는 말

春秋戰國춘추전국 춘추시대(春秋時代)와 전국시대(戰國時代)

出戰출전 ①싸우러 나감, 또는, 나가서 싸움 ②시합(試合)·경기(競技) 등(等)에 나감

ㅋ

快戰쾌전 마음껏 싸우는 일. 씩씩하게 어울린 싸움

E

奪取戰탈취전 빼앗아 차지하기 위(爲)한 싸움

奪還戰탈환전 적에게 빼앗긴 진지(陣地)나 도시(都市) 등(等)을 탈환(奪還)하기 위(爲)한 전투(戰鬪)

太平洋戰爭태평양전쟁 ①1941년부터 1945년까지의 연합국(聯合國) 대(對) 일본(日本)의 전쟁(戰爭). 제2차 세계대전(世界大戰)의 일부(一部)를 이룸 ②1879년 페루, 칠레 양국(兩國) 간(間)의 국경(國境) 분쟁(紛爭)에 기인(起因)한 전쟁(戰爭). 칠레는 1884년의 강화(講和) 조약(條約)에 의(依)해 페루 영토(領土)의 일부(一部)를 빼앗고 다른 일부(一部)를 점령(占領)함. 점령(占領) 지역(地域)의 귀속(歸屬)을 둘러싼 대립(對立)은 1929년까지 계속(繼續)되

었음 【유래】중일(中日)전쟁(戰爭)의 장기화에 따라 일본(日本)은 동일. 이찰리아와 삼국 동맹을 맺고, 또 소일(蘇日)중립 조약을 맺어 남진(南進)정책을 실시하다가 1941년 하와이 진주만을 기습함으로써 전쟁(戰爭)을 유발했음. 초기에는 일본(日本)군이 우세하여 남양(南洋)여러 지역을 점령했으나, 미드웨이 해전을 계기로 일본(日本) 해군은 거의 전멸되고 미군은 반격으로 전환, 1944년까지 대부분의 피점령 지구를 탈환했으며, 1945년 히로시마. 나가사키에의 원자탄 투하와, 소련의 참전(參戰)으로 일본(日本)은 드디어 그 해 8월 15일 무조건 항복(降伏·降服)했음. 이 전쟁(戰爭)의 결과로 한국은 일제에서 해방되고, 대만은 중국(中國)으로, 사할린 남부와 쿠릴열도는 소련으로 환부(還付)되었으며, 일본(日本)은 군국주의로부터 민주주의 국가로 전환하게 되었음. 미일(美日) 전쟁(戰爭)

統一戰線통일전선 정치(政治)나 사회(社會) 운동(運動) 등(等)에 있어서, 각 계층(階層). 각 당파(黨派)가 각기 독자적(獨自的) 주장(主張)을 견지(堅持)하면서 공통(共通)의 적대(敵對) 세력(勢力)에 대(對)하여 일치(一致)할 수 있는 최소한(最小限)의 강령(綱領)의 세력(勢力)을 강화(强化)하기 위(爲)한 국제(國際) 공산당(共産黨)의 전술(戰術)의 한 가지. 우익(右翼)인 개량(改良) 주의자(主義者)와 협력(協力)하여 자본가(資本家)에게 대항(對抗)하는 투쟁

(鬪爭) 방식(方式)

投石戰투석전 돌싸움. 돌을 던지면서 하는 싸움

鬪戰투전 노름 제구(諸具)의 한 가지. 두꺼운 종이로 작은 손가락 넓이만 하고 길이 다섯 치쯤 되게 만들어, 그 위에 인물(人物). 조수(鳥獸). 충어(蟲魚) 또는 문자(文字)나 시구(詩句) 등(等)을 그리어 끗수를 표시(表示)하고 기름으로 걸어 만든 것. 60장 또는 80장을 한 벌로 하는 데, 실제(實際)로는 40장을 쓰며, 노는 방법(方法)은 여러 가지임

特殊作戰특수작전 특수(特殊)한 훈련(訓鍊)이나 장비(裝備) 따위를 필요(必要)로 하는 작전(作戰). 도하 작전(作戰). 수륙(水陸) 양면(兩面) 작전(作戰). 산악(山岳) 작전(作戰) 따위

便戰편전 편싸움. 편을 갈라서 하는 싸움

便戰戲편전희 편쌈놀이.

包圍戰포위전 ①적을 포위(包圍)하는 전투(戰鬪) ②또는, 포위(包圍)하고 하는 전투(戰鬪)

砲戰포전 화포(火砲)를 쏘아 행(行)하는 전투(戰鬪)

暴露戰術폭로전술 반대(反對) 당파(黨派) 또는 반대자(反對者)의 숨은 결함(缺陷). 부정(不正) 등(等)을 사회(社會)에 폭로(暴露)하여, 상대편(相對便)을 궁지(窮地)에 빠뜨리려는 투쟁(鬪爭) 전술(戰術). 노동(勞動) 쟁의(爭議). 정쟁(政爭) 등(等)에 씀

筆戰필전 ①글로써 서로 옳고 그름을 겨룸 ②문장(文章)의 우열(優劣)을 다툼

ㅎ

蝦爛鯨戰하란경전 고래 싸움에 새우 등 터진다. 강자끼리 서로 싸울 때에 그 사이에 있는 약자가 해를 입음을 이르는 말. 鯨戰鰕死.

韓國休戰協定한국휴전협정 1953년 7월 27일에 U.N.(유엔)군과 공산군 사이에 맺어진, 한국(韓國) 전쟁(戰爭)에서의 휴전(休戰) 협정(協定). 우리나라 정부(政府)에서는 동의(同意)하지 않았음

寒戰한전 한전(寒顫). 오한(惡寒)이 심(甚)하여 몸이 몹시 떨림

ㅍ

罷戰파전 싸움을 그만둠. 싸움을 그침

敗者戰패자전 운동(運動) 경기(競技)에나 바둑 따위에서 패자끼리 승부(勝負)를 다투는 시합(試合)

敗戰國패전국 싸움에 진 나라

敗戰者패전자 ☞ 패배자(敗北者)

敗戰패전 ①전쟁(戰爭)에 짐 ②또는, 그 전쟁(戰爭)

限定戰爭한정전쟁 전쟁(戰爭) 지역(地域)이나 무기(武器) 사용(使用)에 있어서 어떤 제한(制限)을 두고 벌이는 전쟁(戰爭)

限地戰爭한지전쟁 어떤 지역(地域)에만 한정(限定)하여 벌이는 전쟁(戰爭)

合同作戰합동작전 둘 이상(以上)의 부대(部隊)나 육(陸)·해(海)·공군(空軍), 또는 나라와 나라가 힘을 합(合)하여 계획(計劃)하고 실시(實施)하는 작전(作戰). 어떤 일을 두 사람 이상(以上)이 서로 힘을 모아서 함께 함

合戰합전 맞붙어 싸움

合戰戲합전희 군대가 대오를 지어 접전(接戰)하는 놀이.

航空戰항공전 항공기(航空機) 끼리 공중(空中)에서 하는 싸움

抗戰期항전기 항전(抗戰)하는 시기(時期)

抗戰力항전력 항전하는 힘

抗戰항전 버티어 겨룸

海道助戰都節制使해도조전도절제사 조선 초기, 왜구의 침입으로 인하여 전란이 일어났을 때에 임금의 명령을 받고 연해 제도(沿海諸道)에 나아가 군사를 총괄하여 맡아 보던 군직의 한 가지. 그 아래에 조전절제사(助戰節制使)가 있다.

海上戰鬪力해상전투력 병력(兵力)이나 함선(艦船) 따위의 바다에서 싸움할 수 있는 힘

解索戰해색전 계줄다리기. 계줄을 가지고 하는 줄다리기

海戰法規해전법규 바다 위의 전투(戰鬪)에 관(關)하여 규정(規定)한 국제법(國際法)에서의 법규(法規)

海戰場해전장 바다에서 싸움을 벌인 곳

海戰해전 바다에서 벌이는 싸움

海中戰해중전 잠수함(潛水艦)으로 바다 속에서 하는 싸움

核戰爭핵전쟁 핵무기(核武器)를 사용(使用)하는 전쟁(戰爭)

鄕戰향전 지방(地方)의 한 관례(慣例)로 일정(一定)한 날을 정(定)하여 갑(甲)·을(乙) 두 지방(地方)의 주민(住民) 사이에 향(向)하여지는 희전(戲戰). 곧 석전(石戰)·삭전(索戰)·차전(車戰) 같은 것. 진 편에는 흉년(凶年)이 든다 하여 사상자(死傷者)를 낼 만큼 치열(熾烈)했음

革命戰爭혁명전쟁 혁명(革命)을 목적(目的)하고 일으킨 전쟁(戰爭)

革命戰혁명전 혁명(革命)을 위(爲)해 진행(進行)되는 전쟁(戰爭). 혁명(革命) 전쟁(戰爭)

現代戰현대전 고도(高度)로 발달(發達)된 무기(武器)와 기술(技術)을 사용(使用)하여 치뤄지는 현대(現代)의 전쟁(戰爭)

血戰場혈전장 혈전(血戰)이 벌어진 곳

血戰혈전 죽음을 무릅쓰고 맹렬(猛烈)히 하는 전투(戰鬪)

挾擊戰협격전 ☞ 협공전(挾攻戰)

挾攻戰협공전 협공하는 전투(戰鬪). 협격전

協同作戰협동작전 둘 이상(以上)의 부대(部隊)나 육(陸)·해(海)·공군(空軍), 또는 나

라와 나라가 힘을 합(合)하여 계획(計劃)
하고 실시(實施)하는 작전(作戰). 어떤 일
을 두 사람 이상(以上)이 서로 힘을 모아
서 함께 함

協同戰線협동전선 둘 이상(以上)의 나라나
단체(團體)가 공동(共同)의 목적(目的)이
나 이익(利益)을 위(爲)하여 같은 적을 대
항(對抗)하는 일

好戰家호전가 전쟁(戰爭)을 좋아하는 사람

好戰果호전과 전투(戰鬪)나 경기(競技) 따위
에서 올린 좋은 성과(成果)

好戰的호전적 싸움하기를 좋아하는

好戰호전 싸움을 좋아함

混戰혼전 서로 뒤섞여서 어지럽게 싸움

紅白戰홍백전 운동(運動) 경기(競技) 따위에
서 홍군과 백군의 편으로 갈라 겨루는
싸움

火力戰화력전 화력(火力)으로 적을 치는 싸움

火兵戰화병전 서로 총포(銃砲)를 쏘아 대며
하는 전투(戰鬪)

化生放戰화생방전 화학(化學) 병기(兵器), 생
물학(生物學) 병기(兵器) 및 방사능(放射能)
병기(兵器)를 사용(使用)하는 전쟁(戰爭)

和戰화전 ①화친(和親)과 전쟁(戰爭) ②싸움
을 끝맺기 위(爲)하여 화합(和合)함

花戰화전 꽃싸움. 여러 가지 꽃을 꺾어 모아
가지고 수효를 대 보아 많고 적음을 내
기하는 장난

火戰화전 서로 총포(銃砲)를 쏘아 대며 하는

전투(戰鬪)

化學戰화학전 화학(化學) 병기(兵器)에 의(依)
한 전투(戰鬪)

火海戰術화해전술 폭탄(爆彈), 포 따위의 화
력(火力)의 우월(優越)로써 적군(敵軍)의
수적인 우세(優勢)를 분쇄하는 전술(戰術)

會戰회전 ①어울려서 싸움 ②대(大) 병력
(兵力)이 싸우는 큰 전투(戰鬪)

後半戰후반전 경기(競技) 시간(時間)을 둘로
나누어 하는 경기(競技)의 나중 절반(折
半)의 싸움

休戰旗휴전기 휴전(休戰)할 때에 진두(陣頭)
에 세우는 흰빛의 기(旗)

休戰線휴전선 휴전(休戰)이 되어 작정(作定)
한 군사(軍事) 상(上)의 경계선(境界線)

休戰案휴전안 휴전(休戰)을 하기 위(爲)하여
휴전(休戰)의 절차(節次), 조건(條件), 시기
(時期) 따위를 마련한 일

休戰協定휴전협정 교전국(交戰國)이 휴전(休
戰)할 것을 내용(內容)으로 하는, 서면(書
面)에 의(依)한 합의

休戰휴전 전쟁(戰爭) 당사국(當事國)들이 서로
협정(協定)을 맺고 전쟁(戰爭)을 일시적
(一時的)으로 멈추는 것

希土戰爭희토전쟁 ①터키(turkey) 령(領) 크
레타(Kreta)섬의 영유를 둘러싸고 터키
(turkey)와 그리스 사이에 벌어진 전쟁
(戰爭). 그리스 계(系) 주민(住民)이 많이
살고 있는 크레타 섬을 그리스에 합병
(合倂)하기 위(爲)하여 1897년에 그리스

가 출병했으나 패(敗)했음. 영국(英國)·
프랑스·러시아·독일(獨逸)·이탈리아·
오스트리아의 6개국은 그리스 연안(沿
岸)을 봉쇄(封鎖)하고 터키(turkey)를 지원
(支援)했음. 그리스는 6개국의 중재(仲裁)
로 강화하여, 인정(認定)되었음 ②1919
년, 그리스가 영토(領土) 확장(擴張)을 꾀
하여 터키(turkey)의 항시(港市) 이즈미르
(Izmir)에 출병하여 싸운 전쟁(戰爭). 그리
스는 케말아타튀르크(Kemal Ataturk)가
지휘(指揮)하는 터키(turkey) 군에게 완전
(完全)히 패(敗)했으며, 터키(turkey)에서
는 1차 대전(大戰) 후의 반동화(反動化)로
한때 왕정(王政)으로 복고했음. 그리스
터키(turkey) 전쟁(戰爭)

【고사성어·숙어】

ㄱ

鯨戰蝦死경전하사 고래 싸움에 새우가 죽는
다는 속담(俗談)의 한역으로, 강자(强
者)끼리 싸우는 틈에 끼여 약자(弱者)가
아무런 상관(相關)없이 화(禍)를 입는다
는 말
苦戰惡鬪고전악투 ☞ 악전고투(惡戰苦鬪)

骨肉相戰골육상전 ☞ 골육상쟁(骨肉相爭)
群星陣碧天落葉戰秋山군성진벽천낙엽전추
산 떼지은 별들은 푸른 하늘에 진을 치
고, 떨어지는 잎은 가을산에서 다툼

ㄷ

短兵接戰단병접전 창이나 칼 따위의 단병을
가지고 가까이 가서 육박(肉薄)하는 싸움
大馬相戰대마상전 바둑에서 대마끼리 서로
싸움

ㅂ

百戰老將백전노장 많은 전투(戰鬪)을 치른
노련(老鍊)한 장수(將帥)란 뜻으로, 세
상일(世上-)에 경험(經驗)이 많아 여러 가
지로 능란(能爛)한 사람을 이르는 말
百戰百勝백전백승 백번 싸워 백번 이긴다는
뜻으로, 싸울 때마다 번번이 이김
百戰不敗백전불패 ☞ 백전백승(百戰百勝)
不戰自敗부전자패 싸우지도 못 하고 스스로
패(敗)함
非戰之罪비전지죄 일을 잘못한 것이 아니라
운수(運數)가 글러서 성공(成功) 못함을
탄식(歎息)하는 말

ㅅ

四戰之國사전지국 지형(地形) 상(上) 사방(四
方) 어느 곳에서도 적의 침입(侵入)이 가
능(可能)한 나라

山戰水戰산전수전 산에서의 싸움과 물에서
의 싸움이라는 뜻으로, 세상(世上)의
온갖 고난(苦難)을 다 겪어 세상일(世上-)
에 경험(經驗)이 많음을 이르는 말

三戰三走삼전삼주 세 번 싸워 세 번 다 패하
여 달아남

速戰速決속전속결 싸움을 오래 끌지 않고
될 수 있는 대로 재빨리 싸워 전국(戰局)
을 결정(決定)함

速戰卽決속전즉결 싸움을 오래 끌지 않고
될 수 있는 대로 재빨리 싸워 전국(戰局)
을 결정(決定)함

勝戰譜승전보 승전(勝戰)의 결과(結果)를 적
은 기록(記錄)

煙幕作戰연막작전 적이 볼 수 없도록 연막
을 치는 전술(戰術). 교묘(巧妙)하고 능청
스러운 수단(手段)으로 상대방(相對方)에
게 문제(問題)의 핵심(核心)을 숨기어 갈
피를 못 잡게 하는 일

煙幕戰術연막전술 적이 볼 수 없도록 연막
을 치는 전술(戰術). 교묘(巧妙)하고 능청
스러운 수단(手段)으로 상대방(相對方)에
게 문제(問題)의 핵심(核心)을 숨기어 갈
피를 못 잡게 하는 일

連戰連勝연전연승 싸울 때마다 빈번(頻煩)이
이김

連戰連敗연전연패 ①연속(連續)하여 싸워 짐
②싸울 때마다 연달아 짐

一戰不辭일전불사 한바탕의 싸움이라도 마
다하지 않음

臨戰無退임전무퇴 삼국 통일의 원동력이 된
화랑(花郞)의 세속오계(世俗五戒)의 하나.
싸움에 임하여 물러섬이 없음

ㅇ

惡戰苦鬪악전고투 「어려운 싸움과 괴로운
다툼」이라는 뜻으로, ①강력(强力)한
적을 만나 괴로운 싸움을 함, 또는 곤란
(困難)한 상태(狀態)에서 괴로워하면서도
노력(努力)을 계속(繼續)함을 이르는 말
②죽을 힘을 다하여 고되게 싸움

ㅈ

戰兢전긍 ☞ 전전긍긍(戰戰兢兢)

戰守一節전수일절 절개(節槪·節介)를 온전(穩
全)히 지킴

戰易守難전이수난 싸우기는 쉬워도 지키기
는 어려움

戰戰兢兢전전긍긍 전전(戰戰)은 겁을 먹고

벌벌 떠는 것. 긍긍(兢兢)은 조심해 몸을
움츠리는 것으로 어떤 위기감에 떠는
심정(心情)을 비유(比喩·譬喩)한 말

挺身出戰정신출전 앞장서서 나가 싸운다는
뜻으로, 위급(危急)할 때 과감히 나서 모
든 책임(責任)을 다함을 이르는 말

知彼知己百戰不殆지피지기백전불태 상대
(相對)를 알고 자신(自身)을 알면 백 번 싸
워도 위태(危殆)롭지 않음

저자 **전국조**

부산 사람(a Busanian)이다. 모나쉬대학교를 거쳐 맥쿼리대학교(OUA)에서 문화연구 및 비평 전공으로 학사, 경성대학교 대학원(학과 간 통합과정) 문화기획·행정·이론학과에서 문화이론 전공으로 석·박사 학위를 취득했다. 현재 경성대학교 한국한자연구소 HK+사업단(한자와 동아시아 문명연구) HK연구교수로 일하면서 한자 공부 재미에 푹 빠져 있다.

- 저서: 『터널과 다리의 도시, 부산』(2015) 외
- 역서: 『앙리 르페브르 이해하기: 이론과 가능한 것』(2018)
- 그 외 학술활동: 「자기반영성의 수사와 그에 대한 문화연구적 탐구로서 수사학 — 동아시아와 한국의 비유로서 한자에 대한 비판적 검토」(2020)외 다수, 2020 제6회 한중인문학포럼 외 다수의 국제 및 국내 학술대회 참여
- 기고: 『경남도민신문』(2011~2013), 「경성대 HK+한자문명연구사업단 공동기획 — '한자어 진검승부'」, 『월간중앙』 및 「한 週 한자(漢字)」, 『중앙일보』에 필진으로 참여(2021~)

경성대학교 한국한자연구소 학술총서 3

戰의 문화사:
전쟁의 일상화와 일상의 전장화

초판1쇄 인쇄 2021년 1월 20일
초판1쇄 발행 2021년 1월 29일

지은이   전국조
펴낸이   이대현
편집   이태곤 권분옥 문선희 임애정 강윤경
디자인   안혜진 최선주
마케팅   박태훈 안현진

펴낸곳   도서출판 역락
출판등록   1999년 4월 19일 제303-2002-000014호
주소   서울시 서초구 동광로 46길 6-6 문창빌딩 2층 (우06589)
전화   02-3409-2060
팩스   02-3409-2059
홈페이지   www.youkrackbooks.com
이메일   youkrack@hanmail.net

ISBN   979-11-6244-685-0 94700
        979-11-6244-680-5 94080(세트)